KB210265

나는 누구인가

나는 누구인가

현대인과 기독교의 만남을 위하여

손봉호 지음

샘터

이 책은 1987년에 출간되어 2판 15쇄가 나왔으나 절판된 지 꽤 오래되었다. 최근에 영어로 번역할 계기가 생겨 살펴보니, 그동안 세상이 바뀌고 나의 관점도 다소 확대되어 내용의 일부를 수정해야 할 필요를 느꼈다. 아직도 책을 찾는 독자들이 더러 있어 샘터사와 합의해서 이번에 개정판을 내게 되었다. 골격은 그대로 두고 그동안 바뀐 세상과 나의 관점을 반영하여 내용을 조금 손보았다. 본래의 의도대로 이 책이 현대인에게 기독교를 소개하는 데 조금이나마 공헌할 수 있기를 바란다.

2018년 8월 1일
손봉호

'현대인에게도 기독교가 필요한가?'

이 질문은 많은 현대인들이 물어볼 수 있는 질문이고, 오늘날 기독교를 단순히 일상생활의 장식 이상으로 심각하게 받아들이는 사람들이라면 한번은 물어보아야 할 질문이다.

기독교는 약 2천 년 전에 시작되었는데, 그동안 인간이 만든 문화와 그 문화에서 영향을 받은 인간은 엄청날 정도로 변했다. 노예들이 인간 이하의 취급을 받으며 그것을 너무나 당연하게 생각하던 때 기독교가 시작되었고, 지구가 둥글다든가 심장이 피를 순환시킨다는 것을 전혀 모르던 때 성경은 기록되었다. 가끔 20년 전에 부르던 유행가를 들어도 '호랑이 담배 피우던 시절'이었다는 느낌을 받는데, 하물며 그보다 100배나 더 오래된 기독교가 오늘날 골동품 이상의 의의를 가질 수 있겠는가?

물론 진리는 변하지 않으며 영원하다고 간단히 처리해버릴 수도 있을 것이다. 하나에 하나를 더하면 둘이란 것은 2천 년 전에도 그랬고 지금도 그러하며, 다른 사람을 속이지 말아야 한다는 것은 2천 년이 아니라 2만 년이 지나도 타당하다. 이처럼 기독교가 현대인에게 필요한 이유는 그것이 가르치는 진리가 영원한 것이기 때문이라고 쉽게 말할 수도 있다. 그리고 만약 현대인이 기독교에서 별 흥미를 못 느낀다면, 그것은 기독교의 가르침이 낡아서가 아니라 현대인의 문제라고 생각할 수 있다.

신앙의 입장에서 가능한 이런 태도는 객관적으로 잘못된 생각은 아니다. 그러나 문제가 그렇게 간단한 것은 아니며, 그렇게 간단하게 처리되어서도 안 된다. 기독교의 가르침이 수학 공식처럼 적용될 수 있는 것도 아니고, 우리가 처한 상황이 그런 공식이 적용될 수 있도록 항상 준비되어 있는 것도 아니다. 따라서 기독교의 가르침과 우리의 상황에 대한 끊임없는 재해석과 근원적인 분석이 필요하다. 즉, 성경의 가르침이 오늘 우리가 당면하고 있는 상황에 어떤 의미가 있는가를 찾아야 하고, 우리의 문제가 성경이 말하는바 근본적인 문제와 어떻게 연결되어 있는가를 따져보아야 한다. 바로 이런 지속적인 작업을 통하여 기독교는 항상 새롭고 살아 있는 종교로 우리 앞에 나타나는 것이다. 물론 이것은 그 가르침이 인간의 보편적이고 영원한 문제에 해답을 줄 수 있다는 믿음을 전제로 할 때 가능한 말이다.

이 책은 매우 부족하고 피상적이지만 기독교의 재해석과 우리가 처한 상황의 분석을 통해 현대인에게 기독교를 필요한 종교로 부각시키려는 지속적인 노력의 일환으로 시도된 것이다. 지난 몇 년 동안 이어진 서울 영동교회의 교회 창립 특강의 내용을 대폭 수정, 보완해서 책으로 묶었다. 오늘날 좀 더 본래적이고 가치 있는 삶을 살아보려고 애를 쓰는 사람들과, 예수 그리스도의 가르침이 그 길잡이임을 확신하는 사람들이 다른 사람에게 그들의 신앙을 나누는 데 조금이라도 도움이 되었으면 한다.

원고 준비를 도와준 분들과 출간에 애써준 샘터사에 고마움을 전한다.

제3장 현대인에게도 예수가 필요한가

제4장 현대인에게도 교회가 필요한가

하나님은 과연 계시는가

내가 믿습니다.
믿음 없는 나를 도와주십시오.

로마서 1장 18절~21절

하나님의 진노가, 불의한 행동으로 진리를 가로막는 사람의
온갖 불경건함과 불의함을 겨냥하여, 하늘로부터 나타납니다.

하나님을 알 만한 일이 사람에게 환히 드러나 있습니다.
하나님께서 그것을 환히 드러내주셨습니다.

이 세상 창조 때로부터, 하나님의 보이지 않는 속성, 곧 그분의
영원하신 능력과 신성은, 사람이 그 지으신 만물을 보고서 깨닫게
되어 있습니다. 그러므로 사람들은 핑계를 댈 수가 없습니다.

사람들은 하나님을 알면서도, 하나님을 하나님으로 영화롭게
해드리거나 감사를 드리기는커녕, 오히려 생각이 허망해져서,
그들의 지각없는 마음이 어두워졌습니다.

믿고 싶어도
믿지 못하는 현대인

　사업에 비교적 성공한 환갑 즈음의 노인 한 분을 만났다. 내가 기독교인임을 알고 있는 그는 무엇보다도 나의 신앙을 부러워하며 어떻게 하면 하나님을 믿을 수 있느냐고 물었다. 오랫동안 신앙을 가져보려고 노력했지만, 아무리 애써도 믿음을 가질 수 없어서 큰 고민에 빠져 있다고 했다. 하나님이 계신다는 것만 확실히 증명해줄 수 있다면, 자신은 매우 행복한 사람이 될 것이라고도 했다. 그의 얼굴 표정이나 말하는 태도로 보아서 매우 진지하게 종교의 문제를 생각하고, 종교에 대한 책을 읽고, 다른 사람의 말을 경청하는 것 같았다. 나는 내 나름대로 어떻게 해서 하나님을 믿게 되었으며 왜 믿는가를 설명해보았지만, 내가 말한 내용은 그가 이미 잘 알고 있는 것들이어서 별 도움이 된 것 같지는 않았다. 그 후 그분과의 관계가 끊어졌는데 지금은 어떻게 그 중대한 문제를 해결하고 있는지 궁금하다.

　오늘날 이런 사람들이 한둘이 아닌 것 같다. 과거 어느 때보다 사람들의 감수성은 예민해졌고, 자기 자신을 반성하는 능력도 커졌다. 더군다나 경제적 수준이 높아져서 먹고사는 것에 대해서 심각하게 걱정하지 않다보니 이제는 삶의 의미, 죽음 후의 문제 같은 것이 점점 더 중요하게 부각되는 것 같다. 특히 이 노인처럼 어느 정도 교육을 받고, 세상의 쓴맛 단맛도 다 보고, 연세도 지긋해서 이제는 죽음의 문제를 심각하게 생각하지 않을 수 없는 분들에게는 종교와 신의 존재에 관한 문제가 적잖이 중요할 것이다.

믿고 싶어도 믿어지지 않는 신의 존재, 이것은 많은 현대인들에게 하나의 고민이 아닐 수 없다. 옛날 사람들은 도깨비나 내세의 존재에 대해서 쉽게 믿었고, 신의 존재도 그리 어렵잖게 믿었다. 심지어 위대한 과학자 뉴턴(J. Newton)이나 케플러(J. Kepler) 같은 사람들도 그들의 과학적 지식과 함께 하나님을 믿는 데 별 어려움을 느끼지 않았다.

그런데 현대인들에게는 그것이 어렵게만 느껴진다. 그들은 자기 눈으로 보지 않은 것이나 자기가 경험하고 확실히 아는 것을 근거로 하여 논리적으로 추론할 수 없는 것은 도무지 믿으려 하지 않는다. 심지어 믿어야 할 필요가 있고, 믿고 싶은데도 믿어지지 않아서 고민해야 하는 상태까지 이르렀다.

현대의 정신적 기류는 비과학적이라고 생각되는 것은 받아들이지 않는 경향이 있다. 확실히 이런 정신적 분위기는 사람들에게 큰 영향을 끼치고 있다. 아주 냉정하게 과학적이고 논리적인 사람들도 얼마 동안 에스키모나 뉴기니 주민들 사이에서 살게 되면, 귀신이나 도깨비 같은 것을 매우 당연하게 받아들이게 된다고 한다. 역시 사람의 의식이란 별것이 아니고, 주위 사람들과 교류하면서 그들과 의식을 교환하는 가운데 자기 것을 형성하는 모양이다.

현대인이 하나님의 존재를 믿기 힘들어하는 것도 그들이 더 현명해서라기보다는 어쩌다가 현대사회의 정신적 기류가 그렇게 형성되었기 때문일 것이다.

믿어지지 않는다 해서 하나님이 절대 존재하지 않는다고 확신하는 사람들도 그리 많지는 않다. 무신론을 증명하는 것은 유일신의 존재를 증명하는 것 못지않게 어렵다. 그러므로 책임 있게 말하고 행동하는 사람들은 쉽사리 무신론을 주장하지 않는다. 대부분은 영국의 철학자 러셀(B. A. W. Russell)처럼 불가지론자들이다. 신이 존재하는지 존재하지 않는지 잘 모르는 상태로 그저 어정쩡하게 살아가는 것이다. 앞서 소개한 노인처럼 신의 존재에 대해서 심각하게 고민하는 사람들은 그리 많지 않으며, 대부분의 사람들은 어떤 조용한 순간에 문득 그런 문제가 마음을 스쳐가더라도 그것에 대해 더 이상 마음을 쓰지 않으려고 얼른 다른 생각을 해버린다. 현대인들 사이에는 그런 문제로 고민하거나 다른 사람에게 고민을 토로하는 것은 좀 쑥스럽거나 현대인답지 못한 것이고, 자기의 약한 모습을 드러내는 것이라고 생각하는 풍조가 있다.

하나님의 존재에 대한 이론적 증명

물론 하나님의 존재에 대한 관심은 역사상 늘 있어왔다. 서양에서는 철학자들이 신의 존재를 증명하려고 시도했다. 몇 가지 예를 들어보자.

첫째로는 소위 존재론적 신 존재 증명(Ontological Proof for the Existence of God)이란 것이 있다. 19세기 영국 철학자 안셀무스

(Anselmus)나 현대철학의 아버지라고 알려진 프랑스 철학자 데카르트 (R. Descartes)가 내놓은 증명 방법이다.

하나님에 대한 관념(idea) 혹은 생각으로부터 하나님의 실재를 증명하려는 것이었는데, 오늘날의 사고방식으로는 좀 이상하게 들리는 주장이다.

즉, 이 세상에는 온갖 종류의 존재가 있으나, 우리는 그 이상 더 위대한 존재가 있을 수 없는 가장 완전하고 위대한 존재에 대해서 생각할 수 있다. 달리 말하면 가장 완전한 존재에 대한 관념이 있다는 것이다. 그런데 그런 존재는 반드시 있어야 한다. 왜냐하면 '있다'는 것은 가장 완전한 존재란 관념 그 자체에 이미 포함되어 있기 때문이다. 즉, 무엇이 가장 완전하려면 그것은 '있다'라는 것을 그 속성으로 가지고 있어야 한다. 다른 말로 하자면 '있다'라는 속성을 가지고 있지 못한 것은 바로 그 사실 때문에 벌써 완전성을 상실한다는 것이다. 그러므로 우리가 완전한 존재에 대해서 생각할 수 있다는 것은 그런 존재가 있다는 것을 인정하는 것과 마찬가지라고 안셀무스는 주장했다.

안셀무스의 증명에 대해서는 벌써 그 당시에 반론이 제기되었다. 프랑스의 수도승 고닐로(Gaunilo)는 만약 완전한 섬에 대한 관념이 있으면 그런 섬이 실제로 존재할 수 있느냐고 반문하였다. 물론 안셀무스에게는 완전한 섬이란 그 자체가 논리적 모순일 수밖에 없다. 섬이란 벌써 불완전한 것이기 때문이다. 그래서 그는 그저 완전한 자에 대해서 논한 것이지 완전한 섬 같은 것을 말한 게 아니라고 대답했다.

안셀무스와는 다소 다르지만 데카르트도 존재론적 신 존재 증명을 내놓았는데, 그것은 대개 다음과 같이 전개된다.

'우리들은 모두 완전한 자에 대한 관념을 갖고 있다. 그런데 이 관념이 어디서 왔겠는가, 한번 물어볼 수 있다. 그것이 나 자신으로부터는 올 수 없다. 왜냐하면 나는 불완전한 존재인데 불완전한 존재로부터 완전한 자에 대한 관념이 나올 수는 없기 때문이다. 그렇다면 그것이 세상에 대한 경험으로부터 올 수 있겠는가? 그것도 불가능하다. 왜냐하면 세상도 불완전하기 때문이다. 불완전한 세상에 대한 경험에서 완전한 자에 대한 관념이 생겨날 수는 없다. 그러므로 결국 그 완전한 자에 대한 관념은 완전한 자로부터 올 수밖에 없다. 그러므로 완전한 자는 존재할 수밖에 없다.'

이와 같은 존재론적 신 존재 증명 방법은 그 뒤에 많은 사람들로부터 비판을 받았고, 여러 가지로 해석되기도 했다. 그중 가장 유명한 비판은 18세기 독일 철학자 칸트(I. Kant)의 것으로, 그에 의하면 존재론적 신 존재 증명이 미처 깨닫지 못하고 있는 것은 '존재'란 하나의 속성(attribute)이 될 수 없다는 점이다. '완전하다'는 하나의 형용사로 '아름답다' '거룩하다' 와 같이 존재하는 것의 속성을 표현하는 것인데, 존재 자체가 완전이란 관념에 포함될 수 없다는 것이다. 안셀무스나 데카르트는 모두 완전한 존재는 반드시 존재해야 하며, 존재하지도 않으면서 완전하다고 하는 것은 논리적 모순이라고 생각한 것이다. 칸트의 이 비판은 매우 치명적인 것으로 오늘날까지 정당한 비판으로 받아들여지고 있다. 물론 신학자 바르트(Karl Barth)는 안셀무스가 단순히 논리적으로 하나님의 존재를 증명하려 한 것이 아니라 이미 하나님이 존재하신다는 것을 믿고, 그 믿음의 근거를 나중에 한번 찾아본 것에 불과하다고 해석했다. 비록 안셀무스나 데카르트가 순전히 논리적으로 하나님의 존재를 증명할 수 있다고 생각했던 것일지라도, 전체적으로 보면 바르트의 해석이 아주 틀린 것이라고 할 수는 없다. 그러나 안셀무스나 데카르트의 논증이 불신자들이 신의 존재를 믿는 데 어떤 도움을 줄 것 같지는 않다.

둘째로는 소위 우주론적 증명(Cosmological Proof)이란 것이 있다. 주로 13세기의 위대한 천주교 신학자이자 철학자인 토마스 아퀴나스(Thomas Aquinas)가 주장한 것으로 알려져 있다.

그에 의하면 이 세상에 존재하는 모든 것에는 반드시 원인이 있는데, 원인의 원인, 그리고 그 원인의 원인의 원인…… 이렇게 계속해서 원인을 추적해 올라가면, 결국 원인 없는 최초의 원인을 상정할 수밖에 없다는 것이다. 그는 이 원인 없는 원인 혹은 최초의 원인이 바로 하나님이라고 보았다. 이 생각은 고대 그리스의 철학자 아리스토텔레스(Aristoteles)의 이론과 많은 유사성을 가지고 있는데, 그는 모든 운동은 반드시 그것을 일으키는 다른 운동이 있고, 그것은 또 다른 운동으로 이어진다는 식으로 소급해서 결국 최초로 운동을 가능케 하는 '부동의 시동자(不動의 始動者)'를 상정할 수밖에 없다고 주장했다.

얼핏 보면 그것은 상당한 설득력을 가지고 있는 것처럼 보인다. 우리는 우리 주위에 온갖 것들이 존재하는 것을 보고 있으며, 그 존재에 대해서 별로 의심하지 않는다. 그리고 그 어느 하나도 원인 없이 존재할 수 없음을 받아들일 수밖에 없다. 또 그들 원인에는 반드시 원인이 있어야 하며, 그 원인들에 또다시 다른 원인들이 있어야 함을 부인할 수 없다. 그렇다면 어딘가 원인을 가지지 않은 최초의 원인이 있어야 하지 않겠는가 말이다.

그러나 이 증명도 자세히 따져보면 많은 약점을 안고 있다. 우선 그 최초의 원인과 하나님을 어떻게 동일시할 수 있겠는가 하는 문제가 생긴다. 최초의 원인이 구태여 성경이 말하는 인격적인 하나님일 필요는 없다. 아리스토텔레스의 부동의 시동자로서 충분하지 않은가? 더군다나 성경이 말하는 하나님은 최초의 원인으로서의 신이 아니라 모든 것을 자기의 뜻에 따라 창조하신 신으로 기술되는데, 최초의 원인이 창조주와 동일할 수는 없다. 그리고 모든 것의 원인이 반드시 하나일 필요는 없다. 생물의 경우에는 대개 위로 올라갈수록 수가 줄어들고 마침내 하나의 조상으로부터 모든 후손이 생겨나지만, 다른 존재들도 동일한 방법으로 생각할 필요는 없는 것이다.

셋째, 목적론적 증명(Teleological Proof)이란 것이 있다. 이 증명은 아직도 상당한 설득력을 가지고 있고, 기독교인들이 가끔 사용하는 것으로 다음과 같은 예를 들어 설명해볼 수 있다.

어떤 사람이 바닷가에서 시계를 하나 주웠다고 하자. 그 시계는 어떻게 해서 만들어지고 바닷가에 놓이게 되었을까? 우리는 우선 그것이 우연히 만들어졌다고 생각해볼 수 있다. 즉, 수만 년 동안 이리저리 흔들리는 파도에 의해서 바위 속에 들어 있는 철분이 함께 모이고 그것이 다시 수만 번 흔들리고 다른 물건들과 부딪치는 동안 동글동글한 모양으로 깎이고, 또 어떤 부분은 다시 수만 년 동안 이리저리 굴러다니는 동안 톱니바퀴로 깎이고 그것들이 또 이리저리 굴러다니는 동안 우연히 서로 맞물려서 시계가 이루어지고 태엽이 감아지며 시간이 맞게 되었는데, 파도가 그렇게 완성된 것을 우연히 바닷가로 밀어내었다고 생각해볼 수 있는 것이다. 그러나 시계가 그렇게 우연히 자연적으로 만들어졌다고 주장할 사람은 거의 없지 않겠는가! 그보다는 어느 시계공이 설계를 하고 쇠를 깎아 만든 시계를 어떤 신사가 사서 차고 다니다가 바닷가에 떨어뜨렸다고 보는 게 가장 합리적이고 그럴듯한 설명일 것이다.

만약 시계처럼 비교적 간단한 기계도 우연히 만들어졌다기보다는 어떤 지능을 지닌 시계공이 만들었다고 하는 것이 더 합리적이라면, 시계보다 훨씬 더 복잡한 이 우주가 우연히 만들어졌다고 할 수 있겠는가? 우리 몸의 복잡한 구조와 조화로운 작동이라든가 동물들의 상호관계, 동물과 식물의 상호작용, 천체의 운행 등 변화무쌍한 자연이 보여주는 질서가 모두 우연히 이루어졌다고 보는 것은 마치 시계가 우연히 파도에 의하여 만들어졌다고 보는 것처럼 비합리적인 것이 아니겠는가? 그러므로 지혜로운 지성을 가진 하나님이 이 우주의 삼라만상과 그 무상한 변화 및 질서를 창조했다고 생각하는 것이 더 그럴듯하다고 주장할 수 있을 것이다.

이 목적론적 신 존재 증명은 목적론적 증명을 포함한 모든 이론적인 신 존재 증명을 불가하다고 비판한 칸트조차도 완전히 무시하지는 못한 것 같다. 그의 친구들이 전한 일화에 의하면, 어느 날 칸트는 제비의 지혜를 보고 겁에 질린 일이 있었다고 한다. 그 해는 몹시도 가물어서 제비들이 벌레를 잡기가 무척 어려웠는데, 칸트는 어느 날 자기 집 처마에 집을 짓고 살던 어미 제비가 새끼 몇 마리를 둥지 바깥으로 떨어뜨려 죽이는 것을 보았다. 아마도 제비 부부는 아무리 열심히 벌레를 잡아와도 새끼들을 다 먹여 살릴 수가 없으니, 새끼들 전부를 영양실조에 걸려 죽게 하는 것보다는 몇 마리를 포기하고 나머지를 건강하게 키우는 것이 더 낫다고 생각해 그런 행동을 했을 것이다. 칸트는 그 장면을 목격하고 어떻게 이성이 없는 제비가 그런 지혜로운 계산을 할 수 있느냐며, 분명 조물주가 그런 본능을 제비에게 넣어주었을 거라고 느낀 것 같다.

이렇듯 여러 신 존재 증명 중에 이 목적론적 증명은 비교적 설득력이 있고, 최근에도 지적 설계 이론(Intelligent Design Theory)란 이름으로 좀 세련화해서 논의되고 있다. 즉, 생명체나 우주의 복잡함과 질서가 진화의 결과이거나 우연히 이루어졌다기보다는 지능을 가진 창조주가 설계했다는 것이 더 합리적이란 입장이다. 이 주장이 성경이 가르치는 하나님의 속성과 일치하는 면이 많은 것은 사실이다. 자연 세계에 신비로운 조화가 있는 것은 부인할 수 없고, 그 복잡한 변화 속에서도 질서가 유지되는 것은 실로 경이롭다 하지 않을 수 없다. 그럼에도 불구하고 이 주장에도 이론적인 약점이 전혀 없는 것은 아니다.

자연 세계에는 조화만 있는 것이 아니고 온갖 부조리와 부조화도 있다. 약육강식의 끔찍한 투쟁이 있고, 홍수와 지진, 가뭄 등도 있으며, 짐승 중에서도 비정상적인 현상들이 일어난다. 왜 도토리 같이 작은 열매는 크고 튼튼한 도토리나무에서 열리고, 크고 무거운 호박은 가느다란 덩굴에 열리느냐는 농담 섞인 반박도 있다. 더군다나 인간 세계는 조화보다는 갈등과 부조리가 더 지배적이라고 할 수 있다. 그래서 어떤 사람들은 바로 이런 부조리 때문에 신의 존재를 받아들일 수 없다고 주장한다.

왜 정직한 사람은 고난을 겪는데 악한 사기꾼들은 호화롭게 살고 있는가? 왜 한국을 불의하게 침략했던 일본 같은 나라는 경제대국이 되고, 아무 죄 없는 우리나라는 일본보다 못 사는가? 소말리아 어린이들은 무슨 죄를 지었기에 그렇게 비참하게 굶어죽어야 하는가? 많은 사람들이 바로 이런 부조리함을 목도하면서 이 세상에 지혜와 사랑의 신은 존재하지 않는다고 생각해 무신론자가 되었다. 러셀 같은 사람도 인간 사회에는 아무 합리성도 없고, 역사에는 아무 방향도 찾아볼 수 없다고 주장하며 세상은 비참하고 참혹하다고 탄식한 적이 있다. 그래서 단순히 자연과 인간 사회의 조화를 통해서 하나님이 계신다는 것을 증명하는 데도 상당한 한계가 있는 것이다.

그 외에도 윤리적 증명이란 것을 생각해볼 수 있다. 칸트는 어떤 보상을 위하여 선한 행위를 하는 것은 진정한 의미에서 도덕적이라 할 수 없다고 주장했다. 참으로 도덕적인 행위는 단순히 의무감에서, 즉 그 자체로 옳기 때문에 이루어지는 행위이어야 하고, 그런 순수한 동기에서 선한 행위를 한 사람은 결국 보상을 받아야 한다고 보았다. 만약 선한 행위를 한 사람이 거기에 해당하는 보상을 받지 못한다면 그것은 합리적이라 할 수 없고, 이 우주 자체가 비합리적이라고 말할 수밖에 없을 것이란 이야기다.

그러나 이 세상의 경험에 의하면, 선한 사람들이 보상을 받지 못하는 경우도 많고, 오히려 악한 사람이 더 성공하는 경우도 많다. 그러므로 칸트는 궁극적인 인과응보가 이루어지려면 내세가 있어야 한다고 보았다. 인간의 영혼은 불멸해야 하며, 그 인과응보를 가능케 하는 신이 있어야 한다고 본 것이다.

물론 칸트는 이것을 하나님의 존재 증명의 한 형태로 제시하지 않았다. 다만 그의 윤리학에서 도덕적 질서와 자연 질서의 관계를 설명하는 가운데 제시된 것에 불과하고, 그 자체로 그리 설득력이 있는 증명도 아니다.

프랑스 철학자 볼테르도 도덕적 질서를 위해서 전지전능한 신은 있어야 하며, 만약 그런 신이 없다면 하나 만들어야 한다고 주장했다. 그러나 그렇게 필요에 응하기 위해서 상정된 신을 진정한 신이라 하기는 어려울 것이다.

이론적으로는 증명할 수 없는
신의 존재

하나님이 계시다는 것을 증명하기 위하여 여러 가지 이론적 시도들이 있었지만, 그 어느 것도 완벽하지 못했고 사람들을 설득하기에도 충분하지 못했다. 이론적 증명에 대해서 깊이 신뢰했던 옛날 사람들도 설득하지 못했다면, 오늘날처럼 모든 이론적인 것에 대해 매우 냉소적인 시대에는 더 말할 것도 없겠다. 오히려 그런 증명들은 역효과를 낸 일이 많았다. 섣불리 증명하다가 그 증명의 약점이 드러남으로써 하나님의 존재에 대한 신앙을 더 약화시키는 경우가 없지 않았던 것이다. 지진이 왜 일어나는지, 왜 천둥과 번개가 치는지 몰랐던 시대에는 많은 기독교인들과 신학자들이 그런 일들을 일으키시는 분이 하나님이시기 때문에 과학적으로 설명할 수 없다고 주장했다. 그러나 나중에 그 원인을 과학적으로 설명할 수 있게 되자, 오히려 하나님에 대한 믿음과 권위가 추락하게 된 것이다.

이론적 증명이 별 효과가 없다는 것보다 더 심각한 문제는, 이론적으로 증명될 수 있는 하나님이 과연 참 하나님이 될 수 있는가 하는 점이다. 이론이란 어디까지나 인간의 이론이고, 그것은 인간이 가진 한계성과 약점을 가지고 있을 수밖에 없다. 그러므로 이론적으로 증명되고 설명되는 신은 참 하나님이라기보다 사람이 만들어낸 신일 가능성이 높다.

기원전 6세기의 그리스 철학자 제노파네스(Xenophanes)가 다음과 같은 유명한 말을 남겼다.

"그렇다. 만약 사자나 소가 손이 있어 그림을 그릴 수 있고 인간처럼 예술 작품을 만들 수 있다면, 말은 말처럼 생긴 신들을 그릴 것이고 소는 소같이 생긴 신들을 그릴 것이다. 누구든지 자기와 비슷한 형상의 신을 만들어낸다. 에티오피아 사람들은 그들의 신들을 새까맣고 코가 납작한 것으로 생각하고, 트라키아 사람들은 그들의 신에게 빨간 머리와 파란 눈을 제공한다."

맞는 말이다. 사람에 의하여 증명되고 논해지는 신이란 인간이 가진 한계성을 초월할 수 없고, 따라서 사람이 만든 신이 될 것이다. 독일 철학자 포이에르바하(L. Feuerbach)가 "신학은 사실상 인간학이고, 기독교에서 말하는 하나님이란 사실 인간 자신의 이상형적 투영에 불과하다"고 주장하여 현대 무신론의 아버지가 되었는데, 자기의 위치와 성격을 오해한 기독교 신학은 이런 비판을 받을 만하다. 만약 신학을 통하여 완전히 이해될 수 있는 하나님이라면, 그것이야말로 인간의 투영일 가능성이 크다 하겠다. 이런 신은 성경이 말하는 우상이라 할 수 있다.

포이에르바하의 정신적 제자라 할 수 있는 마르크스(K. Marx)는 포이에르바하보다 한 걸음 더 나아가서, 왜 사람들이 신이란 것을 투영하게 되었는가를 경제적인 근거로 그럴듯하게 설명했다. 가진 자들이 가지지 못한 자들을 착취하는 데는, 모든 것을 용서하고 다음 세상에서 모든 것을 정당하게 심판하는 신을 하나 만들어두는 것이 매우 편리하다는 것이다. 땅 위에서의 삶이 아무리 고통스럽고 정의롭지 못하더라도 모든 것을 감찰하고 정의롭게 심판하는 신이 있다면, 그것은 그들에게 무한한 위로를 제공해줄 수 있기 때문이다. 그는 가진 자들은 그런 속임수로 못 가진 자들을 무마시키는 대신 땅 위에서 온갖 경제적 수탈을 마음대로 감행한다고 주장했다. 그래서 마르크스와 레닌은 종교는 무산대중의 아편일 수밖에 없다고 강조했다. 이런 비판도 기독교의 신관이 얼마나 잘못될 수 있는가를 보여주는 경고이며, 기독교인들이 겸허하게 받아들이고 참고해야 할 중요한 지적이 아닐 수 없다.

그러나 우리는 여기서 현대인들의 딜레마를 하나 발견한다. 현대인은 자기가 이해하지 못하는 것을 받아들이려하지 않는 반면, 인간에 의하여 이해되고 납득되는 신은 참 하나님이 될 수 없다는 것을 너무나 잘 알고 있다는 것이다. 그러므로 하나님이 계셔야 할 필요가 있고, 그런 하나님을 믿어야 할 필요가 있으며, 심지어 그런 하나님을 믿고 싶기까지 한데도 불구하고 그런 요청에 의하여 제시되는 하나님은 사람에 의하여 투영된 하나님일 가능성이 많다는 것을 현대인은 너무나 잘 알고 있다. 사람에 의하여 투영되지 않은 하나님은 거의 확실하게 인간의 이성과 경험의 요구에 순응하지 않을 것이기 때문에 현대인은 쉽게 받아들이려 하지 않는다. 이것이야말로 하나의 커다란 딜레마가 아닐 수 없고, 앞에서 이야기했던 그 노인도 그런 딜레마에 빠져 있었을 것이다.

종교의 씨앗

실제로 성경이 가르치는 여호와 하나님은 이론적으로 증명되는 것을 거절하시는 하나님이다. 그는 우리의 두려움과 경배의 대상이 될지언정 이론적 증명과 이해의 대상은 될 수 없다. 사실 여호와 하나님이 이론적으로 증명될 수 없다는 사실은 오늘날 그리 치명적인 약점은 아니다. 이론적 증명이 절대적인 권위를 가졌던 옛날에는 이론적으로 증명될 수 없다는 것은 곧 존재하지 않거나 가치가 없다는 것을 뜻했지만, 지금과 같은 포스트모더니즘의 시대에는 이론적 증명의 가치는 상대적으로 많이 낮아졌기 때문이다.

인간의 사고방식이 역사적으로 어떻게 변해왔는가를 살펴보면, 이론적 증명에 대한 믿음도 다른 것들과 마찬가지로 현대에 가까워질수록 약화되었다는 것을 발견하게 된다. 우리는 고대 그리스 철학자 제논이 어떻게 빨리 달리는 토끼가 먼저 출발한 거북이를 영원히 앞설 수 없다고 주장할 수 있었는지 이해할 수 없다. 아무리 이론적으로 증명된다 해도 어떻게 그런 것을 장난이 아닌 하나의 학설로 주장할 수 있었는지 고개를 갸우뚱하지 않을 수 없는 것이다. 또 현대 과학이 일반화되기 전에 쇠 5kg과 자석 5kg이 합쳐지면 그 무게가 10kg인가 5kg인가라는 문제로 수년 간 학자들 사이에 논란이 벌어졌는데, 지금 우리가 느끼기에는 그런 문제를 두고 그렇게 오랫동안 다투었다는 사실이 도무지 우습게 보이기만 한다. 그러나 그들은 매우 진지하게 그 문제를 토론했다. 그것은 그 시대 사람들이 우리보다 이론적 논증을 훨씬 더 중요하게 생각했기 때문이다.

그래서 오늘날 여호와 하나님의 존재에 대해서 이론적으로 증명할 수 있다하더라도 그것이 현대인으로 하여금 하나님을 믿게 할 수는 없을 것이고, 증명할 수 없다 하더라도 그것이 그렇게 심각한 결점은 아닌 것이 되었다. 오늘날 하나님의 존재에 대한 이론적 논란은 그리 심각하지 않은 철학자들의 논리적 유희에 불과한 위치로 떨어지고 말았다.

그러면 성경 자체는 하나님의 존재에 대해서 어떻게 가르치고 있는가? 성경 어느 곳에서도 하나님의 존재를 어떤 방법으로든지 증명하려 들지 않는다. 하나님의 존재는 전제되어 있는 것이지 증명할 수 있는 것이 아니다. 가끔은 초자연적 기적을 통하여 하나님의 무한하신 힘을 나타내는 경우는 있으나, 성경 전체의 가르침을 통해서 보면 그것의 가치를 그리 높이 평가한 것 같지는 않다. 예수님도 "너희는 표징이나 기이한 일들을 보지 않고는, 결코 믿으려고 하지 않는다"(요한복음 4:48)라고 하셨고, "악하고, 음란한 세대가 표적을 요구하지만, 예언자 요나의 표징밖에는, 이 세대는 아무 표징도 받지 못할 것이다"(마태복음 12:39)라고도 하셨다.

그야 이론적이든 초자연적이든, 증명이란 벌써 인간이 자신의 이론과 경험을 절대적인 것으로 전제하는 것이요, 그것을 기초로 하여 하나님의 존재를 확인하겠다는 태도이기 때문에 하나님의 입장에서 보았을 때 잘못된 것이다. 오히려 하나님의 존재를 절대적인 전제로 하고, 그 근거 위에서 다른 것을 확인하려 해야 올바른 태도라 할 수 있을 것이다.

그래서 이런 증명 방법과는 전혀 다른 관점에서 성경은 하나님의 존재에 대하여 조명해주고 있다. 신약성경 로마서 1장 17절~27절에는 하나님의 존재 자체가 아니라 하나님의 존재에 대한 인식을 문제삼는다. 이것을 한번 음미해보는 것은 하나님의 존재 문제를 이해하는 데 하나의 빛을 비춰줄 수 있다. 하나님이 계시느냐 안 계시느냐 하는 문제는 그 자체로는 해결할 수 없고, 우리가 그것을 어떻게 아느냐는 문제로 귀착될 수밖에 없기 때문이다.

로마서에서 바울 사도는 성경의 일반적인 입장과 마찬가지로 하나님이 계시느냐 안 계시느냐에 대한 질문을 하지 않고 엄연히 계시는 하나님을 왜 사람들이 받아들이지 못하느냐에 대해서 관심을 기울인다. 그는 우선 모든 사람은 본래 하나님을 알 수 있다고 가르친다. 비록 하나님 자신과 하나님의 능력은 보이지 않는 것이나 하나님이 창조하신 모든 것들을 통하여 그것이 나타나기 때문에 정직한 마음으로 본다면 하나님의 존재를 부인할 수 없다는 것이다. 이런 것을 신학자 칼뱅(J. Calvin)은 '신에 대한 느낌(sensus divinitatis)'이라고 하고, 모든 종교는 근본적으로 이 느낌에 근거해 있기 때문에 그것을 '종교의 씨앗(semen religionis)'이라고 불렀다. 그는 "아무리 미개한 나라라도, 아무리 야만 민족이라도 그들 마음속 깊이 신이 존재한다는 것을 부인하지는 못할 것이다"라는 로마 철학자 키케로(Cicero)의 말을 긍정적으로 인용하고 있다.

성경의 주장이 사실인지 아닌지를 실제로 증명하기는 그리 쉽지 않다. 그러나 모든 사람이 어느 정도까지는 종교적이라는 사실은 부인하기 어렵다. 어떤 식으로 설명되든지 간에 절대자가 있어야 한다고 생각하는 사람은 상당히 많다. 그것을 포이에르바하처럼 신이란 인간이 그들의 이상형을 투영한 것에 불과하다고 설명한다든지, 마르크스처럼 자본주의 경제체제가 정의롭지 않기 때문에 생긴 소외가 만들어놓은 환상에 불과하다든지, 그 외에 프로이트(S. Freud), 제임스(W. James) 등이 내린 것 같은 설명을 붙이든지 간에 대부분의 인간들에게 초자연적이고 절대적인 존재에 대한 막연한 느낌이 있는 것은 사실이다. 그리고 포이에르바하나 프로이트가 내린 설명이 그 느낌을 완전히 설명해줄 수 있는지에 대해서는 의심의 여지가 있다.

엄청난 힘을 가진 폭풍과 파도를 보았을 때, 매우 장엄하고 아름다운 험산준령을 보았을 때, 한 인간의 죽음을 보았을 때, 우리는 자신도 모르게 어떤 신비함을 느끼고 경건한 두려움과 심지어 공포에 젖는 것을 부인하기 어렵다. 또 잠 못 이루는 밤에 침상에서 엎치락뒤치락하다가 문득 나는 어디서 왔으며 어디로 가는가, 나는 왜 사는가, 이 우주와 시간은 어떻게 만들어졌는가 등등의 생각에 빠져들 때가 있다. 그때 우리는 갑자기 불안해지고 막연하지만 괴로운 두려움이 우리의 가슴을 억누르는 것을 느낀다. 그 느낌이 가장 원초적인 것인지, 어떤 다른 이유 때문에 생긴 부차적인 것인지에 대해서는 너무 빨리 철학자들이나 심리학자들의 설명을 따라야할 필요는 없다. 어쨌든 우리는 이런 느낌을 가지고 있고, 그것이 모든 현상적인 종교의 배후에 있음을 부인하기 어렵다. 그래서 칼뱅은 그것을 신에 대한 막연한 느낌이요, 동시에 종교의 씨앗이라고 불렀던 것이다. 그리고 성경은 그것이 인간이 본래 가진 하나님에 대한 지식이라고 가르친다.

그러나 성경은 그것으로 끝나지 않는다. 그런 느낌이 있는데도 불구하고 많은 사람들이 하나님을 하나님으로 인정하지 않고 감사하거나 경배하지 않는다는 사실을 지적하고 그 이유를 설명한다. 성경에서는 사람들이 그런 느낌을 억지로 억눌러버리기 때문이라고 그 이유를 설명한다.(로마서 1:18) 즉, 하나님에 대한 느낌을 그대로 받아들여 그 느낌이 요구하는 대로 따르는 대신, 그 느낌을 최대한 억제해보려고 노력한다는 것이다. 그것을 억누르는 방법은 여러 가지일 것이다.

우선 그런 두려움이나 공포가 있을 때 거기서 가능한 한 빨리 벗어나는 방법이 있다. 재빨리 다른 것으로 생각을 돌려버리는 것이다. 예를 들어 돈을 벌어야 하고, 공부해서 더 높은 점수를 받아야 하고, 누군가를 만나서 일을 해결해야 한다는 등의 지극히 일상적이고 불가피한 것들을 생각하고 거기에 몰두함으로써 그런 부질없는 두려움, 경이감에서 벗어나보려고 한다. 영원과 영혼의 문제, 궁극적인 것에 대한 문제는 우선 먹고 자고 일하고 생식하고 배설하는 지극히 일상적이고 당면한 문제에 의하여 밀려나고 마는 것이다. 그리고 대부분의 경우 현실적으로 당면한 문제가 더 중요하게 느껴지기 때문에 영혼이나 하나님의 문제는 매우 쉽게 머릿속에서 밀어낼 수 있다.

그보다 좀 더 세련된 방법으로는 그런 느낌을 조금은 유치한 정신적 상태나 다른 원인에 의한 별로 중요하지 않은 부산물로 치부해버리는 것이다. 특히 오늘날에는 이런 방법을 이용하기가 매우 쉽다. 앞에서 소개한 포이에르바하, 마르크스, 프로이트, 러셀, 도킨스(R. Dawkins) 등의 설명이 상당한 이론적 설득력을 갖추고 있어 아주 편리하게 이용할 수 있도록 준비되어 있기 때문이다. 사실 그런 설명들이 모두 일방적이고 나름의 약점을 가지고 있는데도 불구하고, 그것을 받아들이기로 작정한 사람들에게는 마치 절대적인 것처럼 보인다.

그런 이론들을 만들어낸 사람들이나 그것을 따르는 사람들에게는, 그 이론들 자체의 설득력보다는 신을 받아들이지 않으려는 종교적 동기가 먼저 작용했다고 볼 수 있다. 아마 그런 이론들을 만들어내지 않았고 듣지 못했더라도 그들 중에 상당수는 하나님의 존재를 받아들이지 않았을 것이다. 그런 설명들이 하나님을 받아들이지 않는 원인이라기보다는 오히려 하나님을 받아들이지 않으려는 핑계로 만들어지고 이용된다는 것이 더 타당할지도 모른다.

그러나 마음속에 문득 솟아나는 공포감, 절대자에 대한 막연한 두려움을 단순한 이론적 설명으로 항상 억누를 수는 없다. 그것이 이론보다는 훨씬 더 강할 수 있기 때문이다. 사실 인간이 경험하는 슬픔, 기쁨, 두려움, 사랑 등의 감정은 이론에서 생기는 것도 아니고, 이론으로 막을 수도 없는 것이다. 다만 다소 강화시키거나 약화시킬 수 있을 뿐이다. 칸트가 이론적으로 신 존재 증명을 다 비판해놓고도 자기 새끼를 떨어뜨려 죽이는 제비를 보고 경건한 마음으로 겁에 질린 것이나, 니체(F. Nietzsche)가 사랑이니 동정이니 하는 것을 철학적으로는 가장 쓸모없는 감정이라고 욕을 해놓고도 늙은 말의 목을 얼싸안고 통곡했다는 이야기는 그 전형적인 예라 할 수 있다. 인간의 종교적인 감정은 이성이나 이론의 영역을 초월하는 것이므로 이론에 의하여 억압되거나 쉽게 포기될 수는 없다.

그렇기 때문에 인간의 마음에 심어진 하나님에 대한 느낌을 유치한 것이나 혹은 부차적인 것으로 설명해버리는 것보다는 좀 더 강력한 무기가 있어야 그 느낌을 제거할 수 있다. 그래서 많이 사용되는 방법이 참 하나님 대신 거짓 하나님을 하나 만들어놓는 것이다. 적어도 성경은 그렇게 지적하고 있다. "썩지 않는 하나님의 영광을, 썩어 없어질 사람이나 새나 네 발 달린 짐승이나 기어 다니는 동물의 형상으로 바꾸어놓았습니다."(로마서 1:23) 즉, 사제(私製) 하나님 혹은 인조(人造) 하나님을 하나 만들어놓는다는 것이다. 인조 하나님이 참 하나님이 될 수 없는 것은 자명하다. 그것은 성경이 그렇게 저주하는 우상인 것이다.

그런데 왜 사람들은 참 하나님을 두고 인조 하나님을 만들어야 하는가? 성경은 인간의 허영이 그 원인이라고 가르친다. 참 하나님을 받아들인다는 것은 그에게 절대적으로 순종해야 한다는 뜻인데, 그것은 니체가 잘 지적한 것처럼 인간이 신의 노예가 되는 것을 뜻하는 것이요, 인간의 권위와 존엄성에 근본적으로 어긋나기 때문에 인간의 위신으로는 그것을 받아들일 수 없다.

우상 혹은 인조 하나님은 이런 서로 잘 조화될 수 없는 인간의 두 가지 특성 때문에 생긴 산물이다. 한편으로는 인간에게 쉽게 지워버릴 수 없게 심어진 절대자에 대한 경건한 두려움이 자신을 초월하는 어떤 신을 인정하도록 요구하고, 다른 한편으로는 인간이 가지고 있는 근본적인 자존심이 어떤 절대적인 신에게 노예처럼 무조건 순종할 수 없도록 하므로 그 두 요소가 타협하여 생긴 것이 인조 하나님, 즉 우상이란 것이다.

물론 우상이란 표현 자체가 벌써 부정적인 것이므로 어느 종교에서든지 다 배격하겠지만, 특히 기독교에서는 가장 배격해야 할 것으로 간주된다. 기독교에서 참 하나님 외에 다른 것을 하나님처럼 섬기는 것은 모두 우상이다. 나무나 돌로 만든 신상뿐만 아니라 돈, 명예, 권력, 지식도 우상이다. 바울은 "탐욕은 우상숭배"(골로세서 3:5)라고 했다. 어떤 것이 삶을 가치 있게 만드는 것으로, 혹은 삶의 목적으로 존중된다면 그것들은 우상인 것이다.

제임스가 "절대적인 것은 절대로 없다"고 한 것에서 역설적으로 엿볼 수 있는 것처럼, 사실 모든 사람은 어떤 절대를 하나 가지고 있다. 절대적으로 상대주의자가 될 수는 없고, 설혹 그렇게 될 수 있더라도 벌써 거기에는 또 하나의 절대가 숨어 있는 것이다. 너무나 당연해서

의심의 여지없이 받아들이고, 그것에 근거해서 세계관, 인생관, 삶의 목적을 설정하는 그런 절대는 있게 마련이다. 그 절대를 항상 의식할 필요는 없다. 별로 의식하지 않은 채 그 사회가 받아들이는 절대를 그대로 수용할 수도 있다. 그럼에도 그 절대가 진정한 절대가 아니고 불행하게도 주관적인 것이라면 그것은 우상일 수밖에 없다.

모든 우상들은 한 가지 공통적인 특징을 가지고 있는데, 그것들이 사람들에게 참인 것 같고 논리적인 것 같고 그럴듯하게 보인다는 점이다. 그럴듯하고 논리적인 것처럼 보이지 않는 것을 인간이 만들거나 섬기지는 않을 것이기 때문이다.

여호와 하나님은 인조 하나님이 아닌가

그렇다면 기독교에서 말하는 여호와 하나님은 인조 하나님이 아니라는 보증은 어디 있는가? 이런 질문은 지극히 당연한 질문이고, 사실 포이에르바하, 마르크스, 도킨스 같은 철학자들은 분명히 기독교의 하나님도 인조 하나님이라고 비판했다. 물론 그들에게는 신이란 모두가 인조 신일 수밖에 없고, 기독교의 하나님도 예외가 될 수 없다.

그뿐만 아니라 심지어 기독교인들이라도 그들이 상상하고 섬긴다고 생각하는 하나님이 진정한 여호와 하나님이 아닐 가능성은 얼마든지 있다. 제노파네스가 지적한 것처럼 사람은 제각기 자기의 모습대로 하나님을 상정할 수 있기 때문이다.

옛날에는 '이름'을 중요하게 생각했다. 이름만 정확하게 부르면 그 신에게 기도를 드리고 예배하는 것이라고 생각했다. 그러나 오늘날처럼 이름이 단순히 편의를 위해서 우리가 임의적으로 만든 것이란 사실을 알게 된 시대에는 이름을 제대로 불렀다는 것이 올바른 하나님을 섬긴다는 보장이 될 수는 없다. 사람들은 없는 것에 대해서도 얼마든지 이름을 붙일 수 있다. 동양에서는 봉(鳳)이란 새가 있다고 믿었고, 서양에서는 불에 타 죽은 다음 자신이 스스로 재를 털고 다시 일어서는 불사조(phoenix)란 새가 있다고 해서 그런 이름들을 부여했지만 그런 새들은 존재하지 않는다. 그렇다면 기독교의 하나님이 인조 신이 아니라는 증거는 어디 있는가?

엄격하게 따지면 그것에 대해 모든 사람들이 납득하고 인정할 만한 이론적 보증은 누구도 제공할 수 없다. 앞에서 본 바와 같이 신의 존재를 이론적으로 증명하는 것이 불가능할진대, 하물며 그보다 한걸음 나아가서 기독교의 하나님만이 참 하나님이란 사실을 이론적으로 증명하는 것은 얼마나 더 어렵겠는가? 그것은 어디까지나 믿음의 문제이지 이론적 증명의 문제는 아니다.

그러나 이미 여호와 하나님을 믿는 사람들에게는 성경에 나타난 하나님이 참 하나님이란 증거는 얼마든지 있다. 즉, 어떤 객관적 증거에 의해서 성경의 하나님은 인조 하나님이 아님을 증명할 수 있다는 것이 아니라, 이미 믿는 사람들에게는 그 믿음을 보강해줄 수 있는 증거가 있다는 말이다.

5세기의 신학자요 철학자였던 아우구스티누스(Augustinus)나 11세기의 철학자였던 안셀무스 등은 하나님과 예수는 이해해서 믿는 것이 아니라 믿으면 이해할 수 있다며 "나는 이해하기 위해서 믿는다(Credo ut intelligam)"라는 말을 남겼다. 이처럼 신앙이란 지식에서 유래되는 것이 아니라 오히려 신앙에서 그 신앙에 입각한 지식이 형성된다. 이런 주장은 인간 이성의 절대 중립성과 객관성을 믿던 옛날에는 완전히 우스꽝스러운 것으로 취급되었으나, 이성의 도구성(道具性)이 인정되고 모든 지식이란 예외 없이 이데올로기적 성격을 가지고 있다는 것이 어느 정도 받아들여지고 있는 오늘날에는 그리 억지스러운 소리는 아니다.

놀라게 하는 하나님

성경에 나타나는 여호와 하나님이 인조 하나님이 아니라는 점은 그 하나님이 항상 사람들에게 '놀라게 하는 하나님'으로 나타난다는 사실에서 찾아볼 수 있다. 즉, 사람이 기대하는 대로 나타나는 하나님이 아니라 전혀 기대하지 않은 곳에서 기대하지 못했던 모습으로 나타나는 하나님이란 사실이 성경 여러 곳에서 보이고 있다.

그 시대의 일반적인 인식에 따라 하나님이 어떤 특수한 지역에 국한되어 존재한다고 믿었던 야곱은 전혀 낯선 벧엘에도 하나님이 계시다는 것을 알고 심히 놀랐고(창세기 28:10~22), 여호와 하나님은 육지의 신이요, 자기 나라만 지배하시는 하나님이라고 믿었던 선지자 요나는 그 하나님이 바다까지 자기를 쫓아오고 원수의 나라인 앗수리아의 수도 니느웨도 다스리시는 하나님임을 알고 놀랄 수밖에 없었다. 또 아브라함에게는 생물학적인 한계를 초월하는 하나님으로 나타나고, 그 아내 사라에게는 기가 차서 웃기는 하나님으로 나타났다.(창세기 18:12~15) 그들은 아들의 이름을 이삭이라고 했는데, 그것은 '웃음'이란 뜻을 가지고 있다. 100세에 가까운 아브라함이 아들을 가질 것이란 좀 '웃기는' 약속이었기 때문일 것이다.

특히 욥기에 보면 하나님은 인과응보 혹은 권선징악이란 매우 당연하고 심지어 윤리적으로 지극히 정당한 원칙조차도 초월하시는 하나님으로 나타난다. 욥은 그렇게 큰 벌을 받을 만큼 죄를 짓지 않았는데도 불구하고 벌을 받았고, 그것에 대해서 항의했다. 그러나 그의 친구들은 죄를 짓지 않았는데도 하나님이 그렇게 무서운 벌을 내리실 이유는 없으니 욥이 죄를 지은 것이 분명하다는 결론을 내리고, 욥에게 그것을 인정하라고 요구한다. 그러나 마지막 부분에서 하나님은 욥의 생각이나 그의 친구들의 생각이 모두 인간적일 뿐이며 하나님은 그런 인과응보의 법칙에 얽매어야 할 이유가 없음을 보여주신다. 인조 하나님이라면 그런 모습을 보일 가능성은 매우 희박하다. 혹시 지능적인 사람들이 여호와 하나님이 인조 하나님이 아님을 보여주기 위해 일부러 그런 이야기를 만들어내었다고 볼 수도 있겠으나 그것은 그들의 능력을 과대평가하는 것이 아니겠는가?

　신약성경에도 예수님은 그 시대의 경건한 사람들은 물론이고 심지어 제자들의 기대를 완전히 무너뜨린 분으로 나타난다. 그 시대의 유대인들은 메시아가 나타나면 그가 초자연적인 힘을 발휘하여 이스라엘을 로마의 식민지 지배로부터 해방시켜줄 것이라고 기대하고 그렇게 믿었으나, 그리스도는 오히려 십자가에 못 박혀 죽고 말았다. 그리스도가 자기의 죽음을 예고했을 때 베드로는 자신과 동포들의 기대가 모조리 다 무너지는 것을 느꼈고 화가 나서 예수를 꾸짖었다(우리말 번역에는 '항변하매'로 번역되었으나 그리스어 원어는 '꾸짖으매'로 되어 있다).(마가복음 8:32) 제자들조차도 그가 다시 살아날 것이란 예언을 믿지 않았다. 그래서 예수가 죽은 후 부활할 것이라고 예언한 사흘째 되는 날에 여자들 외에는 무덤에 가볼 생각도 하지 않았고, 여자들이 예수의 부활에 대하여 전했을 때도 여자들이란 좀 못 믿을 소리만 하고 돌아다닌다며 무시해버렸다.(누가복음 24:11) 그 시대에는 여자들의 증언은 재판에도 채택되지 않을 정도로 무시되었는데, 신약성경에 여자들이 예수님의 부활을 제일 먼저 발견한 것으로 기록된 것은 특이한 일이다. 만약 예수의 부활을 조작한 것이라면 적어도 여자들을 그 첫 증인으로 기록하지는 않았을 것이다.

　그래서 여호와 하나님과 예수 그리스도는 사람들이 기대한 것과는 항상 다른 모습으로 나타나고 다르게 행동하시는 분으로 서술되어 있다. 이것은 여러 가지 뜻을 함축하고 있지만, 적어도 하나 분명한 것은 그가 인조 하나님이 아니라는 사실이다. 사람을 놀라게 하고 어리둥절하게 하는 것은 사람들이 상식적으로 알고 있거나 알 가능성이 있는 범위를 초월하는 것이기 때문이다.

한 가지 예를 들어 이를 설명해보자. 신약성경의 원본들은 지금 남아 있지 않다. 즉, 바울이나 마태 등 신약성경 기자들이 직접 쓴 원본은 남아 있지 않고, 그것을 베껴놓은 사본들만 여러 가지가 남아 있다. 그런데 소수이긴 하지만 그 사본들 사이에 단어와 문장이 서로 다른 곳들이 있다. 그래서 학자들은 어느 것이 원본과 가장 가까운 것인가를 가려내려고 노력해왔고, 지금은 거의 의견 일치를 보고 있다. 그런데 그들이 원본에 가장 가까운 것을 가려내는 방법 중에는 한 가지 매우 재미있는 규칙이 있다. 만약 사본 중 하나는 문법에 맞고 다른 것은 문법에 맞지 않게 쓰여 있는 구절이 있으면 학자들은 문법에 맞지 않는 것을 원본에 가까운 것으로 채택했다. 즉, 비슷하게 앞뒤의 문맥에 맞는 것과 그렇지 못한 것이 있다면, 문맥에 맞지 않는 것을 원본으로 채택하는 것이다. 그 이유는 무엇인가? 원본을 베끼는 사람들 중에 제 딴에는 좀 똑똑하다고 생각하는 사람은 원본에 있는 잘못을 고쳐가면서 옮기게 되고, 의도적으로 그렇게 하지 않더라도 무의식적으로 문법에 맞지 않거나 문맥이 통하지 않는 것을 올바르게 고치는 경향이 있기 때문이다. 그래서 학자들은 문법에 더 잘 맞고 자연스러운 것은 베끼는 사람의 의식적 혹은 무의식적 교정이 들어 있다고 보아야 한다고 생각했다.

　신의 경우에도 비슷하게 너무 인간의 일반적인 기대에 부응하는 것으로 나타나는 신은 인조신일 가능성이 높다고 할 수 있다. 기도만 하면 복을 주는 부자 방망이 같은 신은 복과 운수를 좋아하는 한국 사람들이 만들어냈을 가능성이 높고, 선을 행하면 복을 주고 악을 행하면 벌을 주는 재판관 같은 신은 칸트 같은 철저한 도덕철학자가 만들어냈을 가능성이 높다. 만약 진정한 하나님이자 사람들이 의지하고 경배할 가치가 있는 신이라면, 그는 인간의 기대를 초월하고 사람들을 놀라게 하는 하나님이어야 할 것이다. 성경에 나타나는 하나님은 이와 같이 우리를 놀라게 하는 하나님이다.

　2세기에 로마의 법률학자였다가 기독교 신자로 개종해서 신학자가 된 터툴리아누스(Tertullianus)는 하나님에 대한 지식이 인간의 논리를 초월한다는 것을 가장 분명하게 깨달은 사람 중의 한 명이다. 그의 관점을 잘 대변하는 것으로 알려진 역설(paradox)이 바로 "말이 안 되기 때문에 믿는다(Credo quia absurdum)"는 것이다. 그는 하나님에 대한 성경의 가르침이 전혀 논리적이지 않기 때문에 그 하나님은 믿을 수 있다고 말했다. 만약 하나님에 대한 언급이 철저히 합리적이고 논리적이라면 그것은 거의 확실하게 사람이 만들어낸 신일 것이기 때문이다. 그 존재가 이론적으로 증명되지 않기 때문에 오히려 믿을 수 있다는 역설적 주장이다.

　이것은 기독교가 스스로를 계시의 종교라고 주장하는 것과 연결되어 있다. 전통적인 정통 기독교는 성경의 가르침은 어떤 종교적인 전제나 어떤 위대한 종교 지도자가 깨달은 것이 아니라 하나님이 자신의 뜻을 나타내 보인 것이라고 주장한다. 만약 사람의 능력으로 그런 지식을 만들어내거나 발견할 수 있다면 하나님이 그런 것을 따로 계시하실 필요가 없었을 것이다. "하늘이 땅보다 높듯이, 나의 길은 너희의 길보다 높으며, 나의 생각은 너희의 생각보다 높다."(이사야 55:9) 기독교는 밑으로부터 위로 올라가는 종교가 아니라 위로부터 아래로 내려오는 종교이고, 인간의 수요를 공급하는 종교가 아니고 인간의 순종을 요구하는 종교이다. 그래서 기독교의 하나님은 절대자로 나타나고 합리적인지 아닌지 혹은 우리가 필요로 하는 하나님인지 아닌지와 관계없이 인간에게 절대적인 존재로 나타나는 하나님이다.

믿음으로만
알 수 있다

이제까지 살펴본 바와 같이 하나님이 정말 계시는가 하는 문제는 결국 우리가 그의 존재를 인정할 수 있느냐는 문제로 변형되고 말았다. 하나님의 존재 여부를 모두 확신할 수 있도록 보여주는 것은 불가능하기 때문이다. 그리고 그의 존재를 주관적으로 인정하는가 인정하지 않는가 하는 것도 이론적으로 결정될 성질의 것이 아님이 드러났다. 그것은 논리적으로 추론하거나 우리의 감각으로 경험할 수 있는 성질의 문제가 아니다. 비록 우리가 어떤 이론이나 경험으로 하나님의 존재를 증명할 수 있다 하더라도 그런 하나님은 인조 하나님일 가능성이 매우 농후하다. 어떤 형태로든지 간에 하나님은 우리의 단순한 인식 대상이나 조작의 대상이 될 수 없다.

성경이 추천하는 방법은 비록 막연한 것이지만 우리에게 거의 본능적으로 주어진 경건한 두려움을 그대로 인정하고, 거기에 어떤 심리학적 설명을 가해 그것으로부터 벗어나려 하지 않는 것이다. 그 두려움은 우리 실존에 거의 본질적인 것이요, 단순히 심리학이나 사회학으로 설명할 수 있는 부차적인 것이 아니다. 우리의 영혼과 죽음이 신비로 둘러싸여 있는 것처럼 그 두려움도 신비로운 것이다. 그리고 그 두려움 속에서 어렴풋이나마 느껴지는 하나님에 대한 느낌을 단순히 유치한 상상으로 웃어넘기지 말아야 할 것이다. 오히려 그 앞에 경건히 무릎을 꿇고 그가 우리의 전부를 지배하도록, 우리에게 길을 보여주도록 기도해야 할 것이다. 이것은 하나님을 이론적으로 알아보려하거나 그 존재를 증명해보려는 것과는 전혀 다른 태도다. 이론적으로 따져보려는 태도는 하나님을 객체화 혹은 대상화하는 것이요, 대상화되는 하나님은 참 하나님이 아닌 우리에 의하여 각색된 하나님일 수 있다.

막연하게 느껴지는 불확실한 존재 앞에 무릎을 꿇는다는 것은 그리 쉬운 일은 아니다. 먼저 확실히 안 다음에 순종하고 경배하는 것이 훨씬 더 논리적일 것 같다. 그러나 하나님의 경우에는 그 논리가 통하지 않는다. 순종하지 않고 믿지 않으면서 알아보기란 불가능하기 때문이다. 인식 대상으로 찾으려면 참 하나님은 나타나시지 않는다. 참 하나님은 다만 그를 믿고 의지하며 그에게 무릎을 꿇는 자들의 마음에만 그 참 모습을 보여주신다. 그러나 알지도 못하고 어떻게 무릎을 꿇겠는가?

신약성경에 기록된, 귀신 들린 아들을 고쳐 달라고 예수님께 찾아온 어느 아버지의 이야기가 이 문제에 대해 시사점을 줄 수 있을지도 모르겠다. 예수님은 아들을 고쳐 달라고 간청하는 그 아버지에게 믿음이 있어야 한다고 말씀하셨다. 그때 절망적인 상태에 있던 그 사나이는 "내가 믿습니다. 믿음 없는 나를 도와주십시오" 하고 부르짖었다.(마가복음 9:24) 얼마나 역설적인 부르짖음인가? 아들을 살리기 위해서는 믿어야겠는데 믿어지지 않기 때문에, 모순되게 믿는다고 말해놓고는 믿게 해달라고 간청한 것이다. 예수님은 그 사나이의 갈등을 이해하시고 아들의 병을 고쳐주셨다.

여기에는 분명한 논리가 작용하지 않는다. 그 아버지는 지극히 착잡하고 혼란에 빠져 있었다. 아들의 병을 고쳐야 한다는 사실 하나만 확실할 뿐 나머지는 어쩔 줄을 모른다. 그가 예수님께 찾아온 것은 어느 정도 믿음이 있었기 때문이라고 할 수도 있지만 밑져봐야 본전이란 생각으로 왔을 수도 있다. 그러나 예수님이 믿음이 있어야 한다고 했을 때, 그는 믿을 수 있기를 간절히 바랐다. 그렇지만 확실히 믿는 데는 상당한 어려움을 느꼈을 것이다. 그래서 급한 마음에 "내가 믿습니다" 하고 고함을 치고는 다시 믿음이 있게 해달라고 요구한 것이다. 그러나 그 요청 속에는 이미 어느 정도의 믿음이 함축되어 있었다고도 할 수 있다. 적어도 예수님은 자기로 하여금 믿음을 가지게 할 수 있다고 믿었기 때문에 그런 요청을 한 것이다.

이 사나이처럼 어떤 사람이 조금이라도 믿음을 갖게 되는 데는 여러 가지 요소가 작용한다. 그의 경우에는 아들의 심각한 병세가 보통 인간들이 가지고 있는 자신감이나 교만을 완전히 꺾어놓았을 것이고, 물에 빠진 사람이 지푸라기라도 잡으려는 심정으로 예수님께 매달렸을 것이다. 사실 그와 비슷한 상황에서 신앙을 갖게 되는 사람은 의외로 많다. 평소에 하나님에 대해서 전혀 관심 없고, 심지어는 하나님을 믿는 사람들을 유치한 사람들이라고 비웃던 사람들 중에도 위급한 경우에는 하나님을 찾는 경우가 흔하다.

우리에게 널리 알려진 훌륭한 철학자, 문학자, 정치가들 중에도 그런 과정을 거쳐 하나님을 찾은 사람들이 있다. 학문적으로나 인격적으로 많은 존경을 받던 고(故) 박종홍 교수나 김태길 교수가 죽음을 앞두고 세례를 받았다. 어찌 보면 매우 비정상적인 상태에서 일어난 일이므로 그렇게 심각하게 받아들일 필요는 없다거나 심리학적으로 얼마든지 설명할 수 있다고 할 수도 있으나 상당한 자존심을 유지했던 본인들에게는 실로 심각한 결단이요, 따라서 아무도 그것을 가볍게 웃어넘길 수는 없다. 심리학적 설명은 여러 가지 가능한 설명 중의 하나이지, 어떤 정신현상을 완전히 설명할 수 있는 것은 아니다. 심지어 심리학 전문가라도 절박한 상황에 처하면 예수님을 찾아온 사나이처럼 행동할 가능성이 없지 않다.

절박한 상황 이외에도 사랑하는 사람의 죽음이라든가 자연의 웅장함이라든가 위대한 신앙인의 희생이라든가 심지어는 지나가면서 기계적으로 고함을 지르는 전도인의 말 한 마디 등 여러 가지 이유로 많은 사람들이 하나님을 믿게 된다. 그리하여 사랑과 희생의 새로운 삶을 살게 되고, 아주 행복하고 보람 있는 일생을 보내게 된다. 그런데 그 다양한 믿음의 배후에는 역시 누구에게나 주어진 하나님에 대한 느낌이 작용했던 게 아닌가 한다. 그 느낌이 우리 모두의 가슴속에 주어지지 않았더라면, 그토록 다양한 상황에서 하나의 하나님을 찾지는 않았을 것이다.

현대인이 하나님을 믿기 어려워하는 것은 그만큼 자신의 지식과 경험을 중요시하기 때문이요, 가슴에 심어진 하나님에 대한 느낌이 온갖 외적인 관심들에 의하여 억눌려지거나 여러 가지 매혹적인 이론들에 의하여 설명되어버리기 때문일 것이다. 그런 자신감이 현대인으로 하여금 참 하나님 대신 다양한 형태의 인조 하나님들을 제조하게끔 한다.

그러나 광대한 우주와 그 깊은 신비 앞에서 자신이 얼마나 미미한 존재인가를 깨닫는 것은 현대인의 교만을 꺾는 데 도움이 될 것이다. 나아가서 우리 가슴에 귀 기울이며 거기에 심어진 하나님에 대한 느낌을 정직하게 받아들여 그 근원을 찾는 것이 하나님을 만나는 길이 아닌가 한다. 그리고 "하나님이여, 만약 당신이 계시거든 나로 하여금 당신을 믿게 하소서"라는 기도는 역설을 포함하고 있지만 결코 무의미한 기도는 아닐 것이다.

제2장

현대인에게도 성경이 필요한가

주의 말씀은 내 발의 등불이요,
내 길의 빛입니다.

디모데후서 3장 15절~17절

성경은 그리스도 예수를 믿는 믿음으로 말미암아
그대에게 구원에 이르는 지혜를 줄 수 있습니다.

모든 성경은 하나님의 영감으로 된 것으로서
교훈과 책망과 바르게 함과 의로 교육하기에 유익합니다.

그것은 하나님의 사람을 유능하게 하고,
그에게 온갖 선한 일을 할 수 있게 하는 것입니다.

서로 비슷해지는
현대인

현대인은 모두 비슷해지고 있다. 이제는 세계 어느 곳에 가든지 사람들은 대부분 비슷한 기성복을 입고 커피를 마신다.

국경도 없어졌다. 미국인이나 한국인의 삶이 그리 다를 게 없다. 모두 비슷한 옷에 비슷한 음식을 먹고, 같은 TV 프로그램을 보고 즐긴다. 공항에는 하루에도 수천 명씩 외국인이 들어오고 본국인이 해외로 나간다. 소말리아에서 일어난 일이 몇 시간이 안 되어 우리나라의 안방 TV로 보도되고, 우리나라에서 만든 물건이 유럽의 시골에서도 팔리고 있다. 지역이나 문화의 차이가 점점 없어지면서 현대인은 점점 세계인이 되어가고 있다.

더 나아가서는 사상적으로도 동서가 비슷해지고 있다. 동서양을 막론하고 다수가 민주주의를 선호하고, 남녀노소의 평등을 주장하며, 합리적인 경영과 과학기술을 높이 평가한다.

이렇게 생활방식이 비슷해짐에 따라 현대인의 사고방식도 비슷해지고 있다. 물론 제3세계의 여러 나라에서 자기들의 고유한 문화전통, 생활방식, 사고방식 등을 되찾겠다는 운동이 거세게 일어나고 있고 우리나라도 마찬가지지만, 그것이 어느 정도 성공을 거둘지는 의문이다. 결국 전통적인 것은 박물관으로 밀려나거나 명절의 장식품으로만 남게 되고, 고유한 사고방식은 하나의 감상적인 찬양의 대상으로 끝날 것이다. 그래서 우리의 일상적인 사고방식과 생활방식도 일본이나 영국, 프랑스와 별 다름 없이 변하고 말 것이다. 현대화의 거센 물결은 어느 정도의 감상적인 쇼비니즘으로는 도저히 막을 수 없다.

자연과학과 과학기술이
현대인을 결정짓는다

도대체 무슨 힘이 땅 위의 모든 사람을 이처럼 같은 방향으로 몰고 가는가? 구체적으로는 정보통신과 교통기술이 엄청나게 발전해서 사람들이 과거 어느 때보다 더 쉽고 빠르게 서로 접촉할 수 있기 때문이다. 그리고 정보통신과 교통기술을 통해서 확산되는 것은 다름 아닌 과학기술을 주축으로 하는 서양문화다. 그것은 무시무시한 힘과 매력으로 전 세계를 사로잡고 있다. 아무리 아름답고 고귀한 문화라도, 아무리 도덕적이고 인간적이며 찬란한 역사라도 서양의 과학기술 문명 앞에서는 힘을 쓰지 못한다.

그것은 서양문화가 다른 문화보다 모든 분야에서 위대하기 때문이 아니라 다른 어느 문화보다 더 큰 물리적 힘을 소유하고 있기 때문이다. 최근의 역사는 아무리 고상한 인격을 지니고 이웃에 대해 아름다운 사랑을 베풀어도 총알 앞에는 아무 소용없다는 것을 우리에게 가르쳐주었다. 그러므로 너도나도 앞 다투어 그 물리적 힘을 소유하려고 발버둥치고, 그런 힘이 없어 온갖 수모를 경험한 나라일수록 더 악착같이 애쓰고 있는 것이다.

서양으로부터 과학기술만 도입하고 고유한 전통과 정신은 지켜보려는 시도도 있었다. 일본과 중국이 그랬으며, 우리나라에서도 그런 움직임이 있었다. 즉, 서양의 그릇에 동양의 정신을 담자는 운동이었다. 그러나 그런 시도는 부질없는 것으로 끝나고 말았다. 과학기술만 받아들이고 그것의 배경이 되고 있는 정신은 받아들이지 않는다는 것은 절대 불가능하기 때문이다. 그래서 현대인들이 사용하는 도구와 사는 집의 모양만 흡사한 것이 아니라 생각하는 방식까지도 비슷해지는 것이다.

분명히 16~17세기에 서양에서 시작된 현대 자연과학은 경이로운 발전을 거듭해왔고, 그것을 응용한 현대 과학기술은 인류에게 실로 무서운 힘을 제공해주었다. 과거에 인류를 공포로 몰아넣고 수많은 생명을 앗아갔던 자연재해를 현대 과학기술은 하나둘씩 해결해가고 있다. 거대한 댐을 건설해 수해와 한재의 공포로부터 사람들을 해방시켜주었으며, 예방주사와 의료기술의 발달은 무서운 병마로부터 인류를 구원해주었다. 수많은 생명을 앗아가던 천연두는 이제 자취를 감추었고, 말라리아, 콜레라, 소아마비 등도 서서히 사라질 것이다. 유전공학의 발달 덕분에 앞으로는 식량 걱정을 할 필요가 없는 세상이 올 것이며, 태양열 등을 이용하면 석유가 고갈되어도 필요한 에너지를 충분히 얻을 수 있을 것이라 한다. 이제 인류는 명실공히 지구의 지배자요, 운명의 주인이 되고 있다.

그래서 현대인은 과학기술을 믿고 과학을 맹신한다. 그것만이 확실한 것이요, 믿을 만한 근거가 있다고 생각하는 것이다. 그동안 과학기술이 쌓아올린 실적이 그런 현대인의 신앙에 충분한 근거를 제공해주었다. 그래서 그들은 옛날 사람들이 비과학적인 사실들을 믿은 것은 아직 충분히 성숙하지 못했기 때문에 그랬던 거라고 생각한다.

콩트의
3단계 이론

이런 정신을 가장 잘 표현한 사람은 19세기 프랑스 철학자 콩트(A. Comte)였다. 그는 인간의 사고방식이 역사적으로 3단계를 거쳐 발전해왔다고 주장했다. 그에 따르면 아득히 먼 원시시대는 모든 자연현상을 신들의 작용이라고 설명하고 이해했던 신학적 단계다. 이를 테면 나무의 움직임이나 물의 흐름까지 모두 신들의 작용이라고 믿었으며, 그것이 어느 정도 발전한 형태가 바로 기독교에서 말하는 유일신 신앙이라는 것이다. 그는 신학적 단계 안에서 가장 원시적인 물신론(物神論), 그다음의 다신론, 그리고 마지막으로 유일신론이 순서대로 생겨났다고 주장했다.

그러나 인간의 지식이 축적되면서 신 대신 형이상학적인 힘이나 어떤 원칙으로 삼라만상을 설명하는 형이상학적 단계가 뒤를 잇게 된다. 형이상학적 단계에서는 신학적 단계에서 귀신들이나 유일신이 맡았던 역할을 원리, 원칙, 힘, 본질 등의 추상적인 관념들이 맡아서 모든 것을 설명했다. 그런데 콩트는 그런 관념들도 사실은 모두 사람들의 머리로 만들어낸 것이고 실제로 무슨 근거가 있는 것은 아니라고 보았다. 그저 논리적이고 이론적인 사색으로 모든 것을 설명했다는 것이다.

그리고 이런 형이상학적 사고방식도 마침내는 최후의 단계요, 가장 발달된 단계인 실증주의적 단계에 의하여 극복되었다고 콩트는 주장했다. 자신이 주장한 실증주의 철학의 특징인 현대인의 사고방식은 무엇이든지 사실의 근거 없이는 아무것도 받아들이지 않는 철저한 과학적 사고방식이란 것이다. 논리에 맞지 않거나 사실에 근거하지 않는다면 그 어떤 것도 받아들이지 않는 과학적 사고방식이야말로 현대인의 전형적인 특징이라는 것이 그의 주장이다. 여기서 과학적이란 주로 자연과학적인 것을 뜻했다. 물론 그는 사회 현상도 자연과학적 방법으로 설명될 수 있다고 믿어서 그것이 실증주의의 특징으로 알려지게 되었다.

콩트는 인류 전체의 사고방식이 이렇게 변화해온 것을 하나의 역사적 우연이라고 보지 않았다. 다시 말해서 인류 전체의 사고방식이 신학적 단계, 형이상학적 단계, 그리고 마지막으로 실증주의적 단계로 발전해왔다는 사실을 콩트 자신이 인류 전체의 역사를 조사해서 발견해낸 것이 아니라는 것이다. 그는 그것이 오히려 논리적으로 그럴 수밖에 없는 필연이라고 생각했다. 그리고 그런 발전 형태가 인류 전체의 역사 발전에만 나타나는 것이 아니라 개개인의 성숙과정에서도 보인다고 주장했다. 사람이 어릴 때는 모든 것을 신화적으로 설명하고, 소년기에는 추상적인 이론으로 설명하나, 완전히 성숙하면 실증적으로 설명한다는 것이다. 즉, 확실한 사실에 근거하여 생각하고 판단하며 행동한다는 것이다.

다른 말로 하자면 현대인은 성숙했다는 뜻이다. 옛날 사람들처럼 호랑이가 담배를 피운다고 해도 믿는 그런 어리석은 단계를 지나 현대인은 한층 지적이며 성숙한 면모를 갖추게 되었고, 이제는 과학적인 것만 받아들이고 그 외의 것은 물리치게 되었다.

콩트의 이런 주장은 많은 이론적인 결함에도 불구하고 널리 알려져 이용되고 있으며, 현대인의 사고방식을 특징짓는 데 매우 적절한 것으로 간주되고 있다. 사실을 중요시하는 현대 실증과학은 발전을 거듭했고, 그 과학적 지식을 이용한 현대 과학기술은 인간에게 무시무시한 힘을 제공해주었기 때문에 더 큰 설득력을 가지게 된 것이다. 현대인은 어떤 주장이라도 확실한 근거가 없으면 받아들이지 않고, 눈으로 관찰하고 손으로 만져보아야 하는, 즉 실험이 가능한 근거를 가지고 있는 것이라야 믿는다.

이렇게 실증될 수 있는 것은 숫자로 표현될 수 있어야 하기 때문에 현대인은 숫자에 대해서 커다란 신뢰를 가지고 있다. 예를 들어 '한국인의 대부분은 현대화를 공업화와 동일시하고 있다'고 하면 그것은 그저 상식적인 이야기이고, '한국인의 72.5%는 현대화를 공업화로 생각하고 있다'고 해야 과학적이며 믿을 만하다고 생각하는 것이다.

17세기 영국의 철학자 흄(David Hume)은 숫자로 표현될 수 없는 것은 아무 가치가 없으니 불에 던져버리라고 했는데, 현대인들은 이런 흄의 명령을 충실히 따르고 있다. 그래서 여론조사가 인기를 끌고 있고, 때로는 통계 조작으로 사람들을 속이기도 한다. 현대인은 사람의 지능은 숫자로 표현될 수 있다고 생각하며, 좋은 교회와 나쁜 교회는 교인의 머리수와 연보 액수로 표현할 수 있다고도 생각한다. 이렇게 오늘날에는 과학적인 것이 합리적이고, 합리적인 것은 그 자체로 항상 옳고 좋은 것이라는 생각이 널리 퍼져 있다. 이것은 자연과학과 과학 기술이 먼저 발달한 서양에서만 그런 것이 아니다. 그 위대한 힘에 놀라고 그것을 흠모하는 전 세계의 다른 문화에서도 마찬가지다.

성경을 받아들이는 데
어려움을 느끼는 현대인

이런 현대인이 성경을 하나님 말씀으로 믿는다는 것은 매우 어렵다. 그들은 성경을 믿을 필요도 없고 믿을 수도 없다고 느낀다.

무엇보다 현대인은 성경을 믿을 필요가 없다고 생각한다. 믿는다 함은 안다는 것과는 다른 것이고, 과학적 지식과는 다른 것을 받아들이는 것을 뜻한다. 그런데 현대인은 그런 것을 받아들일 필요를 느끼지 않는다. 우리에게 필요한 모든 지식은 과학이 제공해줄 것이고, 여전히 과학적으로 규명되지 않은 문제들이 있지만 그것들도 언젠가는 다 설명될 것이라고 막연하게 믿고 있다.

실로 과학에 대한 인류의 신뢰는 놀랄 만하다. 핵무기와 공해문제 같은 과학기술의 부산물이 인류의 생존을 위협하면서 과학에 대한 종래의 맹신에 어느 정도 금이 간 것은 사실이지만, 아직도 많은 사람들이 과학의 발전이 그런 부작용들까지 다 해결해주리라고 믿고 있다. 만약 과학이 이와 같이 인간의 모든 문제를 다 해결해줄 수 있다면 종교가 무슨 소용이 있으며 성경이 무슨 소용이 있겠는가? 성경을 못 믿는 것은 차치하고라도 성경을 믿어야 할 이유가 없는 것이다. 그런 이유로 대다수 현대인에게는 성경은 있어도 그만, 없어도 그만인 책으로 여겨진다.

비록 현대에 성경 같은 책은 존재할 필요가 없다고 주장할 정도까지는 아니더라도 성경을 믿는다는 것은 현대인에게 결코 쉽지 않다. 성경에는 다른 위대한 고전처럼 훌륭한 생활 철학이 담겨 있으며, 정신 수양에 필요한 책이라는 것 정도는 누구든지 받아들일 수 있다. 그런 의미에서 집집마다 성경 한 권쯤은 비치해둘 만하다고 생각하는 사람이 꽤 많을 것이다. 여전히 성경이 전 세계적으로 가장 많이 팔리는 책으로 남아 있는 것은 모든 사람이 성경을 하나님 말씀으로 믿어서라기보다는 좋은 말씀이 많이 들어 있는 책으로 받아들이기 때문일 것이다.

그럼에도 성경이 하나님 말씀이요, 그 말씀을 통하여 우리의 구원의 길을 발견할 수 있다고 믿는 것은 쉽지 않다. 우선 성경이 하나님의 감동으로 쓰여진 것이라는 주장이 납득하기 어렵고, 그 내용이 사실이자 진리라고 받아들이기는 더욱 어렵다. 고대 그리스인들은 시인이 시를 쓰는 것이 아니라 시의 여신인 뮤즈(Muse)가 시인에게 영감을 주어 쓰게 한다고 믿었는데, 성경이 하나님의 성령의 감동으로 쓰였다는 주장이 그리스 신화의 그런 주장과 무엇이 다르냐며 반문할 수 있다. 그리고 성경 안에는 처녀가 아기를 낳은 이야기, 예수님이 물 위로 걸었으며 고기 두 마리와 보리떡 다섯으로 오천 명을 먹였다는 이야기, 죽은 사람이 살아났다는 이야기, 예수님이 하늘로 올라가셨다는 이야기 등등 논리와 사실적인 근거를 절대적인 것으로 생각하는 현대인들로서는 도저히 받아들이기가 어려운 이야기들이 가득 차 있으니 어떻게 그런 것을 믿을 수 있겠는가?

현대인은 과학을 과신하고 있다

현대인이 성경을 이렇게 받아들이지 못하는 데는 두 가지의 오해가 개입되어 있을 수 있다. 하나는 자연과학에 대한 오해요, 다른 하나는 성경의 가르침에 대한 오해다. 자연과학적 지식은 사람들이 흔히 생각하는 것처럼 사실을 사실 그대로 알려주지 않는다. 그리고 성경의 가르침은 자연과학과 같은 종류의 지식을 전달해주지 않는다.

과학적 지식은 어떤 대상이나 사건 전체에 대하여 무엇을 가르쳐주지 않는다. 다만 그 대상이나 사건의 어떤 양상만 알려줄 뿐이고, 그것도 반드시 절대적인 것은 아니다. 예를 들어 생물학이 꽃에 대하여 설명한다면, 꽃의 생물학적인 양상에 대해서만 말해줄 수 있을 뿐이지 그것의 아름다움이나 경제적 가치, 혹은 우리의 마음에 일으킬 수 있는 심리적 반응에 대해서 말해줄 수는 없다. 그러나 꽃의 아름다움이나 그 경제적 가치, 그리고 꽃이 우리의 마음에 일으키는 정서적 감흥은 꽃이라는 식물을 이해할 때 매우 중요한 요소다. 꽃에 대한 생물학적인 설명이 전부이거나 핵심적인 지식이라고 생각하는 것은 인간의 생식 본능이 사랑에 있어 가장 중요한 요소이자 핵심이라고 생각하는 것처럼 일방적 주장이다.

어느 과학철학자는 다음과 같은 이야기를 예로 들어 이를 설명한 적이 있다. 어느 폴란드인 아버지가 똑똑한 자기 아들을 프랑스에 보내 천문학을 공부하게 했다. 어느 초여름 저녁, 아버지는 몇 년 동안 공부를 하고 돌아온 아들과 함께 산책을 나갔다. 그날따라 유난히 별들이 반짝였고, 아들은 그것을 보고 "별들이 너무 아름답지요?"하고 감탄했다. 그 말을 들은 아버지는 너무 실망해서 아들을 나무랐다. 어떻게 천문학을 연구한 사람이 별을 보고 아름답다고 할 수 있느냐고. 별은 가스나 광물질로 구성되어 있어 태양 같은 발광체의 빛을 반사하거나 엄청나게 높은 온도로 벌겋게 달아서 빛을 발사하는데, 그것이 어떻게 아름다울 수가 있느냐는 것이 아버지의 생각이었다.

얼핏 들으면 천문학을 몇 년 동안이나 공부한 아들보다 상식 정도의 지식만을 가진 아버지의 생각이 더 과학적인 것처럼 들린다. 그러나 사실 그 아버지는 더 큰 잘못을 저지른 것이다. 별의 아름다움은 별의 물리적 구성 요소 못지않게 별의 본질에 속하는 것이다. 만약 별에서 아름다움을 제거한다면, 그 별은 천문학자의 별일지는 모르나 우리가 아는 별도 아니고 실제의 별의 모습도 아니다. 천문학자가 보는 별만을 별의 참모습이라고 생각하는 것은 현대 과학에 대한 과대평가요, 과학의 본질을 오해한 소치다.

또한 과학적 설명은 우리가 흔히 생각하는 것처럼 현실을 그대로 반영해주지 않는다. 예를 들어 우리는 물은 섭씨 100도에서 끓고 0도에서 언다고 알고 있다. 이런 사실은 물이란 현실에 대해서 무엇을 말하고 있는가? 물이 끓을 때를 100도라 하고 물이 얼 때를 0도라고 약속해놓고 물은 100도에서 끓고 0도에서 언다고 말하는 것이니, 결국 물은 끓을 때 끓고 얼 때는 언다는 말이 된다. 그리고 실제로 100도에서 끓거나 0도에서 어는 물은 많지 않다. 우리가 보통 알고 있는 물에는 많은 이물질이 들어 있고, 기압 차이가 있으므로 모든 물이 정확하게 100도에서 끓고 0도에서 얼 수는 없다.

그래서 어떤 과학철학자는 과학적 설명이란 마치 지도와 같은 것이라고 주장한다. 지도는 실제의 지형을 똑같이 그려내는 데 그 목적이 있지 않다. 관광용 지도는 관광명소를 표시하고 그곳에 찾아가기 쉽도록 그렸을 것이요, 군사용 지도는 전쟁 수행에 중요한 것을 부각시켜 그려놓았을 것이다.

영국의 지하철 안내지도에는 재미있는 것이 있다고 한다. 예를 들어

사우스 켄싱톤 역이나 글로스터 로드 역에 가면 〈그림 1〉과 같은 노선도가 붙어 있다. 그것을 보면 피카델리 선과 지역선 혹은 순환선이 두 역에서 교차되는 것으로 나타나 있다. 그 자체로 보면 그것은 도무지 이해가 되지 않는다. 어떻게 동일한 노선이 두 역에 연거푸 교차될 수가 있는가?

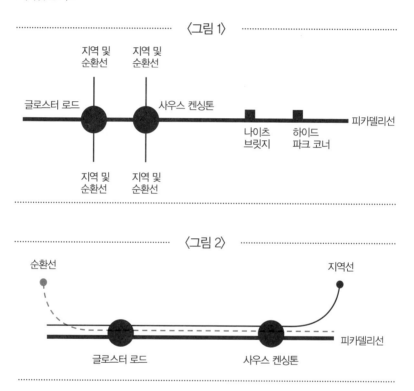

그러나 실제로는 상황이 〈그림 2〉와 비슷하게 되어 있다. 즉, 사우스 켄싱톤 역에서 글로스터 로드 역 사이에는 두 선이 평행으로 되어 있

는 것이다. 그런데 왜 안내도를 〈그림 2〉와 같이 만들지 않고 〈그림 1〉과 같이 만들었을까?

그 이유는 간단하다. 승객들에게 필요한 것은 어느 역에서 다른 선을 갈아탈 수 있는가를 아는 것이지, 실제로 선로가 어떤 모양으로 깔려 있는가를 아는 것이 아니기 때문이다. 피카델리선 지하철을 탄 승객이 순환선으로 갈아타려면 글로스터 로드 역에서 갈아타도 되고 사우스 켄싱톤 역에서 갈아타도 된다는 것을 알려주면 되는 것이다.

과학적 설명이란 바로 이와 같은 것이다. 우리에게 필요한 것은 자연 현상을 설명하는 것이지 자연 현상을 있는 그대로 아는 것은 아니다. 그 설명이란 것도 관점에 따라 다르게 설명할 수도 있다. 생물학자가 꽃을 설명할 때도 어떤 관점에서 무슨 목적으로 하는가에 따라 설명이 달라질 수 있다. 예를 들어 책상 위에 떨어진 잉크 방울을 서술하기 위해서 삼각형으로 된 그물을 뒤집어씌워 그것이 몇 개의 삼각형으로 이루어졌다고 할 수도 있고, 사각형으로 된 그물을 뒤집어씌워 그것이 몇 개의 사각형으로 이루어졌다고 할 수도 있는 것이다.

그래서 현대 과학은 어떤 대상이나 사실의 '무엇(what)'을 보여주는 것이 아니라 '어떻게(how)'만을 보여준다. 즉, 그것들을 어떻게 설명할 수 있는가를 말해줄 뿐, 그 본질이 무엇인지를 말해줄 수는 없다. '어떻게'란 것에는 벌써 그것을 어떻게 이용할 수 있는가가 포함되어 있으며 실용적인 의도가 숨어 있다.

그래서 어떤 철학자들은(예를 들어 하버마스가 그렇다) 현대 과학 자체가 이미 무언가를 지배하려는 인간의 욕망을 드러낸다고 말했다. 지배한다는 것은 힘을 전제로 하는 동시에 힘의 증대를 목적으로 하는 것이니만큼, 과학과 인간의 교만은 밀접한 관계에 있음을 알 수 있다. 베이컨(F. Bacon)은 "아는 것이 힘"이라고 했고, 콩트는 "안다는 것은 예측하기 위함이다(Savoir, c'est pour prévoir)"라고 했다. 만약 물이 0도에서 언다는 것을 알면 기온이 내려가도 동파를 피할 수 있으므로 그 지식은 힘이 된다. 그런데 힘이 있으면 쉽게 교만해진다.

과학적 진리는 또한 궁극적으로는 잠정적이다. 옛날 아리스토텔레스의 과학이 뉴턴의 물리학에 의해 대치되고, 뉴턴의 물리학이 아인슈타인의 물리학에 의해 보완된 것처럼, 지금 우리가 절대적이라고 생각하는 것들이 언제 다시 다른 것으로 대치되고 보완될지는 아무도 알 수 없다.

과학사학자 쿤(Th. Kuhn)은 시대마다 표준과학이 있고 그것을 근거로 과학적 설명이 이루어지나, 그것은 언제든 바뀔 가능성이 있다고 주장했다. 또 과학철학자 파이어아벤트(Paul Feyerabend)는 자연과학적 방법이 절대적이라 믿는 것은 하나의 이데올로기라고까지 주장했다. 더불어 과학철학자 포퍼(Karl Popper)는 유명한 '반증의 원칙(Falsifiability Principle)'이란 것을 제창하여 모든 과학적 이론은 그것이 오류로 판명되기 전까지만 사실로 받아들여진다고 했다. 즉, 모든 이론은 어디까지나 잠정적 진리에 불과하다는 것을 함축하는 주장이다. 그러므로 과학적 지식에 대한 맹신은 과학에 대한 오해에 근거한다. 미국의 저명한 공학자인 부브(R. Bube)가 지적한 것처럼 "과학을 통해서만 진리에 도달할 수 있다고 생각하는 것은 인류가 지금까지 속아온 것 중에서 가장 큰 속임수다".

　물론 과학적 지식이 모두 엉터리이며 전혀 믿을 수 없다고 주장하려는 것은 아니다. 인간의 지식 중에 가장 빛나는 업적을 쌓은 것은 과학적 지식임을 부인할 수 없고, 그것을 이용한 과학기술이 인류복지를 위하여 이룩한 공적도 결코 무시할 수 없다. 열매를 보아서 그 나무를 안다는 원리를 적용한다 하더라도 과학적 지식의 가치는 충분히 증명되었다고 할 수 있다.

　그러나 그 열매가 모두 긍정적인 것만은 아니었다. 오늘날 인류의 생존에 크게 기여한 것이 과학적 지식이라면, 인류의 존속을 위협하고 있는 것도 마찬가지로 과학적 지식에서 탄생한 과학기술임을 부인할 수 없다. 핵무기와 생태 환경오염은 오늘날 인류의 생존을 위협하고 있는 가장 무서운 것들이며, 그 외에도 유전공학이나 장기이식 등의 의학기술의 발달이 만들어놓은 윤리적 문제도 심각하다. 또 최근에 많은 관심을 끌고 있는 인공지능 기술에 대해서도 그 부작용을 우려하는 사람들이 적지 않다. 그것들은 모두 과학적 지식의 소산들이다. 열매를 보아 그 나무를 알 수 있다는 원리를 적용한다면 과학적 지식이라고 해서 반드시 긍정적인 것만은 아니다. 따라서 과학적이라 하여 반드시 가치 있고 좋은 것이라고 할 수는 없다.

　많은 현대인들은 과학적 지식이 그 자체로 긍정적일 뿐만 아니라 과학적으로 취급될 수 없는 것은 중요하지 않다는 오류에 빠져 있다. 흄이 말한 대로 숫자로 표현될 수 없는 것은 모두 불에 던져버리라는 말을 잘못 이해하면 숫자로 표현될 수 없는 것은 알 가치도 없고 중요하지도 않다는 결론을 내릴 수 있는 것이고, 실제로 그렇게 오해하는 사람들이 있다. 과학적으로 표현할 수 없으니 확실하지 않고, 확실하지 않은 것은 알 가치가 없다고 생각해버리기 쉬운 것이다.

그러나 실상은 그 반대라 할 수 있다. 비트겐슈타인(L. Wittgenstein)은 오히려 삶에 있어서 가장 중요한 것은 모두 과학적으로 설명될 수 있는 세계 바깥에 있다고 말한 바 있다. 그 말은 매우 정당하다. 우리의 삶에 있어서 고통, 기쁨, 삶의 의미, 사랑, 선과 악은 매우 절실하고 중요하지만 모두 과학적 설명을 거부한다. 그리고 앞에서 지적한 바와 같이 과학은 어떤 대상 전체에 대해서는 설명해줄 수 없다. 즉, 우리 집 뜰에 피는 구체적인 꽃 한 송이, 이웃에 사는 김씨, 들에서 풀을 뜯고 있는 이씨네 소에 대해서 과학은 아무 말도 할 수 없다. 다만 탄소동화작용, 피의 성분, 유전자의 기능 같은 양상(aspect)에 대해서만 취급할 뿐이다. 또한 우리 삶에 있어서 가장 절실하고 중요한 문제에 대해서는 더욱 더 무력하다. 예를 들어 탈세하는 이웃을 고발할 것인가, 공부를 잘 하는 자식을 학원에 보낼 것인가와 같은 절실한 문제에 대해서 과학은 아무 도움도 주지 못한다.

성경의 목적은
과학의 목적과 다르다

성경도 과학적 지식과 같이 우리에게 어떤 정보를 제공해주기 때문에 과학과 비교가 되는 것은 이해할 만하다. 사실 과거에는 성경과 과학이 제공하는 정보를 같은 종류로 취급하여 불필요한 마찰이 많이 생기기도 했다. 예를 들어 마치 성경이 천동설을 주장하는 것처럼 생각하여 지동설을 주장한 갈릴레오를 박해했고, 성경이 인류의 역사가 5천 년 정도밖에 되지 않는다고 가르치는 것으로 해석해서 다른 실증과학과 충돌을 일으켰다.

물론 성경은 어느 정도까지는 사실에 대한 정보를 제공하고 있으며, 그것이 전제되지 않는다면 성경의 가장 기본적인 가르침이 성립될 수 없는 것이 많다. 예를 들어 성경은 분명히 하나님이 말씀으로 천지를 창조하셨고, 예수님은 동정녀의 몸에서 나셨으며 부활하셨다고 가르친다. 이것은 핵심적인 기독교 교리이고, 결코 양보할 수 없는 것이나 분명히 과학적 논리나 지식과 충돌을 일으킨다.

그러나 성경의 가장 중요한 목적은 그런 사실에 대한 정보를 제공하는 데 있는 것이 아니라, "그리스도 예수를 믿는 믿음으로 말미암아 그대에게 구원에 이르는 지혜를 줄 수" 있고, "교훈과 책망과 바르게 함과 의로 교육하기에 유익"하며, 결국 "하나님의 사람을 유능하게 하고, 그에게 온갖 선한 일을 할 수 있게 하는 것"이다.(디모데후서 3:15~17) 만약 어떤 사실에 대한 정보를 제공한다고 해도 정보 자체가 목적이 아니고 위에 말한 근본적인 목적, 즉 구원에 이르게 하고 하나님의 사람으로 하여금 온전하게 하기 위해서인 것이다.

그러므로 원칙적으로 성경의 가르침과 과학의 가르침은 그 목적이 다르고 성격이 다르다. 만약 그렇지 않다면 어떤 과학자라도 성경을 믿는 기독교인은 될 수 없었을 것이다. 그러나 뉴턴이나 케플러처럼 많은 위대한 과학자들이 성경을 믿은 기독교 신자이기도 했다.

성경이 핵심적으로 가르치는 것이 무엇인가를 좀 더 구체적으로 살펴보면 그것들이 과학과 충돌을 일으킬 아무런 이유가 없음을 알 수 있다. 우선 성경에서는 하나님이 말씀으로 우주를 창조하셨다고 가르치는데, 그것에 대해서 과학이 왈가왈부할 수는 없다. 과학은 피조 세계에 대해서 연구하는 학문이지 누가 그것을 왜 만들었는가 하는 것은 원칙적으로 과학의 영역을 초월하는 것이다. 과학은 다만 우주가 어떻게 현재의 형태를 이루었는지에 대하여 가설을 세울 수 있을 뿐 그 시작을 이야기할 수 없다.

그러나 그보다 더 중요한 것은 하나님께서 말씀으로 우주를 창조하셨다고 성경이 가르치는 것은, 그분이 우주의 주인이시요 절대적인 지배자이심을 말하려는 것이지, 우주가 어떻게 형성되었는가에 대한 과학적 정보를 제공하려는 것이 아니라는 점이다. 성경은 인간이 아름답게 창조되었으나 범죄를 범하여 하나님의 진노를 사게 되었고, 그로 말미암아 인간의 모든 불행, 슬픔, 고통이 생겨났다고 가르치나 이것은 과학이 전혀 개입할 문제가 아니다. 과학은 그것을 긍정도 부정도 할 수 없다. 본질적으로 과학의 영역에 속한 것이 아니기 때문이다. 마찬가지로 성경은 하나님이 사랑의 하나님이요, 용서하시는 하나님이며, 그의 독생자를 보내주셔서 예수 그리스도가 되게 하시고 인류를 죄에서 해방시키기 위하여 십자가에 못 박혀 죽게 했다고 가르치나 그것도 과학이 취급할 문제는 아니다.

이런 중요한 가르침들은 과학이 전제로 하고 있는 논리가 적용될 수 있는 문제들이 아니다. 수학자이자 철학자이면서도 독실한 기독교인이었던 파스칼은 우리가 과학에서 사용하는 '수학적 논리'와는 다른 '마음의 논리'가 있어 "이성이 이해하지 못하는 이유를 마음은 가지고 있다"고 했다.

물론 그와 같이 과학의 영역에 속하지 않는 가르침을 과학이 취급할 수 있는 문제와 연결시켜놓은 것들이 없지는 않다. 예를 들어 예수님의 기적이나 부활 같은 것은 이제까지 알려진 과학적 지식으로는 용납할 수 없는 것들이다. 그러나 성경도 그런 기적이 가능하다고 가르치고 있지는 않으며, 오히려 초자연적인 하나님의 역사임을 지적하고 있다. 다만 기적이 전혀 불가능하다고 주장하는 것은 과학적 지식에 대한 정상적 사고가 아니라 오히려 그것을 넘어선 과학주의적 독단론에 근거한 것이다.

과학주의(scienticism)는 과학적 방법만이 진리를 발견할 수 있는 유일한 방법이며 우리가 믿을 수 있는 유일한 지식이라고 주장하는 사상인데, 그 주장 자체를 과학적으로 증명할 수는 없기 때문에 하나의 믿음에 불과하다. 오늘날에도 우리가 이해할 수 없는 기적들은 때때로 일어나고 있다. 소위 기적이란 것도 언젠가는 과학적으로 설명될 수 있다고 주장할 수도 있겠으나 반드시 그러리라는 보장은 없다. 그렇게 주장하는 것은 하나의 믿음이지 과학적인 주장은 아니다.

그리고 기적 등에 관한 정보가 과학적으로 신빙성이 없기 때문에 그것과 연관되어 있는 교훈들도 무의미하다고 생각하는 것은 더 큰 오해이자 독단이다. 하나님께서는 과학적인 사고를 할 수 없었던 옛날 사람들을 교훈하실 때 그들의 지식 수준에 맞춰 구원의 진리를 가르치셔야 했다. 훌륭한 교육이란 배우는 사람의 수준에 맞춰 그들이 이해할 수 있도록 가르치는 것이 아니겠는가? 그러므로 신학자 칼뱅은 "성령께서는 우리와 함께 말을 더듬으신다"라고 했다. 즉, 하나님이 우리의 수준에 맞춰 스스로를 낮추시기도 한다는 뜻이다.

구원의 길, 올바른 삶의 길을 가르치기 위하여 사용한 사실들이 과학적인가 아닌가를 따지는 것은 부질없는 짓이다. 그것은 마치 '아침에 해가 뜬다' '저녁에 해가 진다'라는 일상적인 표현을 두고 비과학적이라며 시비를 거는 것과 비슷하다. 실제로는 해가 뜨거나 지는 것이 아니라 지구가 자전하는 것이니, 그 표현은 엄격하게 따지면 비과학적이다. 하지만 그것이 과학적 사실을 말하기 위한 것이 아니기 때문에 우리는 문제 삼지 않는다. 성경에 나타나는 대부분의 표현도 이런 관점에서 보아야 할 것이다.

성경이 반드시
비과학적인 것은 아니다

성경은 그 자체로 과학 책도 아니고 과학적 지식이 그 주된 관심사도 아니다. 성경은 사람들에게 하나님과 하나님의 사랑, 구원과 죄에 대하여 가르치기 위하여 하나님으로부터 계시된 책이고, 그런 목적에 관한 한 오류가 없는 것으로 믿어야 한다. 그러나 그렇다고 해서 성경의 가르침이 모두 비과학적이요, 사실과 어긋나는 것은 아니다. 과거에 비과학적이고 역사적 사실에 어긋난다고 생각했던 일부 내용이 이후에 오히려 정확하다고 밝혀진 것도 무수히 많다.

19세기에 성경이 하나님의 말씀임을 믿지 아니하는 자유주의 신학자들 중의 일부는 일부는 모세가 모세 오경(창세기·출애굽기·레위기·민수기·신명기)을 지금부터 약 3300년 전에 기록했을 리는 없으며, 훨씬 후대의 조작이라고 여러 가지 증거를 대어 주장했다. 아무리 고고학적 유물들을 조사해도 그 당시에 문자가 있었다는 증거가 없기 때문에 모세가 그런 책을 썼을 가능성은 전혀 없다는 것이다. 그들은 처음 문자가 등장한 것이 주전(B.C.) 800년경이니 모세 오경은 아무리 오래 되었어도 주전 500년쯤에 쓰인 것이라고 생각했다. 이런 설명은 과학적 근거란 힘을 얻어 지난 80여 년 간 거의 정설처럼 받아들여졌다.

그런데 1964년 로마 대학의 고고학자 두 사람이 시리아의 에블라(Ebla)라는 곳에서 약 2,000개의 토판을 발굴했는데, 조사해본 결과 거기에 사용된 문자는 모세 시대보다 4~5세기나 앞선 주전 1700년대의 것임이 밝혀졌다. 더욱 놀라운 것은 그 토판들을 해독해보니 창세기에 나타나는 아브라함, 이삭, 야곱이라는 인명과 소돔, 고모라, 소알이라는 지명이 기록되어 있었다는 사실이다. 모세 오경의 기록들이 만들어낸 것도 아니고 신화도 아니라는 사실이 드러난 것이다.

그뿐만 아니라 창세기에 나오는 '헷 족속'을 두고도 많은 성경 비평가들은 이것이 성경 이외의 어느 고고학 유물에서도 발견되지 않는 이름이기 때문에 성경 기자들이 만들어낸 것이라고 주장했다. 그러나 1964년에 발굴된 에블라 토판에서 그 이름이 수없이 자주 등장했으며, 시카고 대학의 한 교수는 '헷 족속의 법'이라는 방대한 저서까지 낼 수 있었다. 그리고 헷 족속의 법이 그 유명한 함무라비 법전보다 더 오래된 것이란 학설까지 생겨났다. 또한 구약성경에 언급된 다곤 신도 에블라 토판에서 많이 언급되고 있으며 가장 중요한 신으로 취급되고 있었다.

그 외에도 솔로몬의 부에 대한 성경의 기록이 지나친 과장이라는 학자들도 많았다. 즉, 성경에 기록된 성전의 규모, 그가 개인적으로 소유했거나 성전을 위하여 바쳤다고 기록된 금은의 양이 그 시대 상황으로는 전혀 불가능한 양이며 과장이라고 생각했던 것이다. 그러나 최근 사우디아라비아에서 솔로몬의 동광(銅鑛)이 발견되었는데, 그 규모로 추측해보건대 성경의 기록은 오히려 실제보다 축소한 게 아닌가 할 정도라 한다.

여호수아서에 기록된 여리고 성의 멸망에 대해서도 재미있는 유물이 발견되었다. 성경에 의하면 이스라엘 백성이 여리고 성을 6일 동안 매일 한 바퀴씩 돌다가 마지막 날 일곱 번째 돌았더니 성이 저절로 무너졌다고 되어 있다. 물론 과학적인 것을 과신하는 성경 비평가들은 그것이야말로 지어낸 신화에 불과하다고 주장했다. 그러나 최근 어느 고고학 조사단이 확인한 바에 따르면 여리고 성의 성벽은 모두 바깥쪽으로 무너져 있었다고 한다. 이것은 성이 외부의 공격에 의하여 무너지지 않았음을 말해주고 있는 것이다.

물론 이 몇 가지 예를 가지고 성경 전체에 대해서 말하는 것은 조금은 성급하지만 적어도 성경의 기록들은 신화요, 역사적으로나 과학적으로 정확하지 못하고 믿을 수 없다는 종래의 주장들에 어느 정도의 반격을 가할 수 있는 자료로는 충분하다 할 것이다. 과학적인 논리를 너무 맹신한 나머지 성경을 믿을 수 없다고 생각하는 것은 다소 피상적이고 성급한 논리가 아닐 수 없다.

따라서 성경의 사실과 과학적 사실이 서로 맞아 들어가지 않을 때 일반적으로 우리는 다음과 같은 태도를 가질 필요가 있다.

첫째, 소위 과학적 사실이라는 것이 실제로 충분히 검증된 것인지, 또 성경의 사실과 모순된다는 것이 진정한 모순인지 다시 한 번 확인할 필요가 있다. 그것이 확실하다면, 그다음으로는 성경에 대한 우리의 이해가 과연 정확한가를 조사해보아야 할 것이다. 성경은 천동설을 말하고 있지 않는데도 마치 그런 것처럼 잘못 해석하여 갈릴레오 사건처럼 불행하고 어처구니없는 오류를 범하지 않았던가.

만약 위의 두 가지에 대하여 상당한 확신을 가질 수 있는데도 불구하고 갈등이 남아 있으면 좀 더 기다려보아야 할 것이다. 오늘날의 과학적 지식의 수준이 충분하지 않을 수도 있고, 앞으로 어떤 새로운 사실과 방법이 발견되어 우리가 지금 알고 있는 것과 전혀 다른 결론을 내릴 수 있을지도 모른다. 물론 이런 주장은 성경이 하나님의 말씀임을 믿는 입장에서 나온 것이다. 우리는 여기서 과학책이 아닌 더 포괄적인 신앙의 책으로서 성경을 이야기하고 있고, 믿음의 입장이 과학적 근거에 서 있지도 않으며, 과학적인 것 때문에 너무 쉽게 무너져도 안된다는 입장을 고수하고 있다.

성경이
하나님의 말씀인 증거들

성경이 하나님의 말씀임을 과학적인 입장에서 받아들일 수 없다는 주장 못지않게 성경이 하나님 말씀임을 밝히려는 시도도 있었다. 그런 증거들이 객관적이고 논리적으로 타당한지는 모르겠지만, 적어도 심리적으로 성경을 하나님의 말씀으로 믿는 데 다소 도움이 될 수 있다.

내용의 일관성

우선 성경의 가르침이 가지고 있는 내용의 일관성은 놀랄 만한 것이다. 성경에서 가장 오래 전에 쓰인 책(주전 약 1300년, 성경 비평가는

500년)과 가장 늦게 쓰인 책(대개 주후 90년경) 사이에는 무려 14세기 (성경 비평가들에게는 6세기)라는 시간적 거리가 있고 수십 명에 의하여 여러 곳에서 기록되었다. 그중 어떤 기자는 성경의 다른 책을 읽어서 알고 있었지만, 상당수의 기자들은 다른 책들을 읽지도 않았을 뿐만 아니라 그런 책들이 존재한다는 사실도 모르고 썼다. 예를 들어 이사야와 예레미야는 서로 상대방의 글을 알지 못했을 것이다. 그럼에도 불구하고 내용에 있어서 놀라울 정도로 일관성을 나타내고 있다. 이것은 하나님의 특별하신 섭리를 전제하지 않고는 쉽게 납득될 수 없는 사실이다.

예언의 성취

예언의 성취는 또 하나의 증거라 할 수 있다. 적어도 구약성경에서는 예언의 성취는 그 예언이 하나님의 말씀임을 증명하는 것이라고 받아들였다.

"예언자가 주님의 이름으로 말한 것이 그대로 이루어지지 않으면, 그 말은 주님께서 하신 말씀이 아닙니다. 그러니 당신들은 제멋대로 말하는 그런 예언자를 두려워하지 마십시오."(신명기 18:22)

신약성경에는 특히 예수님의 삶과 가르침이 구약에서 이미 예언되었던 것임을 여러 부분에서 지적하고 있다. 그러나 모든 구약의 예언 중에서도 이사야 53장의 예언은 놀라운 것이라 하지 않을 수 없다.

"그는 주님 앞에서, 마치 연한 순과 같이, 마른 땅에서 나온 싹과 같이 자라서, 그에게는 고운 모양도 없고, 훌륭한 풍채도 없으니, 우리가 보기에 흠모할 만한 아름다운 모습이 없다. 그는 사람들에게 멸시를 받고, 버림을 받고, 고통을 많이 겪었다. 그는 언제나 병을 앓고 있었다. 사람들이 그에게 얼굴을 돌렸고, 그가 멸시를 받으니, 우리도 덩달아 그를 귀하게 여기지 않았다.

그는 실로 우리가 받아야 할 고통을 대신 받고, 우리가 겪어야 할 슬픔을 대신 겪었다. 그러나 우리는, 그가 징벌을 받아서 하나님에게 맞으며, 고난을 받는다고 생각하였다. 그러나 그가 찔린 것은 우리의 허물 때문이고, 그가 상처를 받은 것은 우리의 약함 때문이다. 그가 징계를 받음으로써 우리가 평화를 누리고, 그가 매를 맞음으로써 우리의 병이 나았다. 우리는 모두 양처럼 길을 잃고, 각기 제 갈 길로 흩어졌으나, 주님께서 우리 모두의 죄악을 그에게 지우셨다.

그는 굴욕을 당하고 고문을 당하였으나, 아무 말도 하지 않았다. 마치 도살장으로 끌려가는 어린 양처럼, 마치 털 깎는 사람 앞에서 잠잠한 암양처럼, 끌려가기만 할 뿐, 아무 말도 하지 않았다. 그가 체포되어 유죄판결을 받았지만 그 세대 사람들 가운데서 어느 누가, 그가 사람 사는 땅에서 격리된 것을 보고서, 그것이 바로 형벌을 받아야 할 내 백성의 허물 때문이라고 생각하였느냐? 그는 폭력을 휘두르지도 않았고, 거짓말도 하지 않았지만, 사람들은 그에게 악한 사람과 함께 묻힐 무덤을 주었고, 죽어서 부자와 함께 들어가게 하였다."(이사야 53:2~9)

여기에 예언된 '그'는 유다 왕국의 왕 중 한 사람을 가리킨다고 주장하는 신학자들이 없지 않으나 그 어느 왕도 이 서술에 맞는 사람은 없다. 이 예언이 주어지기 약 700년 후에 나타나신 예수 그리스도가 그 서술에 가장 잘 맞는 성취라 하는 것이 가장 자연스러운 해석이다. 예수 그리스도의 의미와 삶이 너무나 정확하게 예언되어 있는 것이다.

또 이사야 42장에서는 "나의 종을 보아라. 그는 내가 붙들어주는 사람이다. 내가 택한 사람, 내가 마음으로 기뻐하는 사람이다. 내가 그에게 나의 영을 주었으니, 그가 뭇 민족에게 공의를 베풀 것이다. 그는 소리치거나 목소리를 높이지 않으며, 거리에서는 그 소리가 들리지 않게 할 것이다. 그는 상한 갈대를 꺾지 않으며, 꺼져 가는 등불도 끄지 않으며, 진리로 공의를 베풀 것이다. 그는 쇠하지 않으며, 낙담하지 않으며, 끝내 세상에 공의를 세울 것이니, 먼 나라에서도 그의 가르침을 받기를 간절히 기다릴 것이다"(이사야 42:1~4)라고 적고 있다.

그 외에도 예수님께서 동정녀의 몸에서 탄생하실 것(이사야 7:14), 베들레헴에서 나실 것(미가 5:2), 이집트로 피난가실 것(호세아 11:1) 등이 모두 구약에 예언되어 있는 것으로 신약성경은 가르치고 있다.

인간적 사고방식을 초월하는 성경

예언의 성취 못지않게 성경이 인간의 작품이 아님을 보여주는 또 하나의 증거는 그 가르침이 인간의 생각을 초월한다는 것이다. 이 점에 대해서는 제1장에서 여호와 하나님은 우리를 '놀라게 하는 하나님'임을 이야기할 때 이미 시사하였거니와, 성경에는 그것이 기록될 당시의 사람들이 일반적으로 가지고 있었던 세계관이나 사고방식을 초월하는 가르침들이 많으며, 더 나아가서는 인간의 논리적 한계성을 초월하는 내용들이 많다.

가장 대표적인 것은 창조에 대한 가르침이라고 할 수 있다. 성경이 가르치고 있는 창조설의 가장 특징은 하나님께서 우주를 없는 것으로부터 창조하셨다는 것이요(Creatio ex nihilo), 하나님의 뜻대로 지으셨다는 가르침이다. "주님께서 만물을 창조하셨으며, 만물은 주님의 뜻을 따라 생겨났고, 또 창조되었기 때문입니다."(요한계시록 4:11)

이 창조설은 플라톤의 데미우르고스(Demiurgos)에 의한 창조 이야기와는 근본적으로 다른 의미를 가지고 있다. 데미우르고스의 창조는 이미 존재하고 있는 물질과 형식을 서로 연결시킨 것이다. 그것은 엄격한 의미에서 없는 것으로부터의 창조는 아니다. 그리고 신의 뜻대로 지은 것이라고도 할 수 없다. 이미 존재하고 있는 물질과 형식의 제약을 받은 창조이기 때문이다. 그리고 이런 것은 하늘(ouranos)과 땅(gea)의 결합에 의하여 세상이 태어났다(generated)는 희랍신화나 비슷한 내용의 인도신화의 창조설에서도 마찬가지다.

즉, 그것은 이미 있는 것으로부터의 창조요, 엄격한 의미에서 창조가 아니라 변형이라 할 수 있다. 비슷한 특징은 오늘날의 천문학에서 지배적인 우주 생성론으로 받아들여지고 있는 대폭발설(Big Bang Theory)에서도 발견된다. 오늘날의 우주는 이미 존재하고 있던 어떤 원물질이 갑자기 폭발함으로 형성되었다는 이론인데, 여기서도 이미 존재하고 있는 물질을 전제하고 있으므로 없는 것으로부터의 창조는 아니다.

아무것도 없는 것으로부터 있는 것이 만들어진다는 것은 우리 인간이 경험할 수 없는 것이요, 상상하기가 그리 쉽지 않다. 역사상 많은 창조설화가 있었으나 없는 것으로부터 있는 것을 창조했다는 주장은 성경 외에는 찾아볼 수 없다.

더군다나 어떤 필연적인 법칙에 의한 것이 아니라 하나님의 자유로운 결정에 의한 것이라는 주장은 동화라면 몰라도 신화로서도 그리 받아들이기 쉽지 않고 더군다나 하나의 교리로 내세우기는 매우 어렵다. 인간의 경험과 상상력의 범위를 초월한 무(無)로부터 유(有)의 창조이론은 하나님의 계시일 가능성이 높다.

그에 못지않게 놀라운 것은 없는 것으로부터 있는 것의 창조가 가르치고 있는 자연관이다. 동양은 말할 것도 없고, 성경이 기록된 시대의 중동지역에서도 해, 달, 별, 바다 등을 모두 신이나 신적인 것으로 보았다. 그 시대의 지배적인 자연관은 자연신론 혹은 범신론적인 것이었다. 그런데 성경은 그런 자연관을 완전히 초월하고 있다. 즉, 해, 달, 별, 바다 등은 신이 아니라 하나님께서 제조하신(fabricated) 피조물에 불과하다고 가르친 것이다. 네덜란드 신학자 리델보스(H. Ridderbos)가 지적한 대로 이것은 자연의 세속화 혹은 자연의 비신격화(非神格化)를 말해주는 교리로, 그 시대의 일반적인 세계관에 비추어볼 때 놀라운 것이라 하지 않을 수 없다. 모세가 그런 현대적인 생각을 할 수 있었다는 것은 쉽게 상상할 수 없다. 하나님의 계시였기 때문에 그것이 가능했다고 하는 것이 기독교에서 믿는 바요, 오히려 더 타당성을 가지고 있다 할 수 있다.

또 하나 놀라운 것은 성경은 결코 인간을 영웅시하지 않는다는 것이다. 상식적으로 생각할 때, 마땅히 영웅이 되어야 할 사람들이 영웅으로 서술되지 않고 있다. 믿음의 아버지 아브라함을 생각해보자. 그는 이스라엘 백성의 최초의 조상이요, 모든 믿는 자의 모본으로 알려졌다. 그는 자기 아들을 아끼지 않고 하나님께 바치려 할 정도로 믿음이 강한 사람이었다. 그에게 다소 결점이 있었다 하더라도 그것쯤은 능히 숨겨둘 수 있었을 것이다. 그러나 창세기는 아브라함의 비겁함을 여지없이 폭로하고 있다. 우리 민족의 영웅 이순신 장군의 일대기를 그린 〈난중일기〉란 영화에는 이순신의 약점, 결점, 실수는 한 장면도 그려지지 않는다. 마치 일생동안 단 한 번도 화장실에 가지 않는 사람처럼 서술되고 있다. 이에 비하면 성경은 잔인할 정도로 인간의 약점을 드러낸다. 이스라엘이란 이름을 최초로 얻은 야곱은 완전한 사기꾼으로, 위대한 임금 다윗과 솔로몬은 난봉꾼으로 서술되어 있다. 특히 밧세바와의 관계 때문에 그 여자의 남편 우리아에게 행한 다윗왕의 비열한 행위를 여지없이 폭로한다.

어찌 그뿐이겠는가? 신약성경 마가복음 14장에는 베드로의 실수가 좀 민망할 정도로 서술되어 있다. 마가복음은 베드로가 자기 아들처럼 사랑하던 마가(베드로전서 5:13 참조)가 쓴 것으로, 그 복음서가 담고 있는 정보는 주로 베드로 자신에게서 나온 것으로 알려졌다. 그리고 그 복음서를 쓸 때 베드로는 이미 예수님의 우두머리 사도요, 교회의 대표로 인정을 받고 있었다. 상식적으로 생각하면 그가 예수를 배반한 사건쯤은 숨겨줄 수도 있었을 것이다. 더구나 자기를 아버지처럼 받드는 마가가 스승인 베드로의 가장 치명적인 실수를 다른 어느 복음서에서보다 더 상세하게 서술해야 할 이유가 어디 있겠는가?

혹시 베드로가 너무 위대하였기 때문에 자신의 잘못을 회개하는 심정으로 그렇게 상세하게 기록하도록 했다고 설명할 수 있을지도 모르나, 이것은 인간 베드로를 지나치게 영웅시하는 것이고 성경의 일반적인 경향에도 맞지 않는 해석이다. 성경은 일반적으로 인간을 별 수 없는 존재로 보고, 그것은 많은 영웅전이 탄생한 그 시대의 일반적인 풍속과는 전혀 다른 것이다.

그 외에도 우리를 놀라게 하는 것이 한두 가지가 아니다. 제1장에서도 잠깐 이야기한 욥의 고난 역시도 그런 면모를 보여준다. 그 시대 사람들의 일반적 상식에서는 죄 없이 고난을 받는다는 것은 이해가 불가능한 것으로 실제로 욥의 세 친구는 그런 상식에 매달려 있었다. 그러나 욥기는 그런 상식의 어리석음을 가르치고 있다.

성경이 우리를 놀라게 하는 것은 그 내용이 인간으로서 생각할 수 있는 한계나 기대할 수 있는 수준을 능가하기 때문이다. 그러므로 그것이 사람의 머리에서 나온 것이라고 보기는 어렵다. "나의 생각은 너희의 생각과 다르며, 너희의 길은 나의 길과 다르다.' 주님께서 하신 말

씀이다.”(이사야 55:8)

전통을 통하여 획득한 권위

인류 역사상 무수한 책들이 쓰였고 읽혔지만, 가장 많이 팔리고 가장 많이 번역되었으며 가장 많이 읽히는 것은 역시 성경이다. 지금도 계속해서 새로운 번역이 나오고 있고, 성경 번역을 위해서 새로운 문자가 만들어지는 경우도 많다. 많은 공산주의 국가들에서 성경 배포를 금지했지만 실패했고, 심지어 북한 같은 사회에서도 성경이 새로 번역되어 출판되었다. 물론 많이 팔리고 많이 읽힌다 해서 반드시 좋은 책은 아닐 것이다. 외설 잡지도 많이 팔리고 많이 읽히기 때문이다. 또 성경이 가장 많이 팔리는 책이라고 해서 그만큼 사람들이 많이 읽는지는 의문이며, 읽는다고 해서 믿고 순종하는지는 더욱 의심스럽다.

그럼에도 불구하고 성경이 많이 팔리는 것과 외설 잡지가 많이 팔리는 것은 그 성격이 다르다. 근 20세기를 두고 계속해서 팔리는 외설 잡지는 없으며, 성경처럼 떳떳하게 팔리고 경건하게 읽히는 책은 없었다. 따라서 많이 팔리고 많이 읽힌다 해서 반드시 좋은 책은 아니라는 논리는 성경의 경우에는 적용되지 않는다. 성경은 많은 사람들이 읽을 뿐만 아니라 연구하고 명상하고 순종하는 책이다.

성경은 수많은 사람들에게 영향을 끼쳤고 그들의 삶을 변화시켰다. 땅 위의 어떤 책도 성경만큼 많은 사람들의 일생을 바꾸지는 못했다. 성경은 지금도 계속해서 많은 사람들을 감동시켜 새사람이 되게 하고,

새로운 삶을 살게 한다.

이런 사실조차도 성경이 하나님 말씀이거나 위대한 책이란 결정적인 근거는 되지 못한다고 생각할 수 있다. 예를 들어 이제까지의 인류역사는 하나의 커다란 실패였고, 이제까지 살았던 모든 사람은 착각 속에서 살았다는 극단적인 주장이 논리적으로 불가능한 것은 아니다. 더군다나 현대의 여러 가지 새로운 지식은 과거 사람들이 잘못 알고 생각했던 것을 속속 밝혀내고 있지 않은가? 그런 오류 속에 산 사람들이 많이 읽고 많은 감동을 받았다면 그 책은 오히려 좋지 못한 책이 될 수도 있지 않은가? 그뿐만 아니라 옛날 사람들은 무지하여 성경을 좋아했지만, 사람들의 머리가 점점 깨이면 성경 같은 책은 아무 가치도 없게 될 것이라고 주장할 수도 있다. 한걸음 더 나아가 성경이 많은 사람들을 오류에 묶어놓았을 가능성도 있지 않겠는가? 마르크스에게 물어보았다면 그는 틀림없이 성경을 아편장수(Drug Pusher)의 선전서라고 저주했을 것이고, 도킨스도 이에 동의했을 것이다.

그러나 이것은 인간의 역사를 너무 허무하게만 보는 것이며, 우리보다 앞서 살았던 사람들을 지나치게 무시하는 지극히 교만한 관점이다. 비록 실수도 많았고 무지했고 착각도 많이 했지만, 그들 대부분이 망상 속에 살았다고 보는 것은 지나치게 상대주의적이요, 어떤 의미에서 자기 부정이기조차 하다.

만약 성경이 약 2000년 간 수많은 사람을 감동시켰고 수많은 사람들의 삶을 바꾸어놓았다면, 그 자체로 이미 상당한 권위를 얻었다고 인정하는 것이 자연스러울 것이다. 링컨이 말한 바와 같이 한두 사람을 항상 속일 수 있고, 여러 사람을 한두 번 속일 수 있을지는 모르나 수많은 사람들을 항상 속일 수는 없다. 성경이 시원찮은 책이라고 주장하는 사람이 있다면, 그것이 훌륭한 책이라고 주장하는 사람들보다는 좀 더 일방적이요, 주관적인 주장일 수 있다는 의심은 가져볼 만하다. 역사를 통해서 성경은 상당한 권위를 획득했다 할 수 있기 때문이다.

16세기에 일어난 종교개혁의 핵심은 성경의 권위를 회복한 것이었다. '오직 성경으로(Sola Scriptura)'는 종교개혁의 가장 기본적인 기치였다. 보편 교육, 민주주의, 보편 인권, 자연과학, 사회복지, 자본주의 등 오늘날 전 세계의 거의 모든 사회가 필수적이라고 인정하고 추구하는 것들의 결정적인 계기를 종교개혁이 마련했다면, 이는 루터와 칼뱅이 성경의 권위를 회복하고 그 가르침을 올바로 이해해 가르쳤기 때문이다. 인간 사회와 세계문화가 현재의 수준에 이르게 된 것에는 성경의 공헌이 절대적이었다.

성경은 성경 자체로
증명된다

그러나 위에 언급한 여러 가지 증거들은 그 어느 하나도 완벽하거나 결정적인 것은 못된다. 모두 약점들을 가지고 있으며 반증이 가능

84

한 것들이다. 그리고 그 증명의 과정에 사용된 논리는 절대적인 것이어야 한다. 믿음의 입장에서 보면 이것은 그다지 확실하지 않은 것을 이용하여 확실한 것을 증명하는 것이 되며, 상대적인 것을 통하여 절대적인 것을 증명하는 것이 된다.

기독교에서는 성경을 하나님의 말씀으로 믿고 그것을 기준으로 삼으며, 그런 믿음에 도달하는 데 위에 언급한 증명들이 반드시 필요한 것은 아니다. 그것들은 기껏해야 보조 역할을 하는 정도다. 이를테면 제1장에 소개한 이론적인 신 존재 증명과 비슷한 권위를 가졌다고 할 수 있다.

많은 기독교인들은 성경이 하나님 말씀이란 사실을 성경 그 자체에서 찾는다. 성경 여러 곳에서 그런 가르침을 찾아볼 수 있다. 신약성경 디모데후서 3장 16절에서 바울 사도는 "모든 성경은 하나님의 영감으로 된 것"이라고 가르치는데, 성경은 단순히 사람의 생각을 써놓은 것이 아니라 하나님께서 영감으로 쓴 것이라는 뜻이다.

베드로후서 1장 16절에서 21절까지에서는 사도들이 예수에 대하여 말하는 것은 그들이 적당히 만들어낸 이야기가 아니고, 그들 자신들이 직접 보고 듣고 경험한 것을 전한다고 강조하고 있다. 그러나 그 경험보다 훨씬 더 확실한 것은 성경이라고 말한다. "우리가 여러분에게 우리 주 예수 그리스도의 권능과 재림을 알려드린 것은, 교묘하게 꾸민 신화를 따라서 한 것이 아닙니다. 우리는 그의 위엄을 눈으로 본 사람들입니다."(베드로후서 1:16) "예언은 언제든지 사람의 뜻에서 나온 것이 아니라, 사람들이 성령에 이끌려서 하나님께로부터 오는 말씀을 받아서 한 것입니다."(베드로후서 1:21) 그리고 예수님은 "너희가 성경을 연구하는 것은, 영원한 생명이 그 안에 있다고 생각하기 때문이다. 성경은 나에 대하여 증언하고 있다"(요한복음 5:39)고 말씀하시며 성경의 권위를 인정했다.

그러나 성경의 권위를 성경 그 자체에서 찾는다는 것은 순환논리의 문제를 가지고 있다. 어떻게 권위를 스스로 증명할 수 있겠는가? 그래서 그런 주장은 논리적으로는 아무 힘을 갖지 못한다.

그런데 이 문제는 그리 쉽게 무시해버릴 수 있는 성질의 것이 아니다. 보통의 권위는 순환논리로 증명될 수 없는 것이 사실이나, 성경의 경우는 좀 특수하다. 그것이 인간의 이성을 포함한 모든 근거를 초월하는 하나님의 말씀이란 주장을 한다면 문제는 매우 달라지는 것이다. 즉, 다른 어떤 권위도 하나님의 말씀의 권위를 증명할 자격은 가지고 있지 않기 때문이다.

히브리서 6장 13절에 보면 "하나님께서는 아브라함에게 약속하실 때, 자기보다 더 큰 분이 계시지 아니하므로, 자기를 두고 맹세하시고서"라는 말이 있는데, 성경의 경우가 이와 비슷하지 않을까 한다. 즉, 맹세할 때는 항상 자기보다 더 크고 확실한 이름을 걸고 하는 것이 보통이기 때문에 하나님께서는 하나님 자신의 이름으로 맹세하실 수밖에 없었다는 것이다. 이와 같이 성경은 하나님의 말씀이고, 그것이 하나님 말씀보다 더 큰 권위를 찾을 수 없으므로 성경 자체의 권위에 호소할 수밖에 없다. 그러므로 성경의 경우만은 순환논리를 허용할 수밖에 없다고 보아야 하지 않을까 한다.

물론 이런 것이 중립적인 입장에서 성경이 하나님의 말씀임을 이론적으로 증명하는 것이 아님은 분명하다. 그것은 이미 성경에 대한 믿음을 전제로 한 것이고, 위에 말한 소위 모든 증명이란 이미 가지고 있는 믿음을 보강해줄 뿐이다. 그러나 그 믿음도 성경이 제공하는 정보에 근거한 것이기 때문에 맹목적인 것은 아니다. 어떤 의미에서 성경이 하나님 말씀이란 믿음과 성경이 제공하는 정보는 상호보충의 관계, 나아가서는 변증법적 관계에 있다고 표현해볼 수 있다.

즉, 믿음 없이는 성경을 하나님 말씀으로 받아들이기가 어렵지만 성경 없이 믿음이 생기기도 어렵다. 우리가 어디에서 하나님에 대하여, 죄에 대하여, 구원에 대하여, 그리고 예수님에 대하여 배울 수 있을 것인가? 그러나 성경은 인간을 죄인이라고 단정하기 때문에 죄가 가지고 있는 편견과 오류로부터 벗어난 정보는 하나님 자신이 주신 정보라야 한다. 따라서 그 정보는 하나님의 말씀이 아니면 안 된다.

죄인에게는
계시가 필요하다

기독교에서는 사람은 모두 하나님 앞에 죄를 지어 하나님은 물론이고 진리 또한 알 수 없다고 가르친다. 따라서 사람에게 하나님과 구원의 길을 가르쳐주는 정보가 바깥에서 들어오지 않으면 안 된다.

덴마크의 철학자 키에르케고르(S. Kierkegaard)는 그의 유명한 《철학적 단편》이란 책에서 스승으로서의 하나님과 스승으로서의 소크라테스를 대조하고 있다. 스승 소크라테스는 제자를 이미 진리를 모두 소유한 사람으로 취급한다. 인간은 태어나면서부터 생득적으로 모든 진리를 소유하고 있으나 영혼이 육체를 입을 때 모든 것을 망각하고 의식하지 못할 뿐이라는 것이 그의 주장이다. 그러므로 스승이 해야 할 일은 제자로 하여금 그 진리를 스스로 생각나게 하여 깨닫도록 자극해주는 것에 불과하다. 이것이 소크라테스의 대화식 교육방법 혹은 산파술의 전제다. 즉, 스승은 제자가 이미 가지고 있는 진리를 해산하는 것을 도와주는 산파에 불과하다는 것이다.

그와는 반대로 스승인 하나님은 제자들을 아무런 진리를 소유하지 못한 사람으로 여긴다. 따라서 진리는 바깥으로부터 주입되지 않으면 안 된다. 즉, 기독교에서는 인간이 생득적으로 진리를 소유하지 못했을 뿐만 아니라 그것을 스스로 발견할 수 있는 능력도 없는 것으로 본다. 인간은 죄인이므로 진리를 박탈당한 존재인 것이다. 그래서 스승인 하나님은 소크라테스처럼 제자들이 스스로 가지고 있는 진리를 발견할 수 있도록 도와주는 것이 아니라 진리를 그들에게 제공하고 가르쳐주어야 하는 것이다.

키에르케고르가 대조한 소크라테스적 인간관과 기독교적 인간관은 인식론에서 합리론과 경험론의 대조와 비슷하다 할 수 있다. 합리론자 데카르트(R. Descartes)나 라이프니치(G. W. Leibniz)는 인간의 생득적 관념을 주장한 반면, 경험론자 로크(J. Locke)는 인간이 백지상태로 태어났기 때문에 경험을 통해서만 지식을 소유할 수 있고 그 정보는 바깥에서 주입되어야만 한다고 주장했다.

비슷하게 기독교에서는 인간이 죄인이기 때문에 스스로 진리를 소유하거나 발견할 수 없다고 말한다. 따라서 진리는 바깥에서 주어지지 않으면 안 된다. 예수님은 인간의 마음은 살인과 간음, 음행과 도적질과 거짓 증언과 비방 등 온갖 더러운 것들로 가득 차 있다고 가르쳤다.(마태복음 15:19) 거기에 무슨 진리가 있으며, 그것으로 어떻게 구원을 받을 수 있겠는가? 인간이 죄인이기 때문에 하나님으로부터의 계시가 필요한 것이다.

현대인에게는
성경이 필요하다

만약 성경이 하나님의 말씀이라면 현대인에게도 성경은 절대적으로 필요하다. 오히려 과거 어느 때보다도 현대인은 성경을 더 필요로 한다. 그 이유는 그들이 성경이 하나님 말씀임을 믿기 어려워하기 때문이다.

성경을 믿기 어려워한다는 것은 그들의 세계관과 가치관이 지나치게 과학적 지식에 영향을 받고 있으며, 그것에 지배받고 있다는 것을 뜻한다. 과학적 세계관은 곧 폐쇄된 세계관이다. 그것은 과학적 방법이 허락하는 범위 안의 지식만이 참 지식이라고 인정하므로, 그 방법이 수용하지 못하는 현실의 풍부하고 다양한 양상들과 내용들을 모두 잃어버리거나 무시하고 만다. 그리하여 사람들의 삶에 있어서 가장 절실한 문제들, 예를 들어 죄, 고통, 사랑, 삶의 의미, 죽음, 슬픔과 기쁨 등은 사사로운 문제들로 취급되고 하찮은 것으로 무시된다. 즉, 과학적 논리의 세계를 초월하거나 그것을 벗어난 것은 모두 무시되는데, 그것은 삶 자체를 왜곡시키는 것과 다름없다. 과거 어느 때보다 현대인의 삶은 빈약하고 단조로우며 피상적이고 무의미하다. 지식을 통한 힘의 축적과 그것을 이용한 지배, 그리고 본능적인 욕망의 충족이 삶의 핵심을 이루고 있을 뿐이다.

바로 이런 현대인에게 성경이 필요하다. 죄에 대하여, 영혼에 대하여, 고통과 죽음에 대하여, 사랑에 대하여, 그리고 구원에 대하여 성경은 말해줄 수 있고, 그 가르침은 우리를 변화시키고 반성하게 한다. 또 삶을 바깥에서 조망할 수 있게 해주고, 우리의 미래와 소망에 대하여 말해줄 수 있으며, 우리의 삶을 아름답고 감격스러운 것으로 만드는 사랑을 가르쳐준다.

현대인이 과학적이어서 성경이 필요 없는 것이 아니라, 오히려 과학적이어서 비과학적인 방식을 따랐던 옛날 사람들보다 더 성경이 필요하다고 하겠다. 성경은 과학적 지식을 부정하는 것이 아니라, 과학적 지식과 과학적 사고방식의 위치와 한계를 깨닫게 함으로써 오히려 그것을 보충해준다. 마치 숲 속에만 있으면 나무는 알아도 숲은 모르는 것처럼, 과학의 세계 속에만 머물면 과학 그 자체를 제대로 알기 어렵다. 과학자는 연구 대상에 대해서는 전문가이지만 과학이 무엇인가에 대해서는 그렇지 않다. 우리 인간의 삶 전체를 알기 위해서는 인간 세계를 초월하는 어떤 관점이 필요하며, 그것을 하나님의 말씀인 성경이 제공해줄 수 있는 것이다.

제3장

현대인에게도 예수가 필요한가

보아라, 그의 이름을 임마누엘이라고 할 것이다.
"하나님이 우리와 함께 계시다"는 뜻이다.

요한복음 1장 1~5절

태초에 '말씀'이 계셨다.
그 '말씀'은 하나님과 함께 계셨다.
그 '말씀'은 하나님이셨다.

그는 태초에 하나님과 함께 계셨다.

모든 것이 그로 말미암아 생겨났으니,
그가 없이 생겨난 것은 하나도 없다. 창조된 것은

그에게서 생명을 얻었으니, 그 생명은 사람의 빛이었다.

그 빛이 어둠 속에서 비치니, 어둠이 그 빛을 이기지 못하였다.

성숙해졌다고 생각하는
현대인

유명한 프랑스 천문학자 라플라스(P. Laplace)는 성좌도(星座圖)를 그려 나폴레옹에게 보여주었다고 한다. 그것을 한참 들여다본 나폴레옹은 하늘의 그림을 아무리 살펴보아도 하나님이 계신 자리가 표시되어 있지 않다고 불평을 했다. 그러자 라플라스는 자신 있게 "폐하, 그 따위 가정은 저에겐 필요 없습니다"라고 대답했다고 한다. 그렇다. 이것이 현대인이다. 하나님 같은 가정이 없어도 모든 것이 설명되고 해결될 수 있다고 믿는 것이 현대인의 일반적인 확신이다.

옛날에는 사람들이 무지해서 주위에서 일어나는 모든 일에 대하여 겁을 집어먹었다. 그들은 왜 번개가 치고 전염병이 도는지를 몰랐다. 그래서 하나님이나 귀신같은 어떤 신비로운 존재들이 사람들이 보지 못하는 곳에서 사람들이 알지 못하는 방법으로 그런 일들을 조종한다고 믿었다. 그래서 어려운 일이 생기면 권세자들이나 부자들에게 뇌물을 주고 간청하듯 신들에게 음식을 바치며 제사를 지내고 기도를 했다. 심지어는 신이 즐거워할 거라고 생각해 자식을 죽여 제물로 바치거나 돈을 주고 예쁜 처녀를 사다가 바치기도 했다. 《심청전》에 나오는 소녀 심청이도 그런 희생물 중의 한 명이었다. 그 당시의 사람들은 초자연적인 현상 앞에 무력함을 느꼈고 겸손했으며, 귀신과 자연 앞에 모든 자유를 상실하고 그들의 횡포에 속절없이 당하고만 있었다. 오직 인내만이 유일한 대처 방안이었고, 숙명에 순종하는 것이 가장 현명한 방법이며 미덕이라고 생각했다. 스피노자(B. Spinoza)나 니체가 말한 대로 "운명을 사랑하는 것(amor fati)"이 가장 현명한 처세술이었던 것이다.

그러나 사람들이 계속 그렇게 무지한 상태로 남아 있을 리는 없었다. 시행착오를 겪으며 경험이 쌓이고, 일부 머리 좋고 용감한 사람들이 감행한 실험 등을 통해 많은 자연 현상들이 귀신이나 하나님의 변덕이 아니며, 심지어는 그것을 이용할 수도 있다는 사실을 발견했다. 그리하여 조금씩 문화가 발달되고 자연은 정복되었다.

그럼에도 불구하고 여전히 설명되지 못한 것들이 있어서 그 부분만 신의 영역으로 남겨놓았다. 그래서 어떤 현상을 귀신이나 하나님을 전제하지 않고 논리적으로 설명해나가다가도 지식의 한계점에 다다르면 그것은 신이 알아서 하는 것이라고 설명할 수밖에 없었다.

이런 해결 방법을 '기계로부터 튀어나온 신(Deus ex machina)'이라고 후대 사람들은 비꼬았다. 고대 연극에서 해결하기 어려운 문제를 풀기 위해 가공된 초자연적인 힘이나 신을 도입하는 일이 있었다고 한다. 그래서 그와 비슷한 방법으로 자연현상이나 인간현상을 설명하는 것을 그렇게 부른 것이다. 예를 들어 철학자 말브랑슈(Malebranche)가 인간의 몸과 마음이 어떻게 연결되는지를 설명하기 어려워 하나님이 양쪽을 연결시키는 연락책 역할을 한다고 주장한 것이나, 웨슬리(Wesley)가 지진은 하나님이 죄인들을 심판하시는 도구라고 설명한 것이 그렇다.

그러나 자연과학이 발달하고 인간과 사회현상을 연구하는 심리학과 사회과학이 발달함에 따라 이제는 귀신을 가정하지 않아도 모든 현상을 설명할 수 있다고 확신하는 것이 라플라스의 교만이고, 그것은 현대인의 지배적인 태도가 되었다. 이를 두고 독일의 철학자 칸트는 현대인의 정신적 태도가 태동되었다고 할 수 있는 계몽정신을 "사람들이 스스로 뒤집어쓴 미숙으로부터의 해방"이라고 정의했다. 이런 정신으로부터 19세기의 무신론이 나왔고, 낙관주의적 인본주의가 나왔다. 헨리(W. E. Henley)는 "나는 내 운명의 주인이요, 내 영혼의 선장이다(I am the master of may fate, the captain of my soul)"라고 말했다.

그런 사상이 기독교에 영향을 끼치지 않을 수 없었다. 독일의 신학자 본회퍼(Dietrich Bonhoeffer)는 이제 '기계로부터 튀어나온 신'으로서의 하나님을 믿는 신앙으로는 성숙한 현대인을 설득할 수 없다고 주장했다. 그는 그런 종류의 '종교적인' 신앙을 떠나서 성숙한 사람들이 믿을 수 있는 기독교가 되어야 한다고 주장하면서, 소위 '종교 없는 기독교'를 내세워서 많은 호응을 얻었다. 이런 맥락에서 우리는 60년대에 미국에서 일어났던 사신신학(死神神學)이란 극단적인 현상을 이해할 수 있다. 전통적으로 믿어오던 하나님, 즉 연약한 인간이 의지할 수밖에 없던 그런 전능하신 하나님은 과학적 지식을 통하여 스스로 거의 전능하게 된 현대인에게는 죽은 것이나 마찬가지라고 생각한 것이다.

현대는
인본주의 시대

현대인은 성숙해져서 신의 도움이 필요 없이 제 발로 설 수 있게 되었고, 더 나아가 자신들이 우주의 주인임을 자처하게 되었다. 지금까지는 연약하고 무지해서 신이란 주인을 섬겨왔지만 이제는 전혀 그럴 필요가 없다는 자신감이 생긴 것이다. 즉, 본래부터 인간은 스스로가 주인이었으나 과거에는 무지로 인해 신이 주인이었다고 착각했음을 알아내고 하나님과 사람의 주종관계가 바뀌게 된다.

이것이 바로 프로메테우스의 정신이다. 그리스 신화에 의하면 프로메테우스는 신에게서 불을 훔쳐다 인간에게 주어 문명을 발달시키게 하였으며, 제우스에게 제사를 지낼 때 "제물 중에서 좋은 부분은 사람이 먹도록 하고 나쁜 부분은 신들에게 돌아가도록 했다(better part to men, worse part to gods)"고 한다. 그래서 그는 제우스에게 벌을 받아 코카서스라는 높은 산 위에서 쇠사슬에 매여 고통을 받게 되었으나 끝까지 신에게 항복하지 않고 버텼다.

1600년 도미니칸 교단의 수도승 부르노(G. Bruno)는 그의 범신론적인 사상 때문에 종교재판에서 사형선고를 받고 장작더미에 앉아서도 누군가 자기 얼굴 앞에 들이민 십자가에 입 맞추기를 끝까지 거절하고 불에 타 죽었다. 인본주의의 순교자요, 문예부흥 시대로부터 싹트기 시작한 인본주의의 한 결정체이며, 그 후에 더욱 자리를 굳힌 현대 인본주의의 엄숙한 시작이자 프로메테우스 정신의 표본이라고 할 수 있다.

그 정신이 니체의 무신론에 반영되었고, 마르크스의 무신론에서 나타났다.

오늘날에는 그런 생각이 너무나 당연한 것으로 받아들여지고 있고, 심지어 하나님 중심이라고 하는 기독교에서도 하나님은 '우리를 위하시는' 하나님이며 '구원이란 곧 인간화'라고 이해되어 인본주의가 핵심으로 인정되고 있다.

인본주의는
인간성에 대한 낙관주의

이런 인본주의는 인간의 본성에 대해서 낙관적일 수밖에 없다. 물론 최근 다소 퇴색하긴 했지만 인간에 대한 낙관주의는 아직도 강하게 살아 있고, 특히 우리나라에서는 더욱 강화되고 있다. 현대의 인본주의는 고대 그리스의 인본주의나 동양사상에서 나타난 인본주의와 그 성격을 달리한다. 고대 그리스나 동양사상에서는 온 우주는 하나요, 인간은 그 특수한 일부로서 자연과 신 위에 군림하는 인본주의가 아니라 범신론적인 인본주의였다. 그러나 현대의 인본주의는 일단 기독교적인 세속화 과정을 거친 것이기 때문에 자연을 정복하고 신을 무시하는 배타적인 인본주의다.

따라서 현대적인 인본주의가 가지고 있는 인간에 대한 낙관주의도 고대 그리스나 동양의 낙관주의와는 그 성격이 다를 수밖에 없다. 고대의 범신론적인 인본주의가 우주 자체가 선한 것이기 때문에 그 일부인 인간도 선할 수밖에 없다는 형이상학적인 낙관주의라 한다면, 현대의 인본주의는 주로 자연과학의 놀랄 만한 성취에 근거한 낙관주의다.

그동안 인간의 지식이 이룩한 성취는 실로 눈부시다하지 않을 수 없다. 인간에게 가장 절실한 문제인 질병의 고통을 덜어주는 데 과학은 얼마나 큰 공헌을 했는가? 옛날 같으면 으레 사망할 환자들을 거뜬히 고칠 수 있게 되었고, 고통으로 일생동안 신음해야 할 병들을 주사한 방으로 치료할 수 있게 되었다. 한때 공포의 대상이었던 천연두는 이제 자취를 감추었고, 뇌염 같은 병도 점점 발생 건수가 줄어들고 있다. 게다가 간이나 콩팥 등 장기를 이식할 수도 있고, 심지어 심장 이식의 성공률도 점점 높아지고 있지 않은가? 옛날에는 아기를 갖기 위해 산천명소를 찾아가서 백일제를 드리고 첩까지 두는 등 온갖 애를 썼지만, 이제는 인공수정을 이용하면 된다. 이런 현대의학의 발전은 우리 피부에 직접 와 닿는 것으로, 누구도 그 위대한 성취를 무시하지는 못할 것이다.

우리의 식생활을 생각해보더라도 과학기술의 성취에 대하여 감사하지 않을 사람이 어디 있겠는가? 과거보다 인구는 훨씬 더 많아졌는데 똑같은 넓이의 땅에서 더 질 좋은 농산물들을 생산하게 된 것은 모두 과학기술 덕분이다. 거대한 인공 저수지와 화학비료, 품종 개량, 농기계의 활용, 하우스 농업 등이 없었더라면 지금쯤 우리 국민의 상당수는 굶주리고 있었을 것이다.

교통과 통신 분야의 발전은 더욱 눈부시다. 과거에는 몇 달, 혹은 몇 년이 걸리던 곳을 불과 몇 시간에 왕복할 수 있는가 하면, 수만 킬로나 떨어진 곳에 살고 있는 친척의 목소리를 듣거나 얼굴을 볼 수 있게 되었으니, "이제 가면 언제 다시 볼꼬!" 하는 탄식은 문자 그대로 옛날이야기가 되고 말았다. 몇 층짜리 건물만큼 큰 쇳덩어리가 공중을 날아다니고, 몇 만 킬로나 떨어진 곳에서 일어난 일을 안방에 앉아서 볼 수 있게 되었으니 기적 같은 일이 아닐 수 없다.

그 외에도 반도체 및 컴퓨터공학, 우주과학, 유전공학, 인공지능 등의 첨단 과학기술은 앞으로 인간의 생활에 무한한 풍요와 편리를 약속하고 있다. 인간이 만물의 영장이 된 것은 단순히 직립보행을 하고 두 손을 자유롭게 쓸 수 있었기 때문이 아니라, 사고능력을 통하여 어느 다른 동물도 가지지 못한 문화를 발전시키고, 그 문화적 산물이 더 고도의 문화를 창조할 수 있는 기반이 되었다는 데 있다. 앞으로 인간이 할 수 없는 일이 과연 있을 것이며, 인간 이외의 어떤 신이 있다 하더라도 인간만큼 이렇게 무서운 능력을 소유할 수 있겠는가? 인간이야말로 칭찬을 들을 만한 존재고 자축할 자격이 있는 존재다.

현대인의 이러한 엄청난 성취가 인간에 대하여 낙관적인 견해를 갖게 하는 것은 어떤 의미에서는 당연하지만, 인간에 대한 철학적 반성조차도 대개는 낙관주의적이었다. 18세기의 독일 철학자 칸트가 이 사실을 지적했다. 그는 유명한 《이성의 한계 안에서의 종교》라는 책에서 인간에게는 근본적인 악이 있으며, 그것 때문에 인간에 대해서 낙관적인 태도를 갖는 것은 매우 피상적이고 그것이야말로 영웅적인 낙관주의라고 지적했다. 또 시인들과 종교인들은 일반적으로 다소 비판적이지만 교육자들과 철학자들은 항상 낙관적이라고 비판했다. 그런데 이것을 지적한 칸트 자신도 역시 철학자의 한 사람임이 드러났다. 그는 역사상 처음으로 인간 이성이 오류를 범할 수 있음을 인정하고 그것을 비판하는 영웅적인 시도를 했으나, 그 이성을 비판하는 것도 결국 이성이며, 이성은 오류를 통해서 한층 더 높은 단계로 나아갈 수 있음을 보여주고 말았다. 이미 그 시대에 무르익어가고 있던 인본주의는 날카롭고 비판적인 칸트조차도 영웅적인 낙관주의자로 만들었던 것이다.

그러나 칸트가 지적한 것은 칸트 이전의 철학자들에게만 국한된 것이 아니라 이후의 철학자들에게도 해당된다. 헤겔처럼 모든 현실적인 것은 합리적이라고 주장하며 철두철미하게 낙관적인 철학을 내어놓은 경우는 말할 것도 없거니와, 마르크스나 니체처럼 구체적인 현실에 대해서 무서운 비판을 가한 철학자들도 궁극적으로는 낙관적이었으며, 역사상 가장 비관주의적인 철학자로 알려진 쇼펜하우어조차도 궁극적으로는 인간이 스스로를 구원할 수 있는 가능성을 제시함으로 낙관주의를 버리지 못했다.

물론 인간에 대하여 궁극적으로 비판적인 태도를 취하는 것은 철학이 걸어온 길에 비추어볼 때 거의 불가능한 것이라 할 수 있다. 서양철학이란 고대 그리스의 종교를 대체하면서 시작되었고, 그 자체가 벌써 인간 이성의 자율성을 전제로 발달되어왔다. 인간 이성의 자율성을 강조하면서 그것에 대해서 비판적이 된다는 것은 있을 수 없는 일이다. 다만, 이성의 자율성을 인정하지 않은 파스칼 같은 철학자들에게만 그런 것을 기대할 수 있을 것이다.

파스칼은 "철학을 조롱하는 것이 진정 철학하는 것이다"라고 말하며, 인간 이성의 자율성을 전제로 하는 철학을 조롱할 수 있어야 진정 비판적이 될 수 있고, 그것이야말로 비판을 생명으로 하는 철학의 가장 궁극적인 형태임을 주장했다.

이론적으로 인간의 독립성과 인간 이성의 자율성을 부인하지 않고는 인간성에 대해서 비판적이 될 수 없거니와, 심리적으로도 인간 이외의 어떤 구원자를 인정하지 않고 인간성에 대해서 비판적이 되는 것은 거의 불가능하다. 인간 이외의 어떤 구원자를 인정하지 않으면 인간 스스로가 구원을 성취할 수 있어야 할 것이고, 따라서 인간성에 낙관적이 되지 않을 수 없는 것이다. 인간이란 도저히 구원받을 수 없는 존재임을 인정한다는 것은 심리적으로 거의 불가능하다.

그러므로 인간이 자신에 대해서, 인간성에 대해서 낙관적이 되는 것은 자연스러운 일이고, 더구나 현대처럼 인간이 성취해놓은 것이 스스로 보기에도 엄청나게 위대할 때 낙관적이 되는 것은 너무도 당연하다 하겠다.

이렇게 자신들의 능력과 본성에 대하여 자신감으로 가득 차 있는 현대인들에게 인간의 구원자로서의 예수가 과연 필요한가? 자연 질서를 유지하는 하나님은 혹시 필요할지 모르지만 사람을 구원해주는 예수가 필요할 것 같지는 않다. 프랑스 계몽주의 철학자 볼테르는 인간 사회의 도덕적 질서를 위해서는 하나님이 필요하고, 만약 하나님이 없으면 하나 만들어야 한다고 했지만, "마담(마리아)과 그의 아들(예수)은 우리에게 별 볼일 없다"라고 말하기도 했다. 이것이야 말로 많은 인본주의자들의 생각을 대변하는 것이 아닌가 한다.

드리워지는 어두움의 그림자

그런데 최근에는 사람들이 과거에 생각했던 것처럼 문제가 그리 간단하지 않다는 것을 느끼고 있는 것 같다. 어느 프랑스 철학자의 표현대로 "하나님도 죽었고, 마르크스도 죽었고, 우리에게도 별 신통한 것이 없다"는 것이 요즈음 많은 사람들이 가지고 있는 느낌이 아닌가 한다. 과거 어느 때보다 삶이 더 편리해지고 즐길 거리도 많고 놀 수 있는 시간이 늘어났는데도 앞날에 대한 전망은 그렇게 밝지 않아 보인다.

기술 수준이 엄청나게 높아져 역사의 시작부터 인류를 괴롭혔던 노동과 질병으로 인한 괴로움이 상당히 줄었으며, 경제 수준도 높아져서 유엔이 정한 절대빈곤의 기준이 하루 1달러에서 1달러 40센트로 향상되었음에도 20년 전에는 전 세계 인구의 3분의 1이나 되었던 절대빈곤층이 지금은 10분의 1로 줄었다. 또 민주주의가 확산되고 인권존중 사상이 보편화되어 개인의 권리와 존엄성이 과거 어느 때보다 더 잘 보장되고 있으며, 교육 기회의 확대와 정보통신 기술의 발달과 보급으로 인해 사람들의 지식 수준이 과거 어느 때보다도 높아졌다. 그럼에도 불구하고 인류의 전망은 그렇게 밝지 않다.

특히 한국 사회는 놀라울 정도로 비관적이다. 전 세계에서 한국만큼 빨리 크게 발전한 나라는 없다. 과거 일본의 식민지였고 세계 최빈국 중 하나였던 한국은 불과 70년 만에 아시아에서 가장 앞선 민주화를 이룩하고, 다른 나라의 원조를 받던 가난한 나라에서 이제 다른 나라를 돕는 나라가 될 정도로 경제적 성공을 거두었다. 경제, 기술, 교육, 문화, 연예, 스포츠 등 열심히 일하고 연구해서 성취할 수 있는 분야에서는 당당한 선진국이다. 그런데 2015년 퓨 연구소(Pew Research Center)의 조사에 의하면 한국인의 행복지수는 100점 만점에 47점으로 나타났다. 오히려 지금보다 더 가난했고 민주화도 이루어지지 않았던 과거보다 더 불행하다고 느끼는 것이다.

물론 세계 모든 나라가 한국 같지는 않다. 그러나 선진국들의 분위기도 그렇게 긍정적이지는 않다. 미국은 선진국으로 누렸던 자존심이나 긍지 같은 것은 헌신짝처럼 버리고 자국 우선주의란 부끄러운 정책으로 세계를 불안하게 하고 있으며, 인구, 영토, 자원 강국인 중국과 러시아는 그동안 진행했던 민주화를 중단하고 오히려 독재국가로 회귀하고 있어 세계에 위협이 되고 있다. 또 다원주의, 상대주의가 현대사회의 주도적 기류로 자리 잡아 보편적인 진리, 영원한 가치에 대한 확신이 약해지고, 계량적인 다수의 지지를 얻기 위한 인기영합주의

(populism)가 도처에서 민주주의를 왜곡하고 있다.

무엇보다도 걱정되는 것은 점점 벌어지고 있는 빈부격차다. 그것은 단순히 정부의 경제정책 실패가 아니라 문화 발전의 성격 때문이고, 따라서 극복하기가 매우 어려워 보인다. 현대인의 삶을 결정하는 가장 중요한 요소는 과학기술, 특히 정보통신 기술을 핵심으로 하는 첨단 과학기술로 이것만큼 경제적 이익을 가져다주는 것은 없다. 그런데 이런 기술은 과거와 달리 경제적 뒷받침 없이는 개발이 불가능하다. 그래서 이제는 돈이 있어야 새로운 기술을 개발할 수 있고, 새로운 기술이 있어야 돈을 벌 수 있게 되었다. 역사상 처음으로 돈과 기술이 손을 잡고 상호작용을 하게 되어 같은 나라 안에서도, 나라와 나라 사이에서도 부익부 빈익빈의 악순환이 가속도를 내고 있다. 최근에 나온 보고서(국제구호기구 옥스팜의 '99%를 위한 경제' 보고서)에 따르면 세계 최고 갑부 8명이 가진 재산이 전 세계 인구 중 하위 절반이 가진 재산 총합과 비슷하다고 한다.

최근까지 기술은 인간의 육체노동을 돕거나 대행해왔다. 그러나 정보통신 기술은 인간의 전유물이었던 지적 활동을 점점 더 기계가 대체하도록 하고 있다. 단순한 계산뿐만 아니라 정보 습득과 추리, 심지어는 창조까지 기계가 대행하게 되면 필요한 사람의 수요는 줄어들 수밖에 없다. 2017년 다보스 포럼에서는 소위 제4차 산업혁명이 일어나면 500만 개의 새로운 일자리가 생겨나지만 동시에 700만 개의 일자리가 사라질 것이라는 예측이 제시되었다. 결과적으로 소수가 번 돈으로 다수가 먹고 사는 상황이 벌어진다는 것이다. 과연 실업자가 되어 얻어먹는 다수가 행복할 수 있을까? 경제적 이익을 위해서 개발되고 있는 인공지능의 발전은 대부분의 사람들을 기계의 하수인으로 전락시키지 않을까 걱정된다. 과거에는 발전(development)이 진보(progress)를 뜻했을지 모르지만 지금은 결코 그렇지 않다. 과학과 과학기술의 발달이 사람의 가치를 높여주지도 못하고 행복 증진은 더욱 보장하지 못한다.

과학문명의 무서운 찌꺼기들

그러나 우리 사회가 비관적인 것은 단순히 행복이란 영원할 수 없다는 논리적인 이유에서만은 아니다. 마찬가지로 오늘날 전 세계를 억누르고 있는 비관적인 분위기도 단순히 이와 같은 이유 때문만은 아닌 것이다. 그것은 누가 어디서 보아도 비관적이 될 수밖에 없는 엄연한 소지들이 현대문명에 득실거리고 있기 때문이고, 그런 현상들은 우리 사회에서도 나타나고 있다. 그런데 그것들이 현대인들을 자신 있게 만들고 자신들의 장래에 대하여 낙관적으로 바라보게 만들었던 과학문명이 생산해놓은 부산물이라는 데 현대사회의 딜레마가 있다. 현대 과학문명은 독주나 마약처럼 인간에게 많은 즐거움을 주었으나 이제는 인간을 우울하고 무력하며 불행하게 만들고 있다.

당장 인류의 생존을 위협하고 있는 것은 점점 더 강력해지고 정확해지는 신무기들이다. 다행스럽게도 핵무기는 제2차 세계대전 이후 한 번도 사용되지 않았을 뿐만 아니라 그 위험성 때문에 대단위 전쟁을 방지하는 효과를 거두고 있다. 그러나 위험해서 안전이 보장되는 역설적인 상황이 진정한 안전 보장이 될 수는 없다. 과학기술의 확산으로 인도, 파키스탄, 이스라엘뿐만 아니라 리비아, 이란, 북한조차 핵무기를 만들 수 있게 되었고, 앞으로 범죄 집단들이 핵무기를 사용하지 않으리라는 보장도 없다. "무엇이든 가능하면 일어날 것이다(If anything can, it will)"라는 머피의 법칙을 우습게 여기기가 어렵게 되었다.

더 걱정되는 것은 핵발전소 사고다. 이미 미국의 쓰리마일, 러시아의 체르노빌과 일본의 후쿠시마 핵발전소에서 사고가 나서 많은 인명이 희생되었다. 에너지 수요는 늘어나는 반면에 석유 매장량은 줄어들고 있기 때문에 핵발전소를 늘리는 나라가 더 많아지고, 따라서 핵발전소 사고의 재발 가능성은 핵전쟁 가능성보다 훨씬 더 크다.

그러나 그 무엇보다도 더 심각하게 인류의 생존을 위협하는 것은 점점 악화되는 생태 환경오염이다. 계속되는 과학기술의 발달로 우리의 삶은 점점 더 자연으로부터 멀어지고 더 인공적이 되어가고 있다. 자연이 주는 온갖 제약으로부터 해방되면서 인간의 삶은 과거 어느 때보다 더 편리해졌지만, 그로 인한 환경오염이 반격을 가하며 인류의 생존을 위협하고 있다.

일상생활에서 사용하는 필수품이나 사치품은 자연 원료보다는 화학적으로 합성된 원료를 사용한 것들로 대체되고 있다. 때문에 앞으로 환경오염은 점점 더 심각해질 것이다. 우리가 공해문제에 관심을 기울이고 공해를 막기 위한 온갖 기술을 다 동원하더라도 전 세계의 환경오염을 줄이기는 쉽지 않을 것 같다. 적어도 지금까지는 그다지 성공하지 못하고 있다. 마치 방 안의 공기를 정화하기 위하여 정화기를 가동하면, 그것을 가동하는 데 필요한 전력을 생산하기 위해서 다른 곳에서 더 큰 오염이 생겨나서 지구 전체의 오염은 늘어날 수밖에 없는 것과 같다.

대기층에는 더 많은 먼지와 일산화탄소가 쌓이고, 그것이 열확산을 차단해 온난화가 심해지고 있다. 바다에는 온갖 화학물질들이 들어가 지구가 가지고 있는 산소의 대부분을 생산하고 있는 플랑크톤(Phyto-Plankton)을 몰살시키고 있으며, 자동차 배기가스에 의한 공기 오염, 살충제에 의한 해충의 인내성 강화, 무기질 비료에 의한 토양의 산성화, 산성 비 등 이루 다 열거할 수 없을 정도의 다양한 환경오염으로 인간의 생물학적 생존이 극심한 위협을 받고 있다.

미국 사학자 화이트(L. T. White Jr.)는 오늘날의 환경오염 문제는 현대 자연과학을 가능케 한 기독교적 자연관 때문에 생긴 것이요, 따라서 기독교가 상당 부분 책임을 져야 한다고 주장하였는데 꽤 일리가 있는 말이다. 그러나 기독교 못지않게 성경이 가르치고 있는 절제와 사랑은 무시하고, 다만 자연 정복과 그를 통해 얻게 된 무시무시한 힘을 즐기는 데만 급급했던 현대 과학문화가 그 직접적인 책임을 져야 할 것이다.

현대인에게 그렇게 큰 힘을 제공한 현대 과학과 과학기술이 기독교의 자연 세속화 때문에 가능했다는 사실은 그동안 별로 인정받지 못했다. 그러다가 이제 환경오염 등의 부작용이 나타나니 그 책임을 인본주의가 아니라 기독교가 져야 한다고 주장하는 것이다.

사실 기독교는 자연의 세속화를 촉진하고 그로 말미암아 자연과학이 발달되었으며 과학기술을 통해 인간의 힘이 증대하였지만, 결코 인본주의를 가르치지는 않았으며 자연을 마음대로 착취하고 그 열매를 한없이 즐기라고 가르치지도 않는다. 반대로 절제하고 검소하게 살아가며, 혼자 즐기기보다는 다른 사람과 나누어 가지라고 가르쳤다.

천연자원의 고갈도 환경오염 못지않게 인류의 생존을 위협하고 있다. 천연자원은 한정되어 있고, 그것은 우리의 힘으로 바꿀 수 있는 성질의 것이 아니다. 그런데 자원을 사용하는 사람들의 수는 늘어만 가고, 생활양식의 변화로 인해 한 사람이 소비하는 양도 그전보다 더 늘어나고 있는 것이 현실이다. 선진국 국민 한 사람은 후진국 국민 한 사람보다 수십 배의 에너지를 소비하고 있다. 과소비 생활습관 때문이다. 그리고 이런 생활습관은 점점 더 보편적인 것이 되어가고 있다.

교통과 통신기술의 발달, 집단 이기주의가 요구하는 더 큰 힘의 집결을 위해 우리 사회는 점점 더 거대해지고 철저하게 조직화되고 있다. 따라서 개인은 점점 큰 조직의 부품으로 전락하고, 많은 사람들의 자유와 창의성은 설 자리를 잃고 있다. 흔히 말하는 인간 소외의 문제는 문명의 궁극적인 목적, 즉 뜻있고 보람 있는 삶에서 얻을 수 있는 인간의 행복에 전적으로 역행하고 있으며, 현대문화는 본래의 목적을 부정하고 있다. 결국 무엇을 위한 문화이며, 누구를 위한 인본주의인가 하는 의문을 품게 한다.

현대인의 소외 현상과 개인의 대중화는 심각한 도덕적 문제를 야기한다. 개인이 거대한 조직의 미미한 부속품에 불과하다는 생각은 불가피하게 전체에 대한 개인의 책임의식을 약화시킨다. 과학과 과학기술의 발달로 인간 생활은 점점 자연으로부터 멀어지고 그만큼 더 인공적이 되어가고 있으며, 그에 따라 자연의 보호는 이제 기대할 수 없게 되었다. 아파트 꼭대기 층에 사는 사람이 위에서 밑으로 흐르는 물의 혜택을 받을 수는 없다. 하는 수 없이 펌프를 이용해 억지로 위로 끌어 올린 물을 먹고 살 수밖에 없는 것이다. 그런데 이런 인공적인 삶은 거의 전적으로 인간의 책임에 의지할 수밖에 없는데, 인간의 책임의식은 점점 약해지고 있으니 심각한 문제가 아닐 수 없다. 전체에 대한 조감이 불가능해지고 너무나 복잡한 사회의 미래에 대한 전망이 불확실해짐에 따라 임기응변의 사고방식과 향락 위주의 생활방식이 생겨날 것이다.

따라서 개인의 도덕적 책임의식에만 의존하기에는 너무 위험해서 사회의 거의 모든 규범을 법률과 제도로 규정해 강제로 지키도록 하고 있다. 그러나 그것이 과연 그만큼 믿을 만한 것인지도 문제가 되겠거니와, 개개인의 자유와 창의성은 그로 말미암아 더욱더 설 자리를 잃고 말았다. 다시 물어보지 않을 수 없다. 누구를 위한 문명이며, 누가

인간의 죄는
쉽게 설명될 수 있는 것이 아니다

아우구스티누스의 제자 오로시우스(Orosius)는 고대 세계에 존재했던 모든 악의 목록을 만들었다고 하는데, 위에 열거한 것들은 현대문명이 지닌 악 중에서 지극히 작은 부분에 불과하다. 점점 더 많은 가정들이 파괴되면서 온갖 문제아들이 사회로 쏟아지고 있으며, 가난했을 때보다 더 늘어난 흉악한 강도들이 우리를 공포에 젖게 하고 있다. 부자들은 더 거만해지며, 가난한 사람들은 더 난폭해진다. 국가는 우리의 삶 구석구석을 모두 간섭하고 있으며, 나라와 나라 사이에는 적대관계가 사라지지 않아 다만 파괴력의 균형에 의해서 평화 아닌 평화가 유지되고 있다.

이런 모든 악들이 어디서 나오는가? 그것들이 우리가 이용하는 자연에서 온다고 할 사람은 아무도 없을 것이다. 석유에서 미움이 나오고 철광석에 살인 동기가 스며있지는 않다. 그것은 분명히 사람의 마음에서 우러나온 것이다.

예수님은 손을 씻지 않고 음식 먹는 것을 비판하는 바리새인들과 서기관들을 향하여 말씀하시기를 "입으로 들어가는 것이 사람을 더럽히는 것이 아니라, 입에서 나오는 것, 그것이 사람을 더럽힌다……

입에서 나오는 것들은 마음에서 나오는데, 그것들이 사람을 더럽힌다…… 마음에서 악한 생각들이 나온다. 그것들이 살인과 간음과 음행과 도둑질과 거짓 증언과 비방이다"(마태복음 15:11, 18, 19)라고 하셨다. 악이란 사회에서 시작되어 개인의 마음속으로 들어가는 것이 아니라, 마음속에서 만들어져서 사회로 쏟아져 나온다고 보신 것이다. 즉, 인간의 마음이 악의 생산 공장인 것이다.

니버(Reinhold Niebuhr)는 그의 저서 《도덕적 인간과 비도덕적 사회》에서 인간집단의 이기심은 개인의 이기심보다 더 강하다는 사실을 설득력 있는 이론과 예를 들어 증명했다. 그러나 그렇다고 해서 인간집단, 곧 사회가 악의 근원이라고 보는 것은 잘못이며 니버도 그렇게 주장하지는 않았다. 사회가 악의 근원이란 생각은 유물론적 인간관을 가진 마르크스의 관점이요, 그 주장은 경제적 환원주의에 입각한 사색적인 논리에 근거한 것이다. 마르크스는 경제적 하부구조만 제대로 갖추어지면 인간과 인간 사회의 모든 악은 영원히 그 자취를 감출 것으로 생각했다. 그의 관점에 따르자면 결국 인간의 악은 인간 개개인이 책임질 수 있는 그런 성질의 것이 아니다.

그러나 그런 주장은 역사적으로 증명되지 않았고 결코 증명될 수 있는 성질의 것도 아니다. 우리 인류는 수천 년 동안 악 아래서 신음하고 그에 대항해 싸워왔다. 그런데 그것이 그렇게 쉽사리 설명되거나 해결될 수 있다고 생각하는 것 자체가 순진하기 짝이 없는 것이다. 또한 인간의 선과 악이 물질적 생산관계에 의하여 좌우된다고 생각한 것은 무책임의 정도를 넘어서 인간의 자율성과 존엄성에 대한 모독이 아닐 수 없다. 그리고 이런 이론에 근거해서 미래사회를 설계하고 현재의 사회정책을 꾸민다면 그것은 우리를 실망시킬 것이 분명하고 벌써 실망시키기도 했다. 인간과 인간 사회의 가장 심각한 문제인 악을 몇 가지 이론적인 공식으로 설명한 것에 근거한 정책이기 때문이다.

어떤 사람들은 인간의 악을 생물학적으로 설명한다. 대부분의 동물처럼 인간도 생존경쟁에서 살아남기 위하여 공격적이고 이기적이 된다고 보는 것이다. 그래서 문화가 발달함에 따라 인간은 점점 더 순화되고 덜 이기적이 되어서 마침내는 평화로운 세상을 이룰 것이라고 낙관한다. 일종의 진화론적인 인간관이고, 따라서 악이란 인간의 고의에서 나온 것이 아니므로 궁극적으로 인간의 책임이 아닌 것으로 여겨진다.

이런 인간관은 지난 세기 말 유럽에서 지배적인 생각이었으나, 오늘날도 많은 사람들의 무의식적인 기대(wishful thinking)로 남아 있다. 특히 많은 사람들이 교육과 사회제도의 개선으로 인간의 모든 문제를 해결할 수 있을 것이라는 기대를 아직 버리지 못하고 있다. 그 외에도 인간과 인간 사회의 악에 대해서 심리학적인 설명을 제공할 수도 있다. 프로이트의 이론을 이용하여 인간에게 본래 주어진 욕망(libido)의 억압에서 모든 악이 나온다고 설명할 수 있고, 사회의 잘못된 구조로 말미암아 인간관계가 비합리적이고 비정상적이 되어서 악이 생긴다고 주장할 수도 있다.

이런 설명들은 어느 정도 이론적 설득력을 가지고 있을지는 모르나, 역시 악이란 현상을 너무 쉽게 그리고 피상적으로 바라보고 있다. 그 어떤 설명이 제공하는 처방으로도 악은 약화될 것 같지 않고, 인간의 마음속 깊이 뿌리박힌 이기심을 뽑아내는 것은 절대 불가능할 것 같다. 마르크스가 기대했던 이상사회는 결국 실현되지 못했고, 그의 교리를 따르던 수많은 사람들은 큰 배신을 당하고 말았다.

악은
죄의 결과다

인간에게 이기욕이 있고, 인간 사회에 온갖 부조리와 부패가 존재한다는 사실은 우리 모두가 인정하는 바이다. 악에 대한 이제까지의 설명이나 그 설명이 제시하는 처방이 만족할 만한 것이 못되었다면, 우리는 성경이 제시하는 설명과 그 처방을 다시 한 번 심각하게 고려해 보아야 할 것이다. 인간에게 본질적인 것이며 인류를 그렇게 오랫동안 괴롭혀온 악에 대해서 어떤 한두 사람의 이론가들의 논리적 설명으로 충분할 것이란 기대는 그 자체가 너무 순진하다. 오히려 그 문제에 대해 수천 년 동안 심각하게 씨름해온 종교의 설명에 귀 기울이는 것이 더 현명할 것이다. 사실 악의 문제는 과학의 문제가 아니라 종교의 문제요, 과학이 취급할 수 있는 범위 바깥에 있는 것이다.

물론 이기욕은 모든 생물체가 공통적으로 가지고 있는 생존욕에 그

뿌리를 두고 있다. 그 생존욕이 어디에서 온 것인지에 대해서는 아무도 설명하지 못한다. 그저 모든 생명체에 주어졌다고밖에 할 수 없다. 그러나 생존욕 그 자체를 악이라고 하거나 비도덕적이라고 비난할 수는 없다. 동식물의 경우처럼 본능에 의한 생존경쟁은 윤리적 판단의 대상이 되지 않는다. 우리가 비판하고 한탄하는 악이란 오직 자유의지를 가진 인간에게만 적용될 수 있는 것이다. 악을 저지르지 않아도 생존할 수 있는데도 불구하고 좀 더 편리하고 강해지기 위하여 다른 사람에게 해를 끼치는 경우에만 엄격한 의미에서의 '악'을 말할 수 있다.

그런데 성경은 인간의 이기욕과 사회의 모든 악이 근본적으로 인간의 죄에서 나온다고 가르친다. 이것은 기독교의 핵심 교리 중 하나다.

죄란 하나님의 명령에 순종하지 않고 그의 뜻을 거스르는 것을 뜻하고, 그것은 하나님이 하라고 명령하신 것을 하지 않는 것(omission)과 하지 말라고 명령하신 것을 범하는 것(commission)을 포함한다. 그리고 근본적으로는 하나님을 참 하나님으로 인정하지 않고 무시하는 것을 뜻한다. 하나님이 계신다는 사실을 부정하거나 "하나님을 알면서도, 하나님을 하나님으로 영화롭게 해드리거나 감사를 드리기는커녕, 오히려 생각이 허망해져서 그들의 지각없는 마음이 어둠으로 가득차게 되었고…… 스스로 지혜가 있다고 주장하지만 실상은 어리석어서, 썩지 않는 하나님의 영광을, 썩을 사람이나, 새나 네 발 달린 짐승이나 기어 다니는 동물의 형상으로 바꾸어"(로마서 1:21~23)놓은 것이다.

하나님을 배반하거나 믿지 못할 때 일어나는 결과가 어떤 것인가

하는 것은 창세기 4장에 기록된 가인의 이야기에 잘 반영되어 있다. 가인은 죄를 지어 하나님으로부터 쫓겨났고 매우 불안해졌다. 하나님의 보호를 거절하거나 믿지 못했을 때, 가장 먼저 생기는 현상은 불안일 수밖에 없다.

주께서 "오늘 이 땅에서 저를 쫓아내시니, 하나님을 뵙지도 못하고, 이 땅 위에서 쉬지도 못하고, 떠돌아다니게 될 것입니다. 그렇게 되면, 저를 만나는 사람마다 저를 죽이려고 할 것입니다."(창세기 4:14) 여기서 하나님과의 정상적인 관계가 끊어지고 그의 보호를 믿지 못하는 데서 인간의 불안이 생겨나는 것을 볼 수 있다. 하나님은 계속해서 가인을 보호해주시겠다고 약속하신다. 그러나 그는 그 약속을 믿지 못하고 자기 힘으로 안전 보장을 추구했다. 그는 에녹성이라는 성을 쌓고, 그 자손은 무기를 만들었으며, 목축을 시작하고 악기를 만들어 즐겼다. 인류의 문화가 시작된 것이다. 어떤 의미에서 문화는 인간이 스스로 안전을 보장하기 위하여 자연의 힘을 이용함으로 시작되어 발전했다고 할 수 있다.

그러나 문화 활동의 결과로 생긴 힘이 인간의 불안을 완전히 해소해줄 수는 없다. 인간의 창조주이자 보호자이신 하나님의 보호를 불신하게 된 인간에게는 영원히 떨쳐버릴 수 없는 불안이 항상 가슴속에 남아 있을 수밖에 없다.

"주님, 우리가 당신의 가슴에 안기기 전에는 우리는 항상 불안할 수밖에 없습니다." 아우구스티누스는 《참회록》에서 이렇게 고백하고 있다. 자연의 위협으로부터 어느 정도 해방되면 이제는 다른 인간으로부터의 위협이 우리의 가슴을 엄습하는 것이다. 아무리 강해도 자신보다 더 강한 사람이 있을 것이고, 지금은 강해도 후에 약해질 수 있다는 불안이 항상 존재한다. 이것이 바로 현대인들이 가지고 있는 공포와 불안의 특징이 아니고 무엇이겠는가? 물론 자연의 재난도 삶을 중단시켜 그 모든 의미를 앗아갈 수 있지만, 오늘날 우리에게 죽음의 위협을 주는 것은 자연보다는 사람이요, 사람의 문화적 산물인 것이다.

이제 깜깜한 밤중에 호랑이를 두려워하는 시기는 지나고, 오히려 차에 치이는 사고나 미세먼지를 무서워해야 할 시기가 왔다. 자연과 사회의 위협으로부터 해방되기 위해 사람은 더 많은 재물을 소유하려 하고, 더 많은 권력을 누리려 한다. 교통사고가 나도 다치지 않기 위해서 더 크고 튼튼한 차를 사고, 미세먼지로부터 해방되기 위해서 공기 좋은 곳을 찾는다. 그러려면 돈이 있어야 한다. 하나님이 보장해주는 다음 세상을 믿지 못하는 현대인은 이 땅 위에서 삶의 모든 의미와 쾌락을 찾기 위해 온갖 노력을 다 기울인다.

소유, 권력, 쾌락은 모두 경쟁을 통해 획득해야 하는 것들로 모든 사람이 풍족하게 소유하고 다 같이 다스리고 똑같이 즐길 수는 없다. 한 사람이 더 소유하면 다른 사람의 몫은 적어질 수밖에 없고, 한 사람이 절대적으로 지배하면 다른 사람은 그 다스림을 받아야 한다. 또 다른 사람이 나만큼 즐기면 나는 그것보다 더 즐기려 하는 것이 인간의 욕심이고, 다른 사람과 사회에 해를 끼쳐가면서 자기만 즐기려는 것이 인간의 죄성이다. 그로부터 미움이 생기고 질투가 생기고 투쟁이 일어난다. 이런 것들이 현대인을 불행하게 하고 더 불안하게 만든다. 유대인 600만 명을 재판도 거치지 않고 학살한 나치의 만행을 보고 "아직도 인간이 근본적으로 선하다고 믿을 수 있을까?"라고 한 독일의 철학자 야스퍼스(K. Jaspers)의 탄식은 알카에다, 보코하람, IS 등의 만행 등에도 그 여운을 남긴다.

문화가 발전하고 인간의 지식과 힘이 증대하면 증대할수록 그만큼 더 행복해지는 것이 아니라 더 불행해지는 것 같다. 한국은 지금 과거 어느 때보다 더 풍요롭지만 행복지수는 과거보다 훨씬 낮다. 능력이 커지면 더 즐기려 하고, 혼자서 즐기려고 능력을 키우는 악순환이 계속되는 것이다.

영원한 형벌

하나님의 보호를 거절한 인류의 비참함은 단순히 땅 위에서의 삶에 뒤따르는 온갖 불행, 고통, 불안에 그치지 않고 영원한 형벌로 이어진다고 성경은 가르친다.

"죄의 삯은 죽음"(로마서 6:23)이다. 여기서 죽음이라 함은 단순히 육체의 죽음 혹은 영원한 망각을 뜻하는 것이 아니라 하나님과의 영원한 분리를 의미한다. 땅 위에서 지은 죄의 결과가 고통과 불안이듯, 하나님과 영혼이 분리되는 것도 심히 고통스러운 것으로 성경은 가르친다. 그것은 지옥의 고통과도 같다.

하나님의 존재나 영혼불멸을 전과학적 시대의 미개인들이 만들어 낸 신화에 불과한 것이라고 많은 현대인들은 일소에 붙인다. 물론 그 것은 과학적으로 증명된 것도 아니고, 과학적으로 증명될 수 있는 성 질의 것도 아니다. 그러나 플라톤이나 칸트 같은 철학자도 사회의 도 덕적 질서를 유지하기 위해서라도 영혼불멸과 선악의 마지막 심판은 불가피한 것으로 간주했다. 물론 필요에 의하여 만들어진 가설이라고 주장할 수도 있고, 무신론을 주장한 철학자 니체의 말처럼 땅 위의 어 리석은 자들을 속여 지배층의 말을 잘 듣도록 하기 위한 이데올로기라 고 할 수도 있을 것이다.

그러나 내세가 있고 영혼에 대한 심판이 있을 것이란 과학적 증거 가 없듯이 그런 것을 인정하지 않는 위의 설명들이 반드시 옳다는 보 장도 없다. 어느 것이 더 개연성을 가지고 있는가 하는 것도 관점에 따 라 다를 수밖에 없으며, 결국 개인의 결단과 믿음의 문제다. 그러나 그 결정은 어떤 직업을 택할 것인가 혹은 어떤 집을 살 것인가를 결정하 는 것과는 그 심각성의 정도가 근본적으로 다르다. 결과의 위험 부담 이 너무나 큰 결단인 것이다.

이 문제와 관련하여 수학자이기도 했던 파스칼의 장난 같은 이해계 산법은 어느 정도 참고해볼 만한 가치가 있지 않나 한다. 갑과 을이라 는 두 사람이 신과 내세의 존재에 대해서 서로 다른 의견을 갖고 있다고 하자. 갑은 신과 내세가 존재한다고 믿고, 을은 이를 모두 부인한다. 그리고 두 사람은 자신들의 신념에 따라서 이 세상에 살았다. 갑은 하나님을 두려워하고 내세를 준비하며 조심스럽게 살고, 을은 하나님도 부인하고 내세도 부인하기 때문에 가능한 한 이 세상에서 모든 즐거움을 다 누리려고 했다. 물론 두 사람은 모두 언젠가 죽을 수밖에 없다. 그런데 만약 하나님과 내세가 존재한다면 이에 대비한 갑은 큰 행복을 누리게 되고, 이를 부인한 을은 처벌을 받을 것이므로 그 차이가 엄청나다. 그러나 만약 신도 내세도 없다면 두 사람 사에는 아무 차이도 없게 된다. 결국 1대 0 이 되든지 0대 0 이 될 것이다. 확률적으로 볼 때는 갑이 더 유리해 보인다. 물론 을의 입장을 따르는 사람은 그 대신 을은 이 세상에서 신나고 즐겁게 산 반면에 갑은 마음대로 즐기지 못했으므로 손해가 아니냐고 할 수도 있다. 파스칼의 확률 계산에도 불구하고 역시 선택의 문제로 귀결되는 것이다.

죄는
용서받을 수 있다

기독교는 인간이 저지른 죄를 용서받을 수 있는 길을 제시하고 있다. 이것은 모든 종교의 가장 핵심적인 부분이며 기독교도 예외는 아니다. 모든 고등 종교는 우리가 인정하지 않을 수 없는 개인과 사회의 악을 매우 심각하게 취급하면서도 그 악의 원인인 죄로부터 해방될 수 있는 길을 제시함으로 인간에게 소망을 준다.

다만 기독교에서 말하는 죄의 용서는 자신이 저지른 악에 대하여 철저한 보상을 치르고 나서 얻는 것은 아니다. 즉, 스스로 인과응보의 철통같은 법칙이 요구하는 벌을 받고 나서 죄로부터 해방되지는 않는다. 만약 그렇다면 불교에서 가르치는 것처럼 사람의 영혼은 윤회를 하더라도 그 기회를 반드시 갖지 않으면 안 될 것이다. 그러나 기독교는 영혼불멸은 인정하나 영혼의 윤회는 인정하지 않는다. 땅 위의 삶은 오직 한 번뿐이고, 영혼의 영원한 운명은 그 한 번의 삶에서 결정된다고 가르친다.

그럼에도 불구하고 기독교에서는 죄를 용서받을 독특한 길을 제시하는데, 그것은 그 악의 벌을 스스로 다 받는 것도 아니고 그 악이 마치 없었던 것처럼 무시하는 것도 아니다. 그것은 오히려 하나님을 믿고 예수 그리스도를 믿는 길이다. 즉, 믿음으로 죄를 용서받는 것이다. "의인은 믿음으로 살 것이다"(하박국 2:4, 로마서 1:17, 갈라디아서 3:11, 히브리서 10:38)라고 성경은 거듭 강조하고 있다. 어떻게 보면 너무 어이없이 쉬운 방법이라서 오히려 믿기 어려울 정도다.

그러나 실제로는 그 방법이 그렇게 어이없이 쉬운 것도 아니고 장난처럼 피상적인 것도 아니다. 우선 그렇게 죄를 용서받는 것이 허락된 것은 하나님의 사랑 때문이라고 성경은 가르친다. "하나님께서 세상을 이처럼 사랑하셔서 외아들을 주셨으니, 이는 그를 믿는 사람마다 멸망하지 않고 영생을 얻게 하려는 것이다."(요한복음 3:16)

만약 사람이 자기가 저지른 죄에 상응하는 벌을 모두 다 받아야 그 죄의 저주에서 해방될 수 있다면, 거기에는 사랑이나 용서의 요소가 개입될 필요가 없다. 마치 법에 따라 형벌을 치른 사람처럼 당당한 권리를 가지고 죄로부터의 해방을 요구할 수 있을 것이다. 그런데 죄로부터의 해방에 하나님의 사랑이 작용했다면, 그 조건이 되는 믿음이란 분명히 자신이 저지른 죄에 대한 보상은 아닐 것이고 그것과는 전혀 다른 종류의 요구일 것이다.

사실 죄를 용서하는 조건으로 제시된 믿음은 하나님이 처음부터 인간에게 기대했던 것이다. 즉, 그것은 하나님에 대한 인간의 신뢰와 의존을 뜻한다. 스스로 자신의 안전을 보장할 수 있다는 교만과 환상을 버리고 하나님만을 의지하고 순종하라는 말씀인 것이다. 이것이 기독교에서 가르치는바 인간이 하나님으로부터 죄를 용서받을 수 있는 유일한 조건인 동시에 하나님과 정상적인 관계를 회복하는 길이다.

죄의 용서는
예수 그리스도로 말미암아 가능하다

그러나 단순히 믿음으로 죄를 용서받고 구원을 받는다는 것은 그저 하나님께서 우리를 위하여 자비를 베푸심으로 간단하게 이루어진 것은 아니다. 그것은 인간적으로 표현해서 하나님의 많은 고통과 함께 이루어졌다. 죄지은 사람을 그대로 용서한다는 것은 하나님 자신의 정의에 어긋나기 때문이다. 비록 스스로 세운 정의의 원칙이라 하더라도 그것을 무시하는 것은 하나님의 신실성에 많은 문제를 가져온다. 자신이 세운 원칙을 스스로 무시하는 것은 하나님이 원하시는 것이 아니었다.

그 공의(혹은 정의)의 요구를 만족시키기 위하여 죄인들이 받을 벌을 누군가가 대신 받아야 했고, 그분이 바로 예수 그리스도다. 이 사실은 기독교 신앙 고백의 핵심에 놓여 있다. 기독교의 다른 가르침은 모두 받아들여도 이 사실을 받아들이지 않으면 그 사람을 기독교인이라고 부를 수 없다. 바로 이 교리가 기독교를 독특하게 하고 다른 종교와 차별화하는 핵심이기 때문이다.

죄를 지은 사람은 반드시 죽어야 하는 것으로 하나님께서 처음부터 선언하셨다. 즉, 하나님과의 정상적인 관계에서 떨어져나가고 하나님의 보호를 상실하면 온갖 불행, 고통, 슬픔을 당해야 하고, 그 영혼은 영원히 하나님과의 관계로부터 떨어져나간다. 그래서 구약성경에서는 제사장이라도 하나님의 성전에 나아갈 때는 양을 잡아 피를 흘리는 것으로 나오는데, 그것은 죄로 말미암아 죽어야 할 것을 양의 죽음으로 대신한다는 의미다. 이스라엘 사람들은 하나님의 선민이었지만, 하나님과 그들과의 관계에는 반드시 양의 피를 흘리는 죽음이 있어야 했던 것이다.

예수란 청년이 갈릴리에서 다닐 때, 선지자 세례 요한은 그를 보고 "보시오. 세상 죄를 지고 가는 하나님의 어린양입니다"(요한복음 1:29)

라고 외쳤다. 그는 기원 원년쯤 베들레헴에서 태어나 갈릴리에서 자란 사람이었지만 보통 사람이 아니었고, 보통 사람과는 다르게 행동하고 가르쳤다. 그는 하나님이 그에게 말하라고 분부하신 것을 가르치고, 그가 행한 많은 기적도 하나님이 그에게 주신 힘으로 가능한 것이라고 가르쳤다. 그리고 그 시대 종교 지도자들의 형식적인 종교생활을 날카롭게 비판했으나, 동시에 제자들의 발을 씻기고 그 시대에 가장 무시당하던 세리들이나 하층계급 사람들과 교제했다.

그러나 가장 신비스러운 것은 굉장한 능력을 가졌음에도 불구하고 아무 반항 없이 십자가에 억울하게 못 박혀 죽었을 뿐만 아니라 그것을 미리 예언했다는 사실이다. 그 죽음이 보통의 죽음이 아니고 많은 사람의 죄를 대신해서 죽는 것임을 제자들에게만 여러 번 설명해주었으나, 제자들은 거의 믿지 않았다. 그가 죽은 후에도 제자들은 그 죽음의 참 의미를 전혀 이해하지 못했다.

그를 따르던 사람들이 그가 메시아, 곧 구세주임을 어느 정도 확신하게 된 것은 그가 예언했던 대로 죽은 지 사흘 만에 다시 살아난 뒤부터였다. 제자들은 그의 부활을 전혀 믿지 않았으므로 사흘째 되는 날 무덤에 가볼 생각조차 하지 않았다. 그래서 무덤이 비어있다는 여인들의 말을 듣고도 여자들이 좀 정신없는 소리를 한다고 무시할 정도였다. 그러나 예수가 그들에게 직접 나타나 상당한 기간 동안 그들과 같이 지내고서야 비로소 예수가 보통 사람이 아니고 구약성경에서 예언한 메시아임을 알게 되었으며, 예수의 전 생애와 가르침을 새로운 각도에서 보기 시작한 것이다.

구약의 선지자 이사야가 "그는 실로 우리가 받아야할 고통을 대신 받고, 우리가 겪어야할 슬픔을 대신 겪었다. 그러나 우리는, 그가 징벌을 받아서 하나님에게 맞으며, 고난을 받는다고 생각하였다. 그러나 그가 찔린 것은 우리의 허물 때문이고, 그가 상처를 받은 것은 우리의 약함 때문이다. 그가 징계를 받음으로써 우리가 평화를 누리고, 그가 매를 맞음으로써 우리의 병이 나았다"(이사야 53:4~6)라고 예언한 것이 바로 나사렛 사람 예수 그리스도의 십자가의 죽음을 뜻한 것임을 비로소 깨달은 것이다.

기독교는 제자들의 이 깨달음으로부터 전파되었다. 그들의 생생한 경험과 체험이 예수의 부활사건으로 새로운 조명을 받게 되고, 그가 승천한 뒤에 일어난 성령 강림으로 새로운 힘을 얻어 예수를 그리스도, 즉 메시아라고 증거하게 된 것이다. 사람들은 예수가 단순히 하나님의 뜻을 사람들에게 가르치는 스승이나 선지자가 아니라, 자기 자신을 제물로 하나님께 바쳐 사람들이 받아야 할 벌을 대신 받은 구세주임을 알게 되었다. 구약시대에 제단에 바쳐졌던 양은 사실 하나의 상징이고, 그 실체는 십자가에 못 박힌 예수 그리스도임을 신약성경은 분명하게 증거한다. 요한은 그가 요한복음을 기록하게 된 목적이 갈릴리 사람 예수가 구약성경에서 예언된 그리스도임을 믿게 하려는 것이었다고 했다.(요한복음 20:31)

예수에 대한 기록은 성경 이외에는 그리 많지 않으나, 기독교인은 아니었지만 유대인 역사가 요세푸스(Josephus)가《유대인들의 고대사 (Antiquities of the Jews)》에서 "이때쯤 예수라는 사람이 있었다. 그를 사람이라고 부르는 것이 합법적인지는 모르겠다. 왜냐하면 그는 굉장한 일을 한 사람이었고 즐거움으로 진리를 받아들이는 사람들의 스승이었기 때문이다. 그는 많은 유대인들과 이방인들을 자기 주위로 모았다. 그는 (바로 그) 그리스도였다. 그리고 우리 유대인들 가운데 유력한 사람들의 제안에 의하여 빌라도가 그를 십자가에 못 박도록 선고했을 때, 그를 사랑하던 사람들은 처음엔 그를 버리지 않았다. 왜냐하면 하나님의 선지자들이 그에 대해 만 가지 다른 예언과 함께 예언한 대로 그는 사흘 후에 살아서 그들에게 나타났기 때문이었다. 그의 이름을 따라 이름이 붙여진 그리스도족들은 오늘날까지 없어지지 않고 남아 있다"(18권 3장 3절)라고 기록하고 있다. 그가 이 책을 쓴 것은 기원 후 93년쯤으로 기독교인들이 혹독한 박해를 받고 있을 때였다. 그 시대의 신자들이 예수에 대하여 어떤 신앙을 소유했는가를 보여주고 있다.

제자들과 그 후의 신자들은 구약시대에 사람이 하나님께 나아가려면 반드시 양을 잡아 피를 흘려야 하는 것처럼, 이제 죄를 지은 인간이 죄인으로서가 아니라 하나님과 정상적인 교제를 가지려면 반드시 예수 그리스도의 죽음의 덕을 보아야 한다는 것을 믿었다. 그것이 하나님의 요구였고, 그렇게 성경이 가르치고 있다. 그 덕을 보는 방법이 예수를 그리스도로 믿는 것이다.

예수가 그리스도임을 믿고 그가 스스로를 제물로 바친 행위가 자신들에게도 효과가 있다고 주장하는 것으로 마치 믿음을 하나의 마술적인 도구인 것처럼 오해할 수 있다. 그러나 믿음이란 단순히 그런 마력을 가진 상징은 아니다. 믿음 자체가 하나님에 대하여 인간이 마땅히 가져야 할 태도인 것이다.

그러므로 예수가 구주라는 것을 믿으라는 것은 그로 말미암아 우리의 죄가 용서받을 수 있다는 것을 뜻할 뿐만 아니라 우리가 하나님에 대해 마땅히 가져야 할 태도를 가지라는 의미다. 따라서 예수 그리스도의 죽음으로 말미암아 죄인들의 죄가 용서받을 수 있게 되었을 뿐만 아니라, 세상을 창조할 때 하나님께서 의도하신바 하나님과 그의 가장 중요한 피조물인 인간과의 관계가 정상화될 수 있게 된 것이다.

자신과 사회의 모든 문제를 스스로 해결할 수 있다고 생각하고 하나님을 우습게 본 현대인이 과거 어느 때보다 더 큰 문제에 봉착해 있고, 그 모든 문제가 근본적으로 하나님을 우습게 보는 태도, 즉 죄의 결과임을 인정해야 한다면 현대인도 그 죄를 용서받지 않으면 안 될 것이다.

하나님께서 우리의 죄를 용서받을 길을 제시하셨고, 그 길이 바로 십자가에 못 박히신 예수를 그리스도로, 곧 구주로 받아들이는 것이라고 한 이상 현대인에게도 예수는 누구 못지않게 필요한 존재인 것이다. 과학적 사고에 지배당한 현대인들은 이런 신화 같은 이야기를 받아들이기가 매우 어렵겠지만, 그것을 받아들이기 어렵게 만든 현대인의 그 교만이 바로 죄의 가장 핵심적인 요소이며, 바로 그 때문에 모든 문제가 생기고 현대문명이 비관적으로 흘러간다면 현대인은 누구보다도 더 예수를 필요로 한다고 할 것이다.

하나님의 사랑을 보여준 그리스도

하나님께서 이런 방법을 통해서 인류를 죄와 그 죄의 결과로부터 해방될 수 있게 하신 것은 그의 사랑 때문이다. 예수 그리스도가 인류의 죄를 다 짊어지고 대신 벌을 받았기 때문에 우리 모두가 우리가 저지른 죄의 벌을 따로 받지 않고 다만 그리스도를 믿는 것으로 구원받게 하신 것은 하나님의 사랑이 아닐 수 없다. 성경은 이것을 하나님의 '은혜'라고 부른다. 즉, 값을 치르지 않고 구원을 얻었다는 뜻이다.

그리스도는 인간의 대표라 할 수도 있지만 성경에서는 그를 '하나님의 아들'이라 부르고, 기독교 신학에서 하나님은 '삼위일체'신데 예수 그리스도는 그 '삼위' 중 한 분이라고 가르친다. 이 두 표현은 모두 우리의 일상언어에서 그들이 가진 뜻과는 전혀 다를 뿐만 아니라 어떤 의미에서는 우리의 언어로 설명할 수 없는 신비로운 의미를 지니고 있다.

그러나 이 두 표현이 제시하고자 하는 것 중 하나는 그리스도 자신이 인간의 대표일 뿐만 아니라 동시에 하나님이란 것이다. 그래서 예수가 동정녀 마리아의 몸을 통해서 땅 위에 오신 것 자체가 벌써 인간과 함께 하시고자 하는 하나님의 사랑을 표현한 것이요, 그래서 그는 '임마누엘', 곧 '하나님이 우리와 함께 계신다'라는 이름을 가졌다.

예수님은 이 세상을 창조한 말씀(logos)이었고, 죄로 말미암아 어두워진 세상에 무엇이 옳으며 무엇이 잘못되었는가를 알게 해주시는 빛이라고 요한은 가르치고 있다.(요한복음1:1~5) 예수님이 사람인 동시에 하나님이란 교리는 성경의 뒷받침 아래에서 기독교 신학의 기본이자 가장 오랜 교리 중 하나를 이루고 있다.

'삼위일체' 교리와 함께 예수가 완전한 하나님이며 완전한 사람이란 교리는 물론 논리적일 수 없고 논리적으로 이해될 수도 없다. 그런 교리는 하나님과 예수에 대한 성경의 가르침을 그렇게밖에 표현할 수가 없어서 형성된 것이다. 기독교 역사에서 많은 사람들이 이런 교리들을 논리적으로 이해시켜보려고 노력하다 본래의 의도에서 벗어나 이단으로 몰린 경우가 허다하다. 논리적으로 설명될 수 없는 것을 논리적으로 설명하려고 하다가 본래의 의도와 다르게 가버린 것이다. 성경의 가르침 대부분은 우리가 이해할 수 있는 것들이지만 가장 중요한 부분에서는 인간의 지적 한계와 논리를 초월한다. 삼위일체와 예수의 양성(신성과 인성)이 대표적이다.

인류의 죄에 대한 벌을 대신 받는다는 것은 다른 말로 그리스도의 고통은 곧 하나님 자신의 고통이란 말이 된다. 인류의 죄를 용서하시기 위해 하나님 자신이 고통을 당하신 것이다. 물론 이것은 신은 결코 육체를 가질 수 없고, 육체가 있어야만 고통을 느낄 수 있다는 고대 그리스 철학의 일반적인 관점과는 완전히 모순된다. 그러므로 이 사실을 잘 알고 있던 바울 사도는 십자가의 고통이 헬라인들에게는 어리석게 보일 수밖에 없는 것이라고 지적했다.(고린도전서 1장) 그것은 과학적 사고에 익숙해진 많은 현대인들에게도 어리석은 것으로 여겨질 것이다. 그러나 바울은 "하나님의 어리석음이 사람의 지혜보다 더 지혜롭고, 하나님의 약함이 사람의 강함보다 더 강하"다고 주장한다.(고린도전서 1:25) 물론 이것은 하나님을 믿는 사람의 입장에서만 할 수 있는 발언이다.

십자가의 어리석음과 약함은 바로 사랑의 어리석음과 약함이다. 그러나 그것은 사랑의 어리석음과 약함이기 때문에 매우 지혜롭고 강한 것이었다. 또 약하고 어리석게 보였으나 얼마나 강하고 지혜로웠는가는 역사적으로도 어느 정도 증명되었다고 할 수 있다.

"악한 사람에게 맞서지 말아라. 누가 네 오른쪽 뺨을 치거든, 왼쪽 뺨마저 돌려 대어라. 너를 걸어 고소하여 네 속옷을 가지려는 사람에게는, 겉옷까지도 내주어라. 누가 너더러 억지로 오 리를 가자고 하거든, 십 리를 같이 가주어라. 네게 달라는 사람에게는 주고, 네게 꾸려고 하는 사람을 물리치지 말아라…… 너희 원수를 사랑하고, 너희를 박해하는 사람을 위하여 기도하여라."(마태복음 5:39~44)

그렇게 가르친 예수는 바로 그 가르침을 스스로 실천하셨다. 그리고 십자가에서 억울하게 죽었으나 그는 땅 위에 누구보다 더 강한 힘을 행사했고 그것은 지금도 마찬가지다. 십자가의 원칙이 비논리적인 것

못지않게 십자가의 사랑도 비현실적이다.

현대인은 그동안 더 많은 지식을 축적해서 더 큰 물리적 힘을 얻게 되었고, 그것으로도 만족하지 못하고 서로 경쟁하다가 파멸당할 위기에 놓여 있다. 핵무기 개발과 악화되고 있는 생태 환경오염이 그것이며, 점점 더 심각해지는 빈부격차도 큰 위협이 되고 있다. 이것이 바로 과거 어느 때보다 더 많은 지식을 소유한 현대인의 어리석음이다. 즉, 지구를 수십 번 잿더미로 만들 수 있는 무기를 계속 쌓아가는 어리석음이고, 자신들이 축적해놓은 힘에 의하여 자신들이 위협당하는 어리석음인 것이다. 이런 현대인에게 진정 필요한 것은 자신을 희생해 인류를 구원하신 예수 그리스도의 사랑을 받아들이는 것이요, 그 사랑을 조금이라도 실천하는 것이다. 그 지혜와 사랑 없이는 현대인에게 소망이 없다.

우리에게
부활의 새 소망을

앞에서도 지적했거니와 제자들이 예수께서 그리스도임을 확신한 것은 예수가 십자가에 못 박혀 돌아가신 후 사흘 만에 다시 살아나셨을 때였다. 그때의 제자들이나 현대인들이나 죽은 사람이 다시 살아난다는 것을 믿는 것은 그리 쉽지 않다. 물론 그 시대 사람들은 현대인처럼 과학적 지식을 가지고 있지 않았으므로 지금보다는 그 가능성을 조금 더 쉽게 인정했을 수는 있으나, 그들도 그간의 경험에 비추어 그런 것이 불가능하다고 생각한 것은 분명하다. 그 사실은 예수께서 그들과 함께 여러 가지 기적을 행하였고, 그의 예언도 말한 대로 이루어졌지만, 죽은 후 다시 살아나겠다는 예언은 전혀 믿지 않았으며 기대도 하지 않은 것을 보아서 짐작할 수 있다. 예수께서 돌아가신 후 그들 중 상당수는 그들이 가졌던 기대가 다 무너졌다고 생각하며 다시 자신들의 생업으로 돌아갔다.

그런 그들이 다시 돌아와서 나중에는 목숨을 바쳐가며 복음을 전파하게 된 것은 부활한 예수를 보았기 때문이다. 만약 예수가 부활하지 않았다면 그들의 복음은 모두 거짓말이요, 헛일에 불과했을 것이라고 바울은 말했다.

"그리스도께서 살아나지 않으셨다면, 우리의 선교도 헛되고, 여러분의 믿음도 헛될 것입니다. 우리는 또한 하나님을 거짓되게 증언하는 자로 판명될 것입니다. 그것은, 죽은 사람이 살아나는 일이 정말로 없다면, 하나님께서 그리스도를 살리지 아니하셨을 터인데도, 하나님께서 그리스도를 살리셨다고, 하나님에 대하여 우리가 증언했기 때문입니다."(고린도전서 15:14~15)

단순히 사도들만 거짓말쟁이가 되는 것이 아니라 기독교야말로 역사상 가장 커다란 사기극이 되고 말았을 거라는 뜻이다. 사실 예수의 부활이 없으면 기독교는 헛것이며, 신앙을 위하여 온갖 희생을 다한 그 수많은 신도들과 특히 목숨까지 바친 순교자들은 모두 속은 사람들일 것이다.

예수의 부활이 그것을 직접 목격한 제자들에게 새로운 소망과 새 힘을 준 것처럼 현대인에게도 새 소망을 줄 수 있다. 사실 현대인을 비참하게 만드는 것은 쉽게 떨쳐버릴 수 없는 불안과 그로 인해 생기는 끝없는 욕망, 그리고 온갖 미움, 질투, 투쟁, 고통, 미래에 대한 절망감 때문이다. 자연과학에 근거한 폐쇄적인 세계관은 우리가 사는 이 시간과 공간의 세계를 초월하는 어떤 다른 세계도 인정하지 않는다. 그래서 사람은 단순히 살다가 죽기 위하여, 즉 영원한 망각의 세계를 향하여 한 걸음 한 걸음 나아가고 있는 것이다. 그 사실은 많은 현대인들을 괴롭힌다.

그래서 가능한 한 그것을 생각하지 않으려고 의식적으로 혹은 무의식적으로 애를 쓴다. 현대사회의 많은 현상들은 이런 심리적 보호 장치라는 관점에서 설명될 수 있다. 마치 땅 위의 삶이 영원한 것처럼 스스로 속이면서 그때그때를 넘겨보려고 하는 것이다. 물론 가끔 용감한 사람들이 있어 죽음이 온다는 사실을 철저히 의식하면서도 순간순간을 멋있게, 그리고 가장 의미 있게 살아가는 것으로 다른 이들의 존경을 받기도 하지만 대부분의 보통 사람들에게는 거의 불가능한 것이다.

기독교는 평범한 사람들을 위한 종교이지 위대한 사람들을 위한 종교가 아니다. 그런 의미에서 기독교는 유교나 불교보다 훨씬 덜 귀족주의적이다. 죽음이 오면 두려워하고 절망하는 사람들을 위한 종교이고, 바로 그런 사람들에게 참다운 소망을 제공하는 종교다. 예수께서 돌아가신 지 사흘 후에 다시 살아나시고, 그것이 부활의 첫 열매이며, 앞으로 그를 믿는 사람들이 누릴 수 있는 부활의 보증이 되었다는 가르침은, 죽음을 앞두고 눈 하나 깜짝하지 않는 용감한 사람들에게는 별 의미가 없을지도 모르나 그렇지 못한 수많은 평범한 사람들에게는 매우 중요한 소망과 참다운 용기를 제공해준다.

지금의 삶이 전부가 아니고 그것을 초월하는 세계와 삶이 있다는 부활의 교리는 이 세상을 그림자처럼 허망한 것으로 여기게 하는 것이 아니라 오히려 땅 위의 삶을 훨씬 더 긍정적이며 적극적으로 살아가도록 만든다.

기독교의 매우 중요한 특색 중 한 가지는 역사의식이 강하다는 것이다. 기독교는 구체적인 현실에 대하여 긍정적인 관심을 쏟는데 이것은 역사적으로도 증명되었다. 무엇보다도 구세주가 하나님이 육체를 입고 예수로 이 시공간 세상에 오셨다는 사실이 그것을 증명한다. 고대 그리스나 다른 이원론적 세계관과는 달리 이 세상은 그 자체로 혹은 본질적으로 가치 없고 썩은 영역이 아님을 말해주는 것이다. 그리고 부활의 교리도 세상을 긍정적으로 보게 한다. 그것은 땅 위의 삶이 그것으로 끝나는 것이 아니라 어떤 주어진 목적을 위한 삶이요, 그러므로 의미를 가지고 있음을 보여준다. 바울은 "내가 에베소에서 맹수와 싸웠다고 하더라도, 인간적인 동기에서 한 것이라면, 그것이 나에게 무슨 유익이 되겠습니까? 만일 죽은 사람이 살아나지 못한다면, '내일이면 죽을 터이니, 먹고 마시자' 할 것입니다"(고린도전서 15:32)라고 하였거니와 부활의 소망을 가지고 있기 때문에 오히려 땅 위의 삶을 적극적으로 의미 있게 살 수 있는 것이다.

현대인에게는
예수가 필요하다

아무리 현대인이 성숙하고 자신의 문제는 스스로 해결할 수 있다고 주장한다 해도 주장하는 것과 실제로 가능한 것과는 다르다. 인간은 인간에게 주어진 존재론적인 한계를 벗어날 수 없고, 그 사실을 인정하는 것이 오히려 성숙한 모습일 것이다. 그런데 그것을 인정하지 않으려고 하는 데서 인간은 하나님과 비정상적인 관계에 놓이고 말았다. 자신의 참 모습을 알고 하나님과 정상적인 관계를 회복하지 않는 한 구원 받기 위한 인간의 모든 시도는 비극으로 끝날 수밖에 없다.

인간이 의존하는 존재임을 거부하고 시지푸스처럼 끝까지 홀로 버텨보려는 것은 그동안 우리가 만들어온 가치관에 의하면 용감한 것으로 찬양을 받을지도 모르지만 사실상 비극의 영속 외에는 아무것도 아니다. 이미 우리의 문화 안에서 그 비극의 양상들이 여러 가지 병적 조짐으로 나타나고 있다.

인간의 겸손은 그 자체가 비겁은 아니다. 오히려 마땅히 모셔야 할 부모를 모시는 것처럼 우리의 창조주이자 보호자이신 하나님 품으로 겸손히 돌아가는 것이요, 마땅히 찾아야 할 고향을 찾는 길이다.

예수 그리스도는 자신의 가르침과 행위를 통하여 그 길을 제시했고, 그것은 과거 어느 때보다 인간의 교만이 초래한 인류 전체의 파멸을 눈앞에 둔 현대인들에게 더 필요하다. 또 그것은 인간성을 회복하는 길이요, 인간의 존엄성과 삶의 의미를 확인하는 길이다. 잃음으로 얻는 것이 십자가와 부활의 가르침이요, 예수께서 제시하신 지혜다.

제4장

현대인에게도 교회가 필요한가

여러분은 택함을 받은 민족이요,
왕의 제사장들이요, 거룩한 국민이요,
하나님의 소유가 된 백성입니다.

빌립보서 2장 1절~4절

그러므로 그리스도 안에서 여러분에게
무슨 격려나, 사랑의 무슨 위로나, 성령의 무슨 교제나,
무슨 동정심과 자비가 있거든,

여러분은 같은 생각을 품고, 같은 사랑을 가지고,
뜻을 합하여 한 마음이 되어서, 나의 기쁨이 넘치게 해주십시오.

무슨 일을 하든지, 경쟁심이나 허영으로 하지 말고,
겸손한 마음으로 하고, 자기보다 서로 남을 낫게 여기십시오.

또한 여러분은 자기 일만 돌보지 말고,
서로 다른 사람들의 일도 돌보아주십시오.

중요해진
'사회'

시대마다 유행하는 단어들이 있는데, 오늘날에는 갑자기 '사회'라는 말이 중요해졌다. 그래서인지 대화하면서 '사회'라는 말이나 그와 연관된 '소외' '구조' '혁명' 등의 단어를 자주 사용해야 지성인으로 인정받는다. 또 사회학과 사회과학이 중요한 학문으로 떠오르고, 예술에서는 예술사회학, 종교에서는 종교사회학, 정치에서는 정치사회학, 그리고 철학에서는 사회철학을 해야 신문과 잡지로부터 원고 청탁을 자주받는다. 이것은 비단 우리나라에서만 그런 것이 아니라 전 세계적인경향이다. 어제까지 인식론을 가르치던 독일의 어느 철학교수가 사회철학으로 전향하는가 하면, 네덜란드 모 대학의 과학철학 교수는 교수자리를 포기하면서까지 사회철학으로 전공을 바꾸기도 했다. 19050년대에는 '실존'이란 단어가 지식인들 사이에서 유행하더니 요즘에는 '사회'란 말이 그 자리를 차지하고 있다.

옛날에도 분명 사회는 있었을 텐데도 그 시대의 사람들은 마치 사회란 말이 없는 것처럼 살았다. 그것은 고대어에 사회란 단어가 존재하지 않았던 것으로 보아 짐작할 수 있다. 그리스 철학자 아리스토텔레스가 '인간은 사회적 동물'이라고 말했는데, 정작 그가 사용한 단어는 '사회적'이 아니라 '정치적(politicon)'이란 단어였다. 물론 그 정치적이란 말을 사회적이라고 번역할 근거가 없는 것은 아니다. 그가 의도한 것은 '사람이란 도시국가(polis)를 형성하여 살 수 있는 동물'이란 뜻이었기 때문이다.

고대 중국이나 옛 조선시대에도 사회란 단어는 존재하지 않았다. 1800년에 출간된 한불자전(韓佛字典)에는 사회란 단어가 수록되어 있지 않다. 지금 우리가 쓰는 사회라는 용어는 서양의 말을 번역한 것인데, 서양에서도 19세기 전까지는 사회라는 말이 다른 의미로 사용되었다. 이처럼 19세기까지는 동서양을 막론하고 사람들은 사회 대신 국가를 인간 공동체의 가장 중요한 요소로 보았다.

사회가 중요해진 것은 서양에서 국가와는 다른 인간 공동체가 있다는 사실을 발견한 뒤부터다. 즉, 신에 의하여 점지되었거나 자연 질서의 자연스러운 일부분이라고 생각되었던 국가란 것이 사실은 그보다 더 근본적인 사회라는 인간 공동체 안에 있고, 그 사회를 구성하고 있는 사람들의 계약에 의하여 존립할 수 있다는 사회계약설이 등장한 후에야 사회란 것이 중요한 실체로 인정받기 시작했다.

더 나아가 '사회'가 오늘날처럼 중요하게 여겨지기 시작한 것은 19세기에 들어와서다. 그것은 인간이 사회를 만들 뿐만 아니라 사회도 인간 형성에 매우 중요한 역할을 한다는 사실을 발견하고, 사회란 것이 영원불변하지 않으며 언제든 사람들이 바꿀 수 있다는 걸 알게 되었기 때문이다. 이런 생각은 서양에서 19세기부터 시작되었으나, 20세기 들어서는 1960년대부터 또다시 강력하게 대두되었다.

오늘날 이렇게 중요시되는 사회란 단순히 사회계약설에서 말하는 것처럼 국가와 구별되는 것이 아니라 인간 공동체 일반을 뜻한다. 과거 어느 때보다 인간이 개인으로서가 아니라 공동체의 일원으로서 그 존재 형식과 의미가 결정된다고 생각하는 경향은 두드러진다.

인간이 사회에 의해 결정된다는 생각

옛 동양 종교나 그리스 철학에서는 개별적 인간이 전 우주의 한 부분이요, 전 우주와 조화를 이루어 존재한다는 것을 믿었다. 고대 중국인들은 국가는 전체 우주의 소우주요, 가정은 국가의 모형이고, 개인은 가장 작은 단위의 소우주라고 믿었던 것이다. 유교의 '수신제가치국평천하(修身齊家治國平天下)'란 표현에는 이런 우주관 혹은 인간관이 반영되어 있다.

서양에서도 그리스뿐만 아니라 문예부흥 시대에도 '우주적인 인간(homo universalis)' 사상이 존재했다. 개개인은 비록 우주의 일부분이지만, 그 자체로 우주와 같이 마음대로 바꿀 수 없는 실체라고 생각했다. 그래서 모든 분야에 골고루 뛰어난 사람을 가장 이상적인 인간으로 보았다. 화가이자 건축가, 시인이자 발명가였던 다 빈치(L. Da Vinci)가 바로 그런 이상적 인물이었다.

이런 인간관은 그리스 전통에서 인간을 합리적 존재 혹은 이성을 가진 존재로 보는 것에서부터 부각되었다. 인간은 겉으로는 여러 가지 성격을 가지고 있지만, 모든 인간은 근본적으로 이성을 가지고 있기 때문에 고귀하고 독특하다고 여긴 것이다. 그리고 그러한 이성을 가진 영혼은 육체와 함께 없어지거나 변하지 않는다고 생각하여 영혼불멸을 믿었다. 이 사상은 기독교의 영혼불멸설과 함께 매우 개인주의적인 인간관을 형성했다.

현대철학이 태동하던 시대에도 개인주의적 인간관은 매우 강력하게 나타났다. 라이프니치의 단자론(單子論, Monadologie)은 그 전형적인 예라고 할 수 있다. 라이프니치는 개개인의 의식을 단자라고 생각했는데, 그것은 가장 완전한 단자인 하나님에 의하여 창조되었으며, 그 하나하나의 단자는 다른 단자와 의사소통을 하거나 영향을 주고받을 수 없는 밀폐된 구조라고 보았다. 그는 우리가 서로의 말을 듣고 이야기하는 것도 사실은 우리 단자 안에서 이루어지는 것이고, 두 단자가 서로 대화하는 것처럼 느끼는 것도 이미 그렇게 느끼도록 신에 의하여 예정조화(豫定調和, Harmonia Praestabilita)된 것이라고 주장했다. 그의 이론에 따르면 사람이 이 세상에서 다른 사람이나 혹은 외부의 어떤 것으로부터 새로운 정보를 받아들일 수 있는 가능성은 전혀 없고, 다만 태어날 때부터 가지고 있던 가능성을 현실화하는 것만이 가능하다. 그리고 그 과정도 외부의 어떤 자극에 의한 것이 아니라 완전히 신의 섭리 속에 계획대로 이루어질 뿐이라고 했다.

이런 관점에서는 인간 개개인은 하나의 실체요, 따라서 상황에 따라 변할 수 있는 존재가 아니다. 국가나 가정 등의 공동체가 중요하지 않은 것은 아니지만, 그것에 의해서 개인의 사상이나 인격이 변할 수 있다는 생각은 19세기 이전에는 찾아보기 어려웠다.

그러나 이런 생각은 18세기에 시작된 계몽주의 사상에 의해서 조금씩 바뀌었다. 계몽사상을 여러 가지로 특징지을 수 있으나, 독일의 철학자 볼프(Ch. Wolff)가 창설한 클럽의 슬로건인 '주저하지 말고 알아보라(Aude sapere!)'라는 말이 그 성격을 잘 반영해주고 있다. 즉, 인간이 감히 알아보아서는 안 될 어떤 성스러운 영역은 없다는 것이다. 그때까지만 해도 사람들은 다만 물질적인 자연만이 인간의 과학적 탐구의 대상이 될 뿐이며, 인간의 영혼이나 인간 사회는 신만이 간섭할 수 있는 성스러운 영역으로 남겨놓아야 한다고 생각했다.

프랑스에서 꽃을 피운 이 계몽주의는 사실 영국인 로크에 의하여 시작되었다. 물론 그 이전에 홉스(Thomas Hobbes) 같은 철학자의 영향이 없었던 것은 아니지만, 로크는 처음으로 인간의 모든 생각이 태어날 때부터 가지고 나온 것이 아니라 송두리째 바깥으로부터 들어온 것임을 보여주려 했다. 인간은 태어날 때는 백지상태(tabula rasa)이지만 외부로부터 정보를 얻고, 그것을 축적해서 지식을 갖게 되고 인격이 형성된다고 본 것이다.

이런 주장은 인간관에 중대한 변화를 가져오는 중요한 계기가 된다. 이제까지 생각해온 것처럼 사람의 생각이란 생득적인 것이 아니며, 그 자체로 신비스러운 것도 아니라는 태도가 가능해진 것이다. 이로써 인간의 생각이 형이상학의 한 부분인 영혼론(psychologia)이 아니라 과학적 심리학(psychology)의 연구대상이 될 수 있었고, 인간의 생각과 인격 형성에 후천적 경험과 육체적 조건이 매우 중요하다고 여겨지게 되었다.

19세기에 이르러서는 외부적인 조건 중 특히 사회가 개인의 사고방식이나 인격 형성에 절대적 역할을 한다는 생각이 생겨났다. 이런 생각은 맹자의 어머니가 자기 아들의 올바른 교육을 위하여 세 번이나 이사를 했다는 이야기에서도 나타난다. 또 현대에는 부모들이 자녀 교육을 위해 좋은 학군이 형성된 지역으로 집을 옮기는 것에서도 어렴풋이 찾아볼 수 있다.

그런데 이런 생각의 이론적 정립은 마르크스의 역사적 유물론에서 가장 분명히 드러난다. 콩트와 함께 처음으로 사회를 이론적 탐구의 대상으로 삼은 마르크스는 인간이 능동적이며 정신적 실체라는 관념론적 관점을 비판하고, 어디까지나 외부 사회의 영향에 의하여 좌우되는 수동적이며 물질적 존재임을 강조했다. 물론 포이어바흐(L. Feuerbach) 같은 사람이 먼저 인간은 사회적 존재라는 사실을 강조했었고, 마르크스도 그로부터 많은 영향을 받았다. 그러나 구체적으로 어떻게 사회가 인간의 사고방식과 가치관에 영향을 주는가를 나름대로 분석한 사람은 마르크스였다.

마르크스는 사회를 전적으로 경제적 관점에서 설명했다. 포이어바흐도 "인간이란 자기가 먹는 것이다(Der Mensch ist was er isst)"라고 주장하며 인간은 먹어야 하는 감각적 존재이자 사회적 존재일 수밖에 없다고 말했지만, 마르크스는 좀 더 구체적으로 인간 사회가 인간이 생존하기 위하여 필요한 물질적 욕구를 충족시키는 과정에서 형성되는 것으로 이해했다. 즉, 자연을 정복하여 생존 필수품을 효과적으로 획득하기 위해 공동체라는 것이 필요했고, 재능과 경험의 차이에 따라 분업이 이루어지면서 사회계급이 형성된다고 보았다.

따라서 인간 사회는 바로 경제적 생산관계에 의해 그 핵심적인 성격이 결정되고, 바로 이것이 그 공동체 속에 사는 모든 사람들의 사고방식과 가치관을 결정한다고 주장했다. 소위 하부구조라는 물질적 생산관계로서의 사회구조가 상부구조라 일컬어지는 정신적 사고방식과 가치관을 결정한다는 것이다.

시민계급 혹은 부르주아 계급에 속한 사람은 자기가 가진 것을 지키고 계속 이익을 얻기 위해서 기존 질서를 유지하려 애쓰고, 모든 사고방식과 가치관이 그를 위한 도구로 사용되도록 형성된다. 반면 무산계급 혹은 프롤레타리아 계급은 기존 질서로부터 전혀 이득을 보지 못하기 때문에 아무것도 옹호할 필요가 없다. 그래서 그들은 사회의 가장 근본적인 본성이라고 할 수 있는 변혁을 수용할 자세를 갖추고 있다. 다른 말로 해서 개개인의 사고방식과 가치관은 그가 어떤 계급에 속해 있는가에 따라서 결정된다는 것이다.

비록 모든 사람들이 마르크스의 이런 견해를 그대로 받아들이지 않는다고 해도 개인의 사고방식과 가치관이 사회에 의하여 크게 좌우된다는 생각은 오늘날 상당한 설득력을 얻고 있다. 미국의 사회학자 미드(G. Mead)는 "사회가 나를 만든다(I am what the society makes me)"

라고 주장했다. 철학이나 과학적 이론에서도 사회적인 계급의 배경에 의해 사고방식과 가치관이 크게 영향을 받는다고 주장한 지식사회학이 한동안 젊은이들 사이에 큰 인기를 끌었는가 하면, 기독교가 말하는 구원조차도 사회 구원이라야 한다고 주장하는 신학이 서슴없이 제시되기도 했다.

이것은 1950년대까지 유행하던 실존주의 사상과는 완전히 대립되는 입장이다. 실존주의에서 중요한 것은 개인이었다. 개인은 사회의 압제에서 해방되어야 하고, 그것은 모든 반대 상황에도 불구하고 개인이 단독으로 결단할 일이며, 따라서 그 결과에 대해서도 개인이 전적으로 책임을 져야 한다고 보았다. 그러나 1960년대부터 마르크스의 사상을 수정한 신마르크스주의의 영향과 그 외의 다른 철학사상의 영향으로 인간의 사회적 성격이 과거 어느 때보다 더 부각되고 지금은 지극히 당연한 것으로 받아들여지게 되었다.

사회 속에서
무력해진 현대인

개인의 사상이나 가치관의 상당 부분이 공동체에 의해 결정된다는 사실을 지적한 것은 마르크스와 최근 철학자들의 중요한 공헌이라 할 수 있다. 우리 한 사람 한 사람이 속해 있는 공동체가 우리 삶의 모든 부분에 중요한 영향력을 행사한다는 사실은 부인할 수 없다. 인간은 공동체를 이루고 살아야 하며, 공동체를 떠나서는 인간으로 성숙할 수도 없고 가치 있는 삶을 살아갈 수도 없다.

그러나 이런 관점이 극단적으로 흘러 개인의 모든 것이 사회에 의하여 좌우된다고 주장하는 사회결정론에 이르게 되면 문제는 달라진다. 그렇게 되면 인간의 자유와 창조성, 그리고 존엄성이 가볍게 여겨지고, 개인의 책임은 강조될 수 없으며, 도덕이 설 자리가 없어질 것이다. 어떤 인간이 될 것인가, 혹은 어떻게 행동할 것인가 하는 것이 개인의 창조성이나 자유로운 결단에 의한 것이 아니라 전적으로 그가 속한 사회에 의하여 결정된다면, 스스로 무언가를 선택한다든가 새로운 관점이나 인생관을 생각해낸다는 것은 있을 수 없는 일이 된다. 또 인간의 불행이나 도덕적 잘못에 대해서도 개인이 책임질 필요가 없어질 것이다.

이렇게 자유도, 창조성도, 책임감도 없는 인간을 무슨 근거로 존엄하다 할 것인가? 단순히 '인간은 존엄하다'고 소리 높여 외친다 해서 인간이 존엄해지는 것은 아니다. 인간이 사회적 동물이고 개개인의 사고방식이나 행동이 사회에 의해 어느 정도 영향을 받는다는 사실을 발견한 것이 인간 이해에 많은 공헌을 한 것은 사실이지만, 극단적으로 인간은 전적으로 사회에 의해 결정되는 존재라고 하는 것은 오히려 인간 소외를 부채질하는 가장 반인간주의적인 이론이 아닐 수 없다.

그러나 이런 이론은 현대인이 처해 있는 비인간적인 상황을 잘 반영해주는 것이기도 하다. 어쩌면 사회 상황이 이론적 지식에도 반영된다는 지식사회학적 이론이 바로 지식사회학 자체에도 적용되는 것은 아닌지 모르겠다. 어쨌든 현대인이 사회란 거대한 힘에 짓눌리고 그 소용돌이 속에 휩쓸려가는 상황임은 틀림없다. 카프카나 게오르규의 소설들이 잘 보여주듯 인간은 인간이 만든 제도와 조직 속에서 자신의 자유와 창의성, 심지어는 인간성까지 빼앗겨버리고 그 속에서 헤매게 되었다. 너무나 강력하고 복잡하며 거대해진 사회조직 앞에 인간은 무력할 뿐이고, 그 조직에 의해 삶의 모든 것이 강요되고 사고방식, 가치관까지 조작당하고 있다. 삶의 모든 부분, 심지어 오락과 휴가조차 조직에 의하여 결정되는 것이 오늘날 일어나고 있는 일이다.

이런 현상을 요즘 사회철학에서는 소외(疏外, Entfremdung)라고 부른다. 즉, 인간이 만든 산물이 인간의 자유를 박탈하고, 인간의 행복을 위해 형성해놓은 문화가 인간을 불행하게 만드는 상태를 말한다. 인간은 자신이 만든 세계 속에서 고향을 잃고 방황하며, 수많은 사람들과 늘 접촉하면서도 과거 어느 때보다 더 외로운 군중으로 살아가고 있다.

어떻게 하다가 이 지경에 이르렀는지 설명하기는 그리 간단하지 않다. 19세기의 사회진화론자인 스펜서(H. Spencer)는 사회조직이 복잡해지고 그 범위가 확대되는 것은 마치 생물체가 점점 고등생물로 진화하면서 그 조직이 복잡해지고 기관의 분화 및 기능의 분업이 이루어지는 것과 같은 불가피한 과정으로 보았다. 그러면서 사회가 대형화되고 조직화되는 것은 자연스러운 현상이며 긍정적인 것이라고 했다. 그는 그런 현상이 가져올 개인의 소외를 그리 심각하게 느끼지 않았던 것 같다.

현대사회의 소외 현상에 대한 마르크스주의자들의 대답은 시사하는 바가 크다. 그들은 자본주의적 체제에 인간 소외의 책임을 전가시키는데, 그 나름대로 상당한 이론적 설득력을 가지고 있어서 한동안 많은 젊은이들로부터 인기를 끌었다. 자본주의는 인간의 이기심을 최대한으로 이용하는 제도이고, 경쟁에 이겨서 더 많은 이익을 얻기 위해서는 더 효율적이고 엄격한 조직이 불가피하다.

마르크스는 자본주의 제도는 인간의 이기심을 이용할 뿐만 아니라 그것을 부추기는 제도라고 비판했지만, 그것이 자본주의만의 산물은 아니다. 사회주의 국가에도 이기심은 있고, 물질적인 것이 전부는 아닐지 모르나 다른 종류의 이기심 때문에 사회주의 국가의 조직 또한 자본주의 사회를 뺨칠 정도로 강화되어 있다. 사회조직에 의한 개인의 소외는 전 세계적인 병리 현상이 되고 있는 것이다.

마르크스의 이론이 전적으로 옳지는 않다 하더라도 그것은 우리에게 매우 중요한 점을 시사해주는데, 바로 오늘날의 소외 문제는 궁극적으로 인간의 이기주의, 특히 경제적 이기주의에서 연유한다는 사실이다. 더 효율적으로, 더 값싸게, 더 편리하게 생산하기 위하여 조직은 커지고 분화되며, 그것을 뒷받침하기 위해서는 사회 전체가 엄격하게 통제되고 조직화되지 않으면 안 된다. 수백 개의 부품이 들어가는 자동차를 가능한 한 많이 값싸게 생산하기 위해서는 노동자는 항상 정확한 시간에 규칙적인 리듬을 가지고 일해야 한다. 적절한 시간에 정확한 위치에 부품이 제공되어야 하며, 그를 위해 부품을 만드는 회사나 노동자들의 가정생활까지 엄격하게 규칙적으로 조직된다. 노동자들이 이용하는 통근버스는 정확한 시간에 운행되어야 하고, 주부들은 그 시간에 맞춰 식사 준비를 하지 않으면 안 된다. 심지어 휴가조차도 조직적으로 이루어지고 생산성 향상을 위하여 사용된다.

현대사회의 이런 소외현상에 적잖게 공헌하는 것은 인간이 사회에 의해 결정된다고 주장하는 유물론적 인간관이다. 이 말은 매우 역설적으로 들릴 것이다. 마르크스가 현대사회의 소외 현상을 가장 먼저 지적하고 분석했으며 그것을 가장 통렬하게 비판했는데, 그런 이론이 소외 현상에 공헌했다는 것은 모순인 것 같다. 그러나 인간 사회에서 소위 '병 주고 약 주는' 현상은 얼마든지 있다. 그리고 사실상 마르크스가 소외 현상에 가장 타당한 분석을 한 것도 아니며, 그 해결책을 위한 처방도 부적합하다.

마르크스 이론을 비롯한 현대사상이 가지고 있는 인간관은 그렇지 않아도 사회의 압력에 짓눌려 무력해진 현대인을 더욱 무력하게 만들고 있다. 현대사회는 사회결정론을 주장하며 인간은 당연히 무력하고, 그런 소외 상태에서 해방되려고 노력하는 것 자체가 무의미하다는 체념을 뒷받침하고 있다. 그것은 개인의 자유의지, 창조성, 책임감을 약화시키고, 그로 인해 현대인은 과거 신이나 운명에 자신을 맡겨버렸던 것과 흡사하게 사회에 모든 것을 맡겨버린다. 그렇지 않아도 엄청나게 커져버린 사회의 힘에 압도되어 있는 현대인에게 이론적으로도 그럴 수밖에 없다는 것을 보여주고 있으니, 훨씬 더 깊은 체념의 늪에 가라앉지 않겠는가?

점점 평준화되어가는 현대인

지나치게 강력해진 사회 속에서 그 영향력에 대항할 힘도 이론적인 근거도 찾지 못하는 현대인은 과거 어느 때보다 사회의 조작에 수동적이다. 그래서 대형화되고 규격화된 사회 속에서 점점 평준화되어가고 있다.

현대인들이 얼마나 개인의 특성을 상실해가고 있는가를 생각하면 소름이 끼칠 정도다. 어머니가 손수 지으신 옷 대신 공장에서 규격대로 맞춘 옷을 입고, 아내가 독특한 방법으로 만든 간장이나 김치 대신 수많은 사람들을 위해 만든 공장제 간장이나 김치를 먹는다. 대량 인쇄된 잡지나 신문을 읽고, 똑같은 TV 프로그램을 보며 시간을 보낸다. 동일한 음식을 먹고, 동일한 의복을 입으며, 동일한 정보를 받아들이는 사람들이 이름만 다르다고 해서 크게 달라지겠는가?

얼마 전 어떤 풍자영화에서 '뉴욕'이란 자막과 함께 어느 현대식 건물의 앞면을 보여주고, '런던'이란 자막과 함께 같은 건물의 옆면을 보여주고, '도쿄'란 자막과 함께 같은 건물의 뒷면을 보여준 일이 있었다.

개인도 특색을 잃어버리고 도시도 특색을 잃고 있다. 모두가 가장 편리한 것, 가장 효율적인 것, 가장 즐거운 것을 찾으며 비슷한 환경에서 살고 있으니, 생각, 생활방식, 감정까지 비슷해지는 것이다.

그래서 요즈음은 점점 기인(奇人)이 사라지고 있다. 남들과 달리 독특하게 생각하고 행동하며, 세상이 뭐라 해도 자기가 옳다고 생각하는 바를 관철하려는 기인이 멸종 위기에 놓인 것이다. 대신 모두들 유행에 민감하고 유행을 따르지 않는 사람들을 말없이 압박한다.

이익공동체로
변하는 사회

모든 개인들은 사회 속에서 모래알에 불과하다. 사회와 한 덩어리임을 느끼지 못하고, 그 속에서 포근한 마음의 고향을 찾지 못하고 방황한다. 경기장에서 같은 편을 응원할 때 생기는 잠깐 동안의 일체감은 경기가 끝나고 집으로 돌아와서 느끼는 외로움을 메우지 못한다. 전인격이 동원된 진정한 마음의 일체감이 아니기 때문이다.

공동이익을 위한 조직적인 연합이 꽤 강해지고 있는 것은 사실이다. 퇴니스(F. Tönies)가 말한 대로 이익공동체(Gesellschaft)는 현대사회의 특징이고, 그 안에 있는 다른 소집단들도 그런 경향을 보이고 있다. 특히 경제적 공동이익을 가장 중요한 목적으로 삼는 국가공동체는 과거 어느 때보다 더 강해지고 있다. 최근 불길처럼 일고 있는 새로운 국가주의는 거의 대부분 그 뒤에 경제적 이익이라는 목적이 작용하고 있다. 점점 위험해지고 있는 미국이나 중국의 국가주의가 그 전형적인 예다. 그리고 이런 이익공동체에 대하여 어느 정도 감정적인 충성심도 동원되고 있으며, 개인들은 기꺼이 충성을 바치기도 한다.

그러나 마음과 마음이 만나는 정신공동체(Gemeinschaft)는 점점 약화되고 있다. 이익을 전제로 하지 않는, 순수한 인격적인 만남을 목적으로 한 모임이 그 힘을 잃고 있는 것이다. 그중 가장 심각한 위기를 맞고 있는 것이 가정이다. 이미 미국 등 서양에서는 결혼한 부부의 거의 절반 가까이가 이혼을 하고, 혼외관계를 유지하는 경우가 많다고 한다. 우리나라에서도 최근 이혼이 증가하고 있으며, 그중 상당수가 혼외 이성관계 때문이라고 한다. 인간의 가장 기본적이고 원초적인 공동체인 가정이 이처럼 파괴되면서 그것이 개인들, 특히 자녀들과 사회 전체에 미치는 부정적인 영향은 지대하다. 마침내 그 결과로 사회 전체가 흔들릴 가능성도 있다.

이렇게 현대인들은 점점 외톨이가 되고 있다. 사회 속에 깊이 들어앉아 사회의 온갖 조작을 받으면서 아무 데도 돌아갈 곳이 없는 정신적인 나그네가 되어가고 있는 것이다. 그 외로움을 잊어보려고 물질적인 소유에 더 많은 관심을 쏟고 때로는 향락에 빠지기도 하지만, 그것이 사회성을 상실한 현대인의 외로움을 달래주지 못한다. 오히려 바로 그런 소유욕과 향락에 대한 욕구 때문에 사회조직은 더 강화되고, 그로부터 비롯되는 개인의 소외와 외로움은 더 커져가는 악순환이 계속

된다.

플라톤의 《향연》에는 사랑(eros)에 대한 이야기가 있는데, 거기에 등장하는 아리스토파네스는 사랑을 매우 재미있게 설명한다. 아득한 옛날에 남녀의 성을 동시에 가지고 지금의 인간보다 모든 것이 두 배인 사람이 있었는데, 너무 강력하고 여덟 개의 다리로(네 개의 팔을 합쳐서) 너무 빨리 굴러다녀서 하늘의 신 제우스에게 골칫거리가 되었다 한다. 그래서 오랜 생각 끝에 제우스는 그 괴물을 둘로 쪼개어서 한쪽은 남자로 다른 한쪽은 여자로 만들어버렸고, 그 두 쪽은 서로 다시 하나가 되려고 애를 쓰는데, 그것이 사랑이라고 설명했다. 그런데 만약 그 두 쪽이 다시 제우스의 골치를 썩이게 되면, 또다시 쪼개어 한 다리로 깡충거리며 뛰어다니게 할 것이라고 했다. 많은 것을 시사해주는 신화다.

현대인이 외톨이가 되고 진정한 의미에서의 정신적 공동체가 약화되는 것은 인간이 지나치게 강력해지려고 하기 때문이다. 더 많이, 더 효율적으로 생산하고, 경쟁에 이기기 위하여 강력한 조직을 만들지만, 그것으로 말미암아 진정한 정신공동체는 자꾸 갈라지고 정신적 외톨이가 되고 마는 것이다. 특별히 더 큰 힘을 얻기 위해 애쓴 결과로 가정이 파괴되고, 그것이 마침내 사회적 결속력을 약화시키게 되는 것은 대표적으로 현대인이 직면한 역설적 상황이라 할 수 있다.

정신공동체의
마지막 보루

사람은 사회적 동물이요, 사회로부터 결정적인 영향을 받는다는 사실을 알고 있으나, 현대인은 행복한 사회생활을 하지 못하고 있다. 모든 공동체가 물질적 이익에만 몰두하고 순수하고 자발적인 전인격의 참여는 불가능하기 때문이다. 이익에만 혈안이 된 사회의 아귀다툼에서 우리가 쉴 수 있는 보금자리인 가정마저 무서운 속도로 파괴되고 있으니 심각하다 하지 않을 수 없다. 이 모든 타락과 파괴를 회복할 힘과 계기를 어디서 마련할 것인가?

이런 상황에서 교회는 아득한 옛날의 유물처럼, 아무런 실용적 가치도 없고 다만 옛날을 떠올리게 하는 골동품처럼 버티고 서 있다. 그리고 주위의 모든 다른 공동체들처럼 계속 이기주의의 침투 위협을 받고 있으며, 많은 교회가 가정이 파괴된 것처럼 이기주의에 굴복하고 말았다.

그럼에도 불구하고 교회는 오늘날 과거 어느 때보다 더 중요하고, 더 중요한 일을 할 수 있다. 가정이 결단코 파괴되어서는 안 되는 것처럼, 교회는 변질되어서는 안 된다. 가정과 교회는 한 푼이라도 더 가져보려고 아귀다툼을 하는 이 세상을 순화시키고, 그로 인해 지쳐버린 영혼을 위하여 쉴 자리를 마련해주어야 하기 때문이다. 가정과 교회는 오늘날 남아 있는 가장 중요한 정신공동체다.

한편으로 교회는 정신공동체이면서도 가정과는 근본적으로 다른 요소를 가지고 있다. 어떤 의미에서 가정은 인간의 생물적인 특성 위에 서 있는 자연적인 집단이다. 유교에서는 부모와 자식의 관계를 가정의 핵심으로 여기기 때문에 가정이 핏줄이라는 생물학적인 기초 위에 서 있는 것으로 간주된다. 번면 기독교에서는 남편과 아내를 가정의 핵심으로 보기 때문에 핏줄보다는 계약 관계가 더 중요하다. 그러나 기독교에서도 아주 특별한 경우를 제외하고는 부부가 성적인 관계를 가질 때 비로소 완전한 부부로 인정되기 때문에 생물학적인 요소가 완전히 배제되는 것은 아니다.

가정은 바로 이런 생물학적인 요소 때문에 다른 인간 공동체보다 더 원초적이고 유대관계가 강하며, 다른 공동체에 비해서 인간의 특성을 잘 반영한다고 할 수 없다. 문자 그대로 정신적인 공동체라 하기에는 미흡한 점이 없지 않고, 오히려 생물학적 본능의 표현이 정신적으로 넘어가는 단계라 할 수 있다.

이에 비해 교회는 인간만이 가질 수 있는, 가장 전형적인 정신공동체다. 교회는 어떤 생물학적 필요성에 근거하지도 않고 세속적 의미의 어떤 이익도 전제되지 않는 순수하고 자발적인 봉사단체다. 즉, 하나님을 섬기고 이웃을 섬기기 위하여 존재하며, 그 사명을 감당할 때만 진정한 의미에서 교회로 남아 있을 수 있다. 그리고 교회의 일원이 되는데 어떤 의미의 강제성도 있을 수 없으나, 다른 어떤 단체 못지않게 엄격한 질서가 요구된다.

교회는 구성원의 자발적인 입교와 참여로 이루어지고 운영되지만,

그 구성원에 의하여 시작된 것은 아니며, 구성원이 원하는 방식대로 운영되지도 않는다. 교회는 다만 어떤 주어진 규칙 안에서 민주적으로 운영될 수 있으나, 그 규칙 자체는 민주주의 국가의 헌법처럼 구성원에 의해서 제정되거나 개정될 수 없다. 왜냐하면 그 규칙은 기독교 신앙의 대헌장인 성경의 가르침에 의하여 만들어진 것이기 때문이다. 다시 말하자면 민주주의식으로 아래에서 위로 올라가는 것이 아니라 전제주의식으로 위에 계신 하나님으로부터 밑으로 말씀이 전해진다. 그리고 하나님의 명령에 순종할 용의가 있는 사람만이 교회의 교인이 될 수 있다.

이런 면에서 교회는 모든 거룩한 것에 대해서 코웃음 치는 현대의 세속화된 문화 속에 남아 있는 거룩한 모임이며, 모든 신비로운 것을 부정하는 현대의 과학적 문화 속에서 찾아보기 어려운 신비로운 모임이다. 또 이익이 최고의 목표인 현대의 물질문명 속에서 그리 흔하지 않은 순수 봉사단체다. 거대해진 현대사회에서 소외를 느끼고 더 많은 이익을 얻기 위한 다툼 속에서 지쳐버린 현대인들이 마음의 안식처를 발견할 수 있는 곳이 교회요, 교회는 마땅히 그런 곳이 되어야 한다.

우리나라 교회가 1970~80년대에 크게 성장한 것도 바로 교회가 정신공동체의 기능을 잘 담당했기 때문이 아닌가 한다. 1950년대까지만 해도 우리 사회는 아직 가족 및 씨족 중심의 사회였다고 할 수 있다. 개인들은 가정 및 씨족 안에서 자신의 안정을 보장받았고, 그 일원으로서 심리적 안정을 누릴 수 있었다.

그러나 급격하게 산업화되면서 개인들이 그 변화에 심리적으로 적응하기도 전에 씨족 중심의 안정보장 체계는 무너지고 말았다. 대대적인 도시화 현상과 잦은 이동, 핵가족화, 사고방식과 생활방식의 국제화로 전통적인 씨족관계는 와해되었고, 개인들도 더 이상 거기에 안전보장을 의존할 수 없게 된 것이다. 많은 사람들이 무규범 상태(anomie)에 빠지고, 새로운 세계에 적응하지 못해 불안해하며, 서로 가까이 살면서도 외로워졌다. 정신공동체에서 갑자기 이익공동체로 넘어오면서 생기는 충격은 너무도 컸다. 이익공동체의 인간관계는 형식적이고 피상적이며 이익을 기반으로 한 것이기 때문에 개인들은 전인격적이고 내면적인 관계를 그리워하게 된다. 그들은 커다란 조직의 부품으로 전락하여 개개인의 특성이나 중요성은 무시되고 아무도 알아주는 사람이 없는 비존재가 되었다.

이런 사람들에게 씨족 대신 등장한 것이 교회였다. 비록 형식적인 면도 있고 대형화되어 비인간적인 면이 없는 것은 아니었지만, 그래도 한 사람의 영혼을 천하보다 더 중요시하라는 성경의 가르침에 따라 교회는 이런 사람들을 따뜻하게 맞아주었다. 시골에서보다 도시에서 교회가 훨씬 빨리 성장했다는 사실이 이를 어느 정도 뒷받침해준다. 정든 고향과 이웃을 떠나 비인간적이고 삭막한 도시로 몰려온 사람들은 그 외로움을 교회에서 달랬다. 관혼상제, 특히 상사(喪事)가 일어났을 때 보여준 교인들의 상조정신은 옛날 시골의 이웃이나 친척의 역할을 거의 대행했다고 할 수 있다.

이런 면에서 오늘날의 대형화된 교회들은 교회의 사회적 기능에 대해서 근본적으로 재고해보아야 한다. 물론 청년회, 여전도회, 구역 모임 등 여러 가지 소모임들을 통하여 인격적인 유대관계가 어느 정도 유지되고는 있지만, 교회가 지나치게 대형화되면 조직이 복잡해지고 비인격적인 인간관계로 흐를 수도 있다. 조직화된 현대사회에서 인격적인 인간관계와 인간적 따뜻함을 찾을 수 있는 오아시스가 되어야 할 교회조차도 삭막한 사막처럼 되어버린다면 교회의 존재 의의 중 중요한 한 부분이 상실되고 마는 것이다.

세속 한가운데에 있는 거룩한 모임

현대문화는 세속화된 문화라고 특징지을 수 있다. 모든 신적이고 신비로운 것이 전혀 인정되지 않는, 모든 것이 과학적으로 설명되고 모든 것이 빤히 들여다보이는 것으로 간주되는 문화다. 그런 세계는 밀폐된 일차원적 세계다. 불가사의한 것이나 초자연적인 것은 용납되지 않는다.

이런 세계에서는 신성한 것이나 그 자체로 존엄한 것은 있을 수 없다. 모든 것은 서로 상관관계를 가지고 있고, 따라서 모든 것은 상대적일 수밖에 없다. 신성이나 존엄이라는 것은 우리가 과학적으로 설명할 수 있는 성질의 것이 아니며, 과학적으로 설명할 수 있는 어떤 것에 근거해 있을 수도 없다. 그 자체가 절대적인 가치로 나타나야 하고, 우리의 무조건적인 존경과 경외를 요구한다. 인간이 존엄하다고 했을 때, 그것은 과학적으로 증명될 수 있는 성질의 것이 아니다. 또 인간의 생명은 신성하다는 사실도 이론적으로 설명될 수 없다. 만약 이것을 이론적으로 증명할 수 있다 해도 그 근거 역시 절대적인 것에서 찾지 않으면 안 된다. 그런데 자연과학의 발달과 함께 형성된 현대인의 사고방식에서는 이런 절대적인 요소들이 점점 더 무시되고 있다.

교회는 하나의 종교적 공동체이지만 단순히 같은 신앙을 가진 사람들끼리 임의로 모인 단체는 아니다. 교회란 말의 그리스어 에클레시아(Ekklesia)는 '부름을 받은 자들'이란 의미를 가지고 있는데, 이것은 '거룩'이란 것과 관계가 있다. 거룩하다는 것은 다른 것과 구별된다는 의미를 가지고 있기 때문이다. 하나님께서 이 세상으로부터 교회를 따로 세웠다는 것이고, 그것은 곧 교회가 거룩한 모임이란 것을 뜻한다.

교회는 또한 "그리스도의 몸(고린도전서 12:27)"이라고도 하는데, 그것은 매우 신비스러운 의미를 가지고 있다. 교회는 단순히 인간들로만 구성된 것이 아니고 그리스도와 유기적 연합을 이루고 있다는 것을 보여주는 것이다. 성경에 의하면 교회는 하나님께서 세우신 것이고, 성령에 의하여 그 권위와 순결이 인정된다. 물론 그것은 신비스러운 권위다.

그 신비는 교회에서만 시행되는 두 가지 성례에 의하여 표현된다. 즉, 단순히 원한다고 해서 교회의 일원이 되는 것이 아니며 세례라는 의식을 거쳐야 하고, 교인의 일체성은 서로 같은 의견을 가진다고 해서 생기는 것이 아니라 성찬이란 의식을 통하여 확인된다. 세례는 그리스도의 죽음에 함께 동참한다는 뜻이고, 성찬은 그리스도께서 흘린 피를 마시고 찢겨진 살을 먹는다는 의미다. 그러나 그것은 단순히 상징 이상의 신비로운 뜻과 힘을 가지고 있다. 개신교에서는 가톨릭에서처럼 성찬 때 사용되는 포도주와 떡이 실제적으로 예수님의 피와 살이 된다는 화체설(化體說)은 인정하지 않으나, 예수님의 피와 살의 영적인 실재를 믿는다. 즉, 단순한 상징만은 아니라는 것이다.

그러므로 기독교인의 모임이 교회가 되려면 반드시 세례와 성찬의 성례가 규례에 의하여 거룩하고 엄숙하게 이루어져야 하고, 그럴 때만 교회의 권위와 순결은 유지되는 것이다. 교회의 순결과 질서를 위하여 내릴 수 있는 가장 큰 벌이 성찬에 참여하지 못하게 하는 것만 보아도 이런 성례가 얼마나 중요시되는가를 이해할 수 있다.

이런 신비로운 단체로서의 교회는 오늘날처럼 세속화된 사회에서 하나의 골동품처럼 이상하게 보일 수밖에 없다. 그러나 바로 그런 이유 때문에 오늘날 교회가 과거 어느 때보다 더 필요하다 하겠다. 과학적인 것만 인정하는 폐쇄적 세계관은 현대인을 너무나 일차원적이고 사실적인 인간으로 만들고 있다. 현대인은 과학적으로 증명할 수 있는 것만 사실로 여기고 그것을 그대로 받아들인다. 그 결과로 주어진 세계에 완전히 사로잡혀 한 발자국도 바깥으로 나갈 수 없는 지극히 메마른 인간이 되었다. 마치 산 너머에도 여기와 조금도 다르지 않은 마을이 있고, 그 마을의 모든 것이 여기와 비슷하다는 것을 알아버린 조숙한 아이처럼, 내일도 오늘과 조금도 다르지 않고 새로운 것은 전혀 기대하지 않는 허무주의자처럼, 현대인은 꿈을 상실하고 내일을 기대하지 않게 되었다. 결혼식이란 요식 행위에 불과하고 장례식이란 공연한 형식이라고 생각하며, 모든 의의와 의미, 특수를 인정하지 않는 냉소적인 인간군이 형성된 것이다.

교회는 현대인들에게 이런 일상적이고 평균적인 속세와는 근본적으로 다른 세계가 있다는 것을 알려주고 경험하게 하는 곳이다. 우리는 신비롭고 거룩한 공동체에 참여함으로 일상과 평범함의 감옥에서 정신적으로 탈출해볼 수 있다. 그럼으로써 자신의 일차원적인 삶을 풍부하게 하고 자유롭게 하며 삶의 의미와 그 의의를 발견하게 된다.

일주일간의 평범한 삶으로부터 벗어나 신비로운 다른 세계의 출장소인 교회에 가서 세속적인 것과는 전혀 다르고 의미로 충만한 상징의 활동에 참여하는 것은, 영혼을 덥고 있는 세속의 먼지를 털어내고 세척하는 행위다. 한 푼이라도 더 벌어보려고 눈이 뻘게지도록 뛰어다니던 사람이 교회에 와서 돈을 탐하는 것은 1만 가지 악의 뿌리라는 설교를 들으며 돈의 노예가 된 상태에서 일시적이나마 해방된다. 그리고 자신의 탐욕을 반성하고, 더 나아가서는 돈이란 이웃을 섬기기 위해 벌어야 한다는 것을 배우고 연습함으로 돈의 올바른 위치를 발견하게 된다.

그러므로 그것은 단순히 이 세상으로부터의 도피를 뜻하는 것이 아니라, 오히려 삶을 더욱 윤택하게 하고 더 가치 있게 만드는 행위다. 이 세상에는 단순히 사실만이 존재하는 것이 아니라 의미와 목적이 있다는 것을 깨닫고 속세의 삶을 뜻있게 만드는 것이다.

거룩한 세계를 경험하는 것은 좀 더 구체적으로는 사회의 도덕질서를 유지하는 데 절대적인 역할을 한다. 만약 초월의 세계, 절대의 세계가 없고 모든 도덕적 규범이 최대다수의 최대행복이란 쾌락주의에만 근거한다고 했을 때, 진정한 의미의 보편적 윤리가 성립될 수 있을지 의문이다.

윤리적 행위는 공리주의가 시사하는 것처럼 앞으로 욕망을 더 크게 충족시키기 위하여 잠정적으로 욕망을 억제하는 것이 아니다. 더구나 합리성에 대한 회의가 오늘날 과거 어느 때보다도 더 커져서 지금의 절제가 반드시 더 큰 행복을 가져올 것이란 확신은 매우 약해졌다. 예를 들어 앞으로 더 큰 돈을 벌기 위하여 당분간 돈에 대한 욕망을 억제한다는 것은 양자의 인과관계가 확실할 때만 가능할 것이다. 그런데 어떤 것에 대해 확실한 것이 다른 분야에서도 그럴 것이란 확신은 오늘날 점점 약해지고 있다.

도덕적 규범에 대한 현대인의 냉소주의가 점점 커지고 있다는 것이 그것을 말해준다. 오늘날처럼 도덕성이 약화되고 비인격적 법률에 의해 사회 질서가 간신히 유지되는 시대에는 진정한 윤리적 규범은 인간의 욕망을 상대화할 수 있는 가치관의 확립으로만 가능하다. 그것은 욕망 충족이 가장 중요시되는 이 세속의 세계를 상대화하는 것을 뜻한다. 오늘날 돈에 대한 욕망을 줄이지 않고 도덕적 삶을 살아가기는 어렵고, 돈을 상대화하지 않는 한 돈에 대한 욕망은 줄어들지 않는다. 따라서 이 세상을 초월하는 또 다른 거룩한 세계를 맛본 사람이라야 돈을 비롯한 모든 세속적인 가치를 상대화할 수 있다.

교회에서 바쳐지는 연보는 단순히 교회 운영을 위한 비용을 마련하고 선교와 구제에 필요한 돈을 장만하는 수단으로서의 의의만 가지고 있는 것이 아니다. 그것은 물질적 소유를 상대화하는 하나의 상징적 행위이기도 하다. 세상에서 거의 절대적으로 우상화되고 있는 돈을 아무 대가도 바라지 않고 스스로 바친다는 것은, 돈이란 것이 거룩한 세계에서는 상대적인 가치밖에 없음을 보여준다. 그러므로 그 액수의 많고 적음보다는 연보로 돈을 바친다는 사실 자체에서 의미를 찾아야 할 것이다.

오늘날 불행하게도 너무나 많은 교회들이 세속을 초월하기는커녕 세속적인 가치에 지나치게 감염되어 있어 안타깝다. 어떤 교회는 물질주의의 노예가 되어 있다. 땅 위의 가치들이 그 자체로 아무리 고상하더라도 그것이 교회의 가치로 그대로 사용될 수는 없다. 교회의 가치는 세속적인 것을 초월하는 것이 아니면 안 된다.

교회가 전하는 복음이 이 세상에서 들을 수 있는 것일 수는 없다. 그것은 거룩한 것이 아니면 안 되고, 이 세상이 이미 가지고 있는 것이거나 가질 수 있는 것이어서는 복음의 가치가 없다. 복음이 목적하는 바는 물론 궁극적으로 모든 사람들이 참다운 인간이 되는 것이요, 모든 잘못된 힘으로부터 해방되는 것이지만, 그것이 제시하는 참다운 인간의 모습이나 그것이 제거하려는 거짓 힘이 모든 사람들이 이미 알고 있는 것이어서는 별 가치가 없다. 그 정도의 것이라면 교회가 따로 있을 필요가 없고, 교회가 거룩할 이유가 없을 것이다.

교회가 땅 위에서 빛과 소금의 역할을 하려면 우선 세상이 가지고 있지 않은, 그러나 세상에 절대적으로 필요한 메시지를 전해야 하고, 먼저 그 메시지가 제시하는 삶대로 살아야 한다. 말만 번지르르하게 하거나 그 말대로 실천하지 않는 것은 위선일 뿐이며 하지 않는 것보다 차라리 더 못하다. 교회가 가르침대로 실천하지 못할 때 거룩한 그리스도의 몸이란 명예를 유지할 수 없고, 세속적 사회에도 아무 소용없는 것이 되고 만다. 즉, 맛을 잃은 소금이 되고 말 것이다.

교회는
섬기기 위한 공동체다

교회는 '부름을 받은 자'란 뜻을 가지고 있는데, 이것은 많은 사람들 중에 하나님을 따르도록 부름을 받은 자들의 공동체요, 일반 세속 세상과는 다른 그로부터 부름을 받은 단체란 뜻이다. 즉, 현대의 교회는 과거 이스라엘 백성과 비슷한 위치를 차지하고 있다. 이스라엘 백성은 많은 민족들 중에서 선택된 백성들이었다.

그런데 이스라엘 사람들이 크게 오해한 것은 그것을 특권인 줄 안

것이다. 그래서 그들은 하나님께서 부여한 특권을 즐기는 데 급급했고, 그 특권의식 때문에 매우 오만해졌을 뿐만 아니라 자신들의 특권을 유지하기 위해 안간힘을 썼다. 그것은 마침내 그들의 종교생활을 타락으로 이끌었고 선민의 특권까지 잃게 했다.

하나님이 그들을 택하신 것은 모든 백성을 대표해서 하나님을 섬기는 제사장 역할을 하게 하기 위함이었고, 하나님의 영광과 사랑을 많은 사람들에게 나타내게 하려 함이었다. 즉, 하나님을 섬기고 이웃을 섬기게 하기 위해서였다. 그런데 그들은 오히려 하나님의 힘을 배경으로 삼아 다른 나라를 지배하고 그들의 섬김을 받으려 했다.

오늘날 교회의 역할은 바로 이스라엘 백성이 선택을 받았을 때 의도된 목적을 수행하는 것이다. 즉, 하나님의 선택을 받은 사람들이 따로 모여 하나님께 예배를 드리고, 하나님의 기쁜 소식을 사람들에게 알려 그들로 하여금 하나님을 의지하며 하나님께 영광을 돌리게 하고, 나아가서는 하나님의 사랑으로 이 세상에 봉사하는 것이다.

앞에서 말했듯 성경에서는 교회를 그리스도의 몸이라고 가르치고 있다. 이것은 교회의 머리는 그리스도이며, 교회는 그의 몸이란 뜻이다. 이 말은 여러 가지 뜻을 함축하고 있지만, 그중 하나는 교회가 그리스도의 사역을 이 세상에서 시행하는 기관이란 것이다. 그리스도가 이 세상에 섬김을 받으러 온 것이 아니고 오히려 섬기려 오셨다면, 그의 몸이 된 교회도 역시 섬기는 몸이 되어야 할 것이다.

오늘날 봉사를 표방하는 단체는 많다. 적십자 연맹이나 아동 구호기구 같은 훌륭한 봉사단체가 있는가 하면, 소위 서비스업이란 것도 많다. 어떻게 보면 정부나 학교도 봉사기관이다. 그러나 세속 사회의 질서는 근본적으로 이기주의적이며, 홉스가 지적한 대로 약육강식의 질서다. 기부나 자원봉사 등의 자선행위는 그 자체로는 고상하고 칭찬받을 행위이지만, 거기에 자신의 행복 혹은 보람, 동정심을 통한 만족이란 요소가 숨어 작용한다. 모든 인간의 자발적인 우애와 평등의 이상을 목표로 하는 사회주의는 대대적으로 실패했고, 인간의 적나라한 이기주의를 전제로 한 자본주의는 성공하고 있다.

그러나 교회는 원칙적으로 전혀 다른 위치를 차지하고 있다. 교회의 봉사는 어떤 대가를 바라거나 인간의 어떤 고귀한 이상을 실현하기 위한 것이 아니고 그래서도 안 된다. 그것은 순수하게 하나님의 명령을 순종하는 것이기 때문에 인간의 이상을 실천하고 동정심의 만족을 얻으려는 것이 될 수 없고, 어떤 세속적인 대가가 약속되어 있는 것이 아니기 때문에 이기주의적이 될 수도 없다. 교회는 하나님이 가르쳐주신 사랑을 실천하기 위한 단체며, 전인격적으로 봉사하기 위한 단체다. 즐거워서 봉사하는 것이 아니라 의무이기 때문에 자랑할 것이 아무것도 없다.

모든 개인과 단체들이 경쟁하며 조금이라도 더 덕을 보고 조금이라도 더 많은 특권을 누리려고 하는 사회에서 순수 봉사를 목적으로 하는 기관이 있다는 것은 얼마나 다행한 일인가? 오늘날 대부분의 나라에서 종교기관에 세금을 부과하지 않는 것은 단순히 비영리단체이기 때문만은 아니다. 교회가 사회를 위해서 필요한 공헌을 하기 때문일 것이다. 그러므로 진정한 봉사기관의 역할을 하는 교회가 많으면 많을수록 그 사회는 덕을 볼 것이고 교회는 환영을 받을 것이다.

오늘날 한국 교회도 비록 부족하기는 하지만 직간접적으로 사회에 적지 않은 봉사를 하고 있다. 한국 기독교는 복지 법인의 52%, 종합복지원 운영의 45%, 노인 복지시설의 63%를 운영하고 있으며, 종교 사립학교의 72%, 해외 원조단체 23개 중 17개를 설립하여 장애인, 극빈자, 후진국 복지와 교육, 청소년 선도사업을 열심히 추진하고 있다. 또 공명선거, 부패방지, 환경보호 등 다양한 분야의 시민운동에 적극적으로 참여하고 있다. 이 모든 활동들은 하나님을 기쁘게 하는 일이기도 하지만 사회를 위한 봉사이기도 하다.

그러므로 교회의 모든 재산, 시설, 조직은 원칙적으로 섬기기 위한 것이어야 하고, 교회 자체의 정신적 단합을 도모하고 신령한 힘을 신장시키기 위한 모든 노력도 궁극적으로 교회 자체의 영광이나 힘의 행사가 아닌 하나님을 더 잘 섬기기 위한 준비라는 의미를 가지고 있다. 오늘날 많은 한국 교회가 사회봉사에 매우 둔감하고 교회의 유지와 발전에만 전력하고 있는데, 이렇게 봉사하기 위하여 키운 힘이 궁극적인 목적으로 둔갑하는 것은 교회의 본질에 위배되는 것이고 교회가 타락하고 있다는 하나의 징조다.

만약 교회가 본래의 봉사단체로서의 성격을 상실하고 교인들의 물질적, 사회적, 심리적 이익을 추구한다면 그것은 결국 이스라엘 백성이 하나님의 선민의 자리에서 쫓겨난 것과 같은 결과를 초래할 것이다. 즉, 교회로서의 자격을 상실하게 된다. 역사상 교회가 타락하여 세속적인 권력을 추구하거나 행사하고, 물질적인 이익을 추구하며, 교인들이 사회적 사교를 즐기거나 심리적 위로를 받는 것이 그 중요한 목적이었던 경우는 무수히 많았고 지금도 마찬가지다. 그런 교회는 결코 오래 존속할 수 없고 존속해서도 안 된다.

그런 교회는 종교 집단이라기보다는 하나의 지배기관이 되거나 사교 클럽으로 변질된 것이요, 진정한 의미의 교회는 아니다. 교회도 사람들의 모임이기 때문에 질서 유지가 필요하고 따라서 조직화가 불가피하며 어떤 종류의 강제력이 필요하다. 그런데 조직이 생기고 강제력이 행사되면 반드시 힘이 필요하게 된다. 또 조직의 운영과 봉사를 위하여 어느 정도의 돈도 있어야 한다. 그러다보면 부패의 여지가 있고 돈이 있는 곳에 사기의 유혹이 스며들기 마련이기 때문에 교회도 얼마든지 변질될 수 있다. 그런 부패는 교회의 본질을 손상시키고 봉사기관으로서의 사명 수행에 치명상을 주는 것이다.

사랑과 신앙의 훈련장

어떤 사람은 혼자서도 충분히 신앙생활을 할 수 있는데 구태여 교회가 무슨 소용이 있느냐고 의문을 제기한다. 미국의 퀘이커 교도들이나 일본 및 우리나라의 무교회주의자들은 이런 주장을 하나의 교리로 정립해두었다. 특히 조직 교회의 온갖 타락상을 볼 때면 그들의 이런 주장을 따르고 싶은 강한 유혹을 느끼게 되는 것도 사실이다. 우리나라의 그 수많은 교회의 건물과 시설, 교역자들의 생활비 등을 모두 구제나 사회봉사를 위해 쓴다면 얼마나 큰일을 할 수 있겠는가 하는 생각을 해보는 것이다. 교회란 조직 운영을 위해 많은 시간과 불필요한 에너지를 낭비해서는 안 된다.

하나님께서 우리로 하여금 혼자서 신앙생활을 하게 하시지 않고 온갖 부패의 가능성에도 불구하고 교회라는 공동체를 요구하신 것은 반드시 그럴 만한 이유가 있다. 그것은 인간이 사회적 동물이고 혼자서는 신실한 신앙생활이나 사랑의 봉사를 하기가 매우 어렵기 때문이다.

신앙이란 개인과 하나님과의 관계이기 때문에 다른 사람은 전혀 개입할 필요가 없는 것으로 착각하기 쉬우나 사실은 그렇지 않다. 우리는 다른 사람들의 가르침도 받아야 하고, 서로 용기도 북돋워주어야 하며, 때로는 다른 사람의 신앙생활에서 모범을 발견하기도 해야 한다. 마치 다른 사람을 모르면 자신을 알지 못하는 것처럼, 다른 사람의 신앙생활을 통하여 자신의 결점을 발견할 수 있다. 그리고 어떤 경우에는 눈에 보이지 않으시는 하나님의 보이지 않는 감독을 받기보다는 눈에 보이는 다른 사람의 감독을 받는 것이 훨씬 나을 수도 있다. 우리는 상상력과 의지가 약하여 쉽사리 무책임해지거나 나태해지는데, 그럴 때 주위에 같은 신앙을 가진 사람들이 있으면 그들로부터 감시도 받고 충고도 들으며 격려를 받을 수 있다. 이렇게 주변에서 좋은 본이 될 만한 사람을 두고 따르는 것은 유익하고 꼭 필요한 일이다.

그러나 그보다 더 중요한 교회의 의의는 거기서 사랑을 배우는 일이다.

성경이 가르치는 사랑은 성적인 매력에 끌리는 남녀 간의 사랑도 아니고 추상적인 이상에 대한 정신적 사랑도 아니다. 그것은 매우 구체적인 인격에 대한 사랑이고, 고아나 과부처럼 우리 눈앞에 나타나 우리의 사랑을 요구하는 대상이 있어야 가능하다. 심지어 어떤 신학자는 기독교 교리 중 가장 신비스러운 삼위일체의 교리도 하나님의 사랑과 연결시킨다. 즉, 삼위 사이에 사랑의 관계가 이루어진다는 것이다.

물론 이상적으로 우리는 바로 세상에 나가 다른 사람을 사랑할 수 있다. 그러나 원수까지 사랑할 수 있는 위대한 사랑이 갑자기 생길 수는 없다. 사랑이란 사랑받지 못한 사람이 할 수 있는 것이 아니다. 자신에게 향한 하나님의 사랑을 먼저 깨닫고 그 사랑에 감동을 받은 사람이라야 다른 사람을 사랑할 수 있는 것이다. 어릴 때 부모의 사랑을 많이 받은 사람일수록 마음에 여유가 있고, 다른 사람을 잘 도울 수 있는 것처럼 하나님의 사랑을 먼저 받은 사람이라야 다른 사람을 사랑할 수 있다.

그리고 사랑을 실천하면서 반드시 겪게 되는 실망과 고통을 참을 수 있는 훈련을 이론적으로 그리고 실제적으로 받아야 한다. 성경이 요구하는 하나님의 사랑은 연인들끼리 사랑할 때처럼 달콤한 기쁨을 가져다주는 것이 아니라 많은 희생과 절망과 고통을 수반한다. 사랑하기 위해서는 십자가에 못 박히신 그리스도의 고통과 같은 것을 기대해야 한다. 그런 것을 아무 훈련 없이 즉시 실천할 수는 없다. 따라서 교회라는 공동체 안에서 실제로 사랑을 경험하며, 성경의 가르침을 배우며, 다른 사람들의 체험으로부터 교훈을 얻으며 서로 위로하고 용기를 얻어야 하는 것이다.

오늘날 많은 교회들이 사랑의 훈련장은커녕 오히려 미움과 시기의 운동장이 되고 있음은 매우 슬픈 일이다. 애초의 목적인 사랑의 실천과 훈련은 뒷전에 밀리고, 그것을 위한 준비와 방법에 대한 논의에 더 많은 시간과 힘을 낭비하고, 결과적으로는 사랑에 역행하는 현상들마저 일어나고 있다. 마치 국민의 행복을 위해 일해야 하는 정치가들이 그에 필요한 권력을 추구하다가 나중에 오히려 국민을 희생시켜가며 권력 획득에 혈안이 되는 것과 비슷한 상황이라 할 수 있다. 예배당을 짓고 목사를 두고 연보를 하는 것은 모두 복음을 전하고 사랑을 배우며 실천하기 위한 수단인데, 그것이 목적으로 둔갑해버린 것이다. 이것이 바로 지금 한국 교회의 부패상이다. 그런 교회에서는 하나님의 사랑을 맛볼 수 없고, 사랑의 실천을 배울 수 없다. 또 그런 교회는 있으나 마나한 것일 뿐만 아니라 오히려 없을 때보다 신자들과 사회에 더 큰 손해를 끼칠 것이다.

교회의 궁극적 목적은
하나님을 섬기는 것

이제까지 교회의 위치와 기능을 현대사회와 관련하여 생각해보았다. 교회란 하나님을 섬기고 세상을 섬기는 공동체이기 때문에 그런 관점에서의 교회에 대한 고찰은 부분적으로나 잠정적으로 정당화될 수 있다. 그러나 교회의 궁극적인 목적은 하나님을 섬기는 데 있다. 교회는 하나님의 교회이지 세상의 교회는 아니다. 세상을 섬기는 것도 궁극적으로는 하나님을 섬기기 위한 것이다.

이스라엘 백성이 하나님의 선민이 된 것은 모든 나라를 대신하여 하나님을 섬기는, 말하자면 세상의 제사장 역할을 하기 위함이요, 모든 나라들에게 하나님의 영광을 나타냄으로 모든 사람이 여호와는 참 하나님이시오, 유일하신 하나님임을 인정하게 하는 것이다.(신명기 6:4~5) 그 이스라엘 백성의 역할을 이어받은 교회는 바로 하나님의 제사장이다.

"그러나 여러분은 택하심을 받은 족속이요, 왕과 같은 제사장들이요, 거룩한 국민이요, 하나님의 소유가 된 백성입니다. 그래서 여러분을 어둠에서 불러내어 자기의 놀라운 빛 가운데로 인도하신 분의 업적을, 여러분이 선포하는 것입니다."(베드로전서 2:9)

교회가 세속 세계 한가운데에서 봉사하는 것은 궁극적으로 세속을 거룩하게 하기 위함이요, 하나님을 무시하고 배척하는 사람들을 하나님의 백성이 되게 하기 위함이다. 모든 속된 것을 거룩하게 하는 것이 교회의 궁극적 사명이다. 속되다는 것은 거룩하지 않다는 것을 뜻하며, 거룩하지 않다는 것은 하나님과 무관해진다는 뜻이다. 그러므로 그것은 하나님이 원하시는 것이 아니며, 따라서 본래적인 것이 아니다. 그것을 다시 거룩하게 만드는 것이 교회가 받은 사명이다.

그 구원이 완성되고 세속이 거룩하게 되면 교회는 필요 없게 된다. 그것은 마치 모든 사람이 건강하면 병원이 필요 없게 되는 것과 같다. 그때까지는 교회는 이 세상에서 하나님의 뜻이 승리하도록 노력하지 않으면 안 된다. 키에르케고르가 기독교인을 이 세상에 파견된 하나님의 간첩이라 했거니와 교회는 간첩 훈련소요, 집합소요, 지휘 본부라 할 수 있다. 교회의 임무는 세속에 침투하여 세속 세계를 약화시키고 모두가 하나님께 굴복하고 그의 소유가 되도록 이끄는 것이다. 그것은 인간과 사회의 가장 본래적이고 이상적인 형태의 회복을 위한 활동이기도 하다.

제5장

세 가지 질문에 대하여

그러면
우리는 무엇을 해야 합니까?

나는 진리를 증언하려고 태어났으며,
진리를 증언하려고 세상에 왔소.
진리에 속한 사람은 누구나 내가 하는 말을 듣소.

빌라도가 예수께 "진리가 무엇이오?"라고 물었다.

세 가지
기본적인 질문

이제 우리 모두에게 가장 기본적인 질문 세 가지를 해보려 한다.

'나는 누구인가?'

'왜 사는가?'

'어떻게 살 것인가?'

이 질문들은 너무 기본적이고 중요하나 동시에 대답하기가 어려워서 대부분의 사람들이 감히 묻지 않는다. 이 질문들에 대해서 명료하고 확실한 대답을 내놓을 수 있는 사람은 없으며, 이 책에서도 그런 것을 시도하지 않는다.

중요한 것은 감히 이런 질문을 해보는 것이며, 성경의 가르침에서 그에 대한 해답의 실마리를 찾아보는 것이다. 물론 이 세 가지 질문만이 중요하고 그 외의 질문은 중요하지 않다고 주장하는 것은 아니다. 중요한 질문을 모두 다 제기할 수 없으므로 우선 이 세 가지라도 물어보는 것이다.

우선 분명히 해야 할 것은 만약 이런 기본적인 질문에 대한 대답이 이론적으로 주어질 수 있다 하더라도, 이 질문들이 단순히 이론적인 대답으로 해결될 수 있는 성질의 것은 아니라는 사실이다. 즉, 마치 수학문제를 풀 듯 이론적인 대답을 내릴 수 있는 것도 아니거니와, 문제의 해답을 알았을 때 우리가 느끼는 지적 호기심의 만족만으로 충분한 것도 아니다.

이 질문들은 우리의 인격 전체가 개입될 수밖에 없는 실존적인 질문들이요, 그에 대한 해답이 주어질 수 있다면 그것은 삶의 방향과 태도를 결정짓는 하나의 실존적인 결단으로 우리를 인도할 것이다. 여기서 이런 질문을 시도하는 것은 물론 어떤 특정한 결단으로 인도하고자 함이다. 이 논의는 흔히 가치중립적이라고 주장하는 철학적 논변이 아니다. 필요하다면 오히려 철학적 방법과 지식을 이용할 것이다.

질문의
중요함

물리학자 뉴턴은 다른 사람들이 하지 않았던 특이한 질문을 해서 위대한 업적을 남길 수 있었다. 그에게 있어서 가장 창조적인 순간은 만유인력의 공식을 발견했을 때가 아니라 '사과는 왜 떨어질까?' 하는 질문을 던졌을 때였다. 다른 사람들이 그렇게 쉬운 질문을 하지 않았던 것은 아마도 모두들 그 대답을 알고 있다고 생각했기 때문일 것이다. 즉, 사람들은 사과가 떨어지는 것을 보고 '벌레가 꼭지를 먹어 약해지니까' '바람이 심하게 불었으니까' '가지가 너무 많이 흔들렸으니까' 등등의 이유를 생각했던 것이다. 물론 그런 상식적인 대답은 뉴턴도 잘 알고 있었을 것이다. 그래서 그는 전혀 다른 종류의 질문을 한다. '왜 사과는 밑으로 떨어질까?' 하는 것이었다. 창조적인 질문은 창조적인 해답의 계기가 된다.

짐승들은 질문할 수 없다. 짐승들은 주어진 환경 속에 파묻혀 산다. 모든 것은 있는 그대로이고 당연한 것이다. 자신들이 모를 수 있다는 사실도 짐승들은 모른다. 그러므로 짐승들은 새로운 것을 찾지 않고 문화를 이룩할 수도 없다.

비창조적인 사람들, 게으른 사람들, 무책임한 사람들에게도 세상은 지극히 상식적이고 당연하다. 그들은 밝은 보름달을 보고서 '보름달이니 밝을 수밖에 없다'고 생각하고, 흐르는 물을 보고서는 '물이니까 밑으로 흐를 수밖에 없다'고 생각한다. 아무것도 이상할 게 없고 별난 것도 없다. 모든 문제에 대한 정답은 이미 주어졌고, 그 정답은 이미 자신들도 다 알고 있는 것이며, 다만 조금 배워야하는 특수한 것들이 있겠지만 꼭 알지 않아도 하늘이 무너지는 것은 아니라고 생각한다. 그들은 땅 위의 어떤 문제에 대해서도 자신이 있다. "에, 그건 말입니다……"라고 하면서 자기의 말은 너무나 확실하므로 거기에 이의를 제기하는 사람은 좀 모자란 사람이라는 분위기를 조성해버린다.

자기도취에 빠진 그런 사람들은 자기의 유식함에 대하여 감격하면서 행복하게 살 수 있을지는 모르나, 새로운 것을 전혀 발견하지 못하고 문화 창조에도 공헌하지 못한다. 엄격한 의미에서는 자기의 삶을 살지 못하고, 다른 사람들이 만들어놓은 세상에서 다른 사람들이 만들어놓은 대답으로 살아갈 뿐이다. 그들 중 대부분은 자기들이 무지하다는 사실을 잘 모르고 그 때문에 질문하지 않는다.

하나님은 질문할 필요가 없다. 그에게는 그의 뜻이 곧 존재이자 해답이다. 그가 질문할 수 있는 상대도 없고 어떤 문제도 존재하지 않는다.

그러나 하나님도 아니고 짐승도 아닌 정상적인 인간은 원칙적으로 의심하는 존재요, 질문하는 존재다. 주어진 것을 그대로 받아들이는 것으로 만족할 수 없고, 뭔가 다른 해답, 뭔가 다른 방법은 없을까 하고 물어보는 존재다. 모든 것을 다 아는 존재는 아니지만 적어도 자기가 모르는 것이 있다는 것은 알기 때문에 질문한다.

아이들은 끝없이 질문을 한다. "엄마, 저 개는 왜 짖어?" "개미는 뭘 먹어?" 등등 자기와 실질적으로 아무 관계가 없어도 질문을 한다. 어떤 때는 "할아버지는 죽으면 어디로 가셔?" 와 같이 아주 중요한 질문을 해서 어른들을 당황하게 만들기도 한다. 아이들은 어른들은 모든 것을 다 안다고 생각하기 때문에 단순한 호기심에서 그렇게 묻는다. 참으로 겸손한 태도다. 그래서 아이들은 어른들에 비해서 엄청나게 많이 배운다.

우리가 항상 아이들처럼 호기심에 가득 차 있고 겸손하다면 아마 훨씬 더 지혜로운 사람들이 될 수 있을 것이다.

나이가 들면 사람들의 질문들은 아주 실제적인 것에 치중하게 된다. "그거 얼마입니까?" "몇 시에 시작합니까?" 등등. 반면 단순한 호기심에서 하는 질문이나 매우 근본적인 질문은 점점 드물어진다. 어떤 어른이 "우리는 왜 사는가?" "나는 누구인가?" 하고 다른 친구에게 물어본다면 아마 좀 정신이 이상한 사람 취급을 받을 것이다. 어른들은 보통 그런 질문을 하지 않기 때문이다.

그런데 이것은 사실 매우 무책임한 일이다. 이는 마치 배를 타고 가는 사람이 "이 배는 몇 톤짜리입니까?" "최고 속도는 얼마입니까?" 등의 질문은 하면서 그 배가 어디로 가는지도 모르고, 그것에 대한 질문도 하지 않는 것과 비슷하다. 사람이 온 천하에 대해서 다 알면서도 자신에 대해서 모른다면 이를 어리석다 하지 않을 수 있겠는가? 이탈리아의 인문주의자 페트라르카(F. Petrarca)도 "사람들은 고산, 바다의 큰 물결, 대양의 주변, 천체의 운행 등에 대해서는 끊임없이 경이(驚異)하면서도 자기 자신의 내면에 대해서는 너무도 소홀히 하고 있다"고 말하며, "만일 그대가 천체의 운행, 식물과 광물의 속성 그리고 자연의 신비에 관해 모든 것을 안다 할지라도 자기의 정신에 대하여 알지 못하면 많은 사물을 안다는 것이 무슨 도움이 되겠는가?" 하고 지적한 바 있다. 그럼에도 불구하고 우리는 우리 자신이 누구이며, 왜 살고 있으며, 어떻게 살아야 할 것인가에 대하여 질문하기를 꺼린다. 마치 금기나 되는 것처럼 의식적으로 혹은 무의식적으로 그런 질문을 회피한다.

사과가 왜 나무에서 떨어지는가에 대한 질문을 해서 뉴턴이 그렇게 위대한 발견을 했다면, 우리의 삶에 대해서도 근본적인 질문을 해볼 가치가 있지 않을까? 사실 만유인력의 발견보다 더 중대한 것이 우리의 삶의 의의, 목적, 방향일 텐데, 그렇다면 우리는 좀 더 심각하게 그런 질문을 해보아야 할 것이다.

만유인력의 발견과 상관없이 사과는 바닥으로 떨어지고 지구는 여전히 자전과 공전을 계속하겠지만, 삶의 의의, 목적, 방향에 대한 잘못된 이해는 우리의 삶을 아무 가치 없게 만들 수도 있으며 전혀 엉뚱한 삶을 살게 할 수도 있다. 그러므로 이 질문은 뉴턴의 질문보다 더 심각하고 중요하다.

기본적인 질문을 하지 않는 이유

그렇다면 왜 우리는 이런 질문을 배설물 피하듯 피하기만 하는 것일까? 그것이 다른 어느 질문보다 더 중요하다는 사실은 아무도 부인하지 않지만 주변에서 그런 질문을 하는 경우를 자주 보거나 듣지는 못한다.

옛날에는 그런 질문을 하는 사람들이 가끔은 있었고, 철학자들은 그에 대해서 꽤 진지하게 토론하고 생각하기도 했다. 그러나 현대에 들어서면서 갈수록 질문은 뜸해지고 철학자들도 슬금슬금 꽁무니를 빼고 있다.

대학교 철학과 신입생 면접에서 가끔 인생의 문제를 알아보기 위해 철학과를 지원했다고 대답하는 학생들이 있는데, 아마 할 말이 없어서 적당히 얼버무리는 것이 아닌가 싶다. 실제로 졸업할 때 삶에 대해 어떤 걸 배웠느냐고 묻는다면 아마도 그 학생은 그 질문을 하는 사람을 조금 돈 사람으로 취급할 것이다. 왜 그런 것일까?

이미 잘 알고 있다

왜 그런 질문을 하지 않느냐고 물으면 아마 가장 많은 사람들이 그에 대한 대답을 이미 알고 있기 때문이라고 대답할 것이다. 이런 사람들은 과거에도 있었지만 지금은 지구에 살고 있는 사람들의 절대다수를 차지하지 않을까 한다. 인간은 스스로 인식하는 것보다 더 교만하며, 특히 삶의 가장 기본적인 문제에 대해서는 모두 일가견이 있다고 착각한다. 매우 유치하고 근거 없는 것일지라도, 그것에 의지해서 자신 있게 삶을 살아가고 있다고 생각하기 때문이다. 특히 종교적인 문제에 대해서는 거기에 절대적인 대답은 없으며 전문가가 그렇게 중요하지 않다고 생각한다.

사람들이 모여서 재미있는 시간을 보내려면 정치와 종교 이야기는 하지 말아야 한다는 말이 있다. 왜 정치와 종교 이야기를 피해야 할까? 사람들은 이 두 문제에 관한 한 절대적으로 객관적이고 정확한 대답은 없다고 하면서도 자기의 견해와 자기의 입장은 절대적으로 옳다고 믿기 때문이다.

지금처럼 세속화가 진전되지 않았던 과거에는 모든 사회에 지배적인 종교가 있었고, 모두 그 가르침을 수용하거나 적어도 수용하려고 노력해야 한다고 생각했다. 그러므로 종교적인 문제에 논란이 있을 수가 없었다. 그러나 지금은 대부분의 사회에서 과학적 지식이 절대적인 위치를 점령하고 여러 종교가 공존하고 있기 때문에 종교적인 문제는 모두 주관적이고 상대적인 위치로 전락하고 말았다. 그러나 삶의 의미,

삶의 목적처럼 중대한 것을 상대적인 것에 의존할 수는 없다. 사람들은 자기가 알고 믿는 삶의 목적, 삶의 의미는 절대적이어야 하고 다른 사람들도 거기에 동의해야 한다고 느낀다. 그런데 다른 사람들도 똑같이 생각하기 때문에 자기 입장을 양보하고 다른 사람의 입장을 수용하기는 결코 쉽지 않다. 삶 전체의 의미가 달린 문제이기 때문에 종교에 관한 논란은 쉽게 심각한 감정싸움으로 변질된다.

신약성경에 보면 어떤 부자 청년이 예수님께 매우 심각하게 영생 얻을 수 있는 길을 물었다고 한다. 예수님은 그의 소유물을 모두 팔아 가난한 자들에게 나누어주라고 답하셨는데, 그는 그 충고를 거절한다. 그 부자 청년은 이미 자신의 질문에 대한 대답을 만들어놓았음에 틀림없다. 영생을 위한 그의 질문은 자신의 행위와 입장이 옳다는 것을 확인하기 위한 것이었지 정말 그 방법을 모르기 때문에 알고 싶어서 한 질문은 아니었다.

강연장에서도 비슷한 일을 자주 경험한다. 강연 후에 받는 질문들의 대부분은 진정 몰라서 알고 싶어 하는 하는 것이 아니라 자기의 주장을 내세우기 위한 것이거나 자기 생각을 확인하기 위한 것들이다.

그러나 각자가 가진 삶의 의미가 모두 다를 텐데, 자기가 당연히 옳다고 믿는 대답이 절대적으로 옳을 수는 없는 일이며 그들의 운명이 같을 수도 없다. 진정 필요한 것은 삶의 중대한 문제에 대해서 자신이 잘 알고 있다고 생각하는 대답이 정말로 옳은가에 대한 회의일 것이다.

아무래도 알 수 없다

앞에 제시한 이유와는 정반대의 가능성도 있다. 즉, 삶의 의미나 목적에 대한 질문은 아무리 해봐도 신통한 대답이 나올 수 없다고 체념해버리는 것이다. 이는 어떤 의미에서는 사람들의 생각이 과거보다 더 성숙해졌기 때문일 수도 있다. 아이들이 도저히 대답할 수 없는 온갖 질문을 퍼붓는 것은, 그들이 아직 어려서 어른들이 그런 질문에 대해서 대답할 수 없다는 사실을 모르기 때문이다.

이것은 철학의 경우에도 마찬가지다.

옛날 철학자들은 확실히 현대 철학자들보다 대담했다. 그들은 인간의 영혼에 대해서, 죽은 후의 상태에 대해서, 우주만물의 생성과 변화에 대해서, 삶의 의미에 대해서 매우 자신 있는 발언들을 많이 했다.

그러나 현대 철학자들은 그런 것에 대해서 생각하기보다는 그런 것을 알 수 있는 능력이 과연 우리에게 있는가에 대해서 생각하기 시작했다. 즉, 형이상학적 문제보다는 인식론에 더 많은 관심을 기울인 것이다. 비록 현대철학에서 형이상학이 사라진 것은 아니지만, 분명 고대나 중세의 형이상학과는 다르다. 그 중요한 차이는 현대 철학자들이 항상 인식론적 한계를 전제로 한다는 점이다.

이것은 책임감 있는 태도라 할 수 있다. 인간이 자신의 한계를 아는 것을 성숙의 징표로 본다면, 철학이 철학적 지식의 한계를 알게 되었다는 것은 철학의 성숙을 뜻한다. 철학의 꾸준한 자기반성의 결과라 해도 좋다. 소크라테스는 인간 지식의 최고봉은 자신의 무식에 대한 깨달음이라고 말했는데, 현대철학의 겸손은 책임성과 성숙을 대변한다.

그리고 이것은 좀 더 구체적으로는 현대철학이 자연과학과 마찬가지로 확실한 것만을 지식으로 인정한 결과이기도 하다. 즉, 자연과학적 지식을 학문의 전형으로 간주하고, 철학도 그러한 지식의 확실성을 가져야 한다고 생각해서 확실하지 않은 것은 아예 취급도 하지 않게 된 것이다.

이런 기준에 따르면 학문은 첫째, 그 이론 체계가 논리적이어야 하고, 둘째, 기본적인 주장이 실증될 수 있어야 한다. 즉, 모든 주장을 경험이나 실험을 통해서 실증할 수는 없을지라도, 실증할 수 있는 것을 근거로 논리적으로 모순 없이 추론할 수 있어야 한다는 것이다. 따라서 삶의 의미나 삶의 목적, 방향 등은 학문의 취급 대상이 될 수 없음이 분명하다. 왜냐하면 그런 문제에 대한 어떤 대답도 실증될 수 있거나 실증될 수 있는 것으로부터 논리적으로 추론할 수 있는 성질의 것이 될 수 없기 때문이다.

이런 학문관은 마침내 삶의 가장 중요한 문제들을 모두 학문의 영역 밖으로 쫓아내고 말았다. 비트겐슈타인이 말한 대로 우리 삶의 가장 중요한 것들은 모두 과학적 언어세계의 바깥으로 밀려날 수밖에 없고, 칸트가 시사한 것처럼 학문의 범위가 좁아지면서 종교와 도덕이 감당해야 할 영역이 상대적으로 넓어졌다.

확실하게 말할 수 없는 것에 대해서는 입을 다물어야 한다는 초기

비트겐슈타인의 주장처럼 삶의 의미, 방향, 목적에 대해서 확실하게 과학적으로 말할 수 없다면 입을 다물어야 한다는 것이 현대인의 일반적인 생각인 것 같다. 현대인은 그런 질문을 한다는 것은 사람이 얼마나 무지한가를 모르기 때문이라고 생각한다. 즉, 인간의 무지에 대해서 잘 알지 못하며 결국 무식한 사람임을 폭로하는 셈이라는 것이다.

이런 회의론은 삶의 중대한 문제에 대해서 냉소적인 태도를 취하게 한다. 말하자면 "삶의 의미 좋아하네!" 하는 식이 되어버리는 것이다. 신약성경에 보면 빌라도가 예수님에게 "진리가 무엇이오?" 하고 묻는다. 그런데 빌라도는 진리에 대해서 관심이 있어서 묻는 것이 아니다. 예수님이 진리에 대해서 언급하자 "진리 좋아하네. 진리가 다 뭐냐?" 하고 빈정댄 것이다. 중대한 질문에 대한 이런 냉소는 과거보다 오늘날 더 빈번하게 나타나고 있다.

그러나 주의해야 할 점은 과학적으로 취급될 수 없거나 대답이 자명하지 않다는 이유로 그런 질문들을 중요하지 않다고 생각해버리는 것이다. 칸트나 비트겐슈타인 등의 철학자들은 과학적 지식을 상대화할 수 있는 안목이 있었기 때문에 어떤 것이 과학적 연구의 대상이 되지 않는다 해서 중요하지 않은 것이 아님을 잘 알았지만, 대부분의 사람들은 그들 철학자들의 지혜를 공유하지 못하는 것 같다. 그들은 학문적 연구 대상이 되지 못하는 것은 아예 중요하지 않다고 여기며 삶의 문제에 대해서 질문을 하지 않을 뿐만 아니라 그런 문제 자체를 중시하지 않는다.

이것은 실로 어리석은 일이 아닐 수 없다. 그것은 마치 배가 어디로 가는지에 대해서 아무도 정확한 대답을 못해준다고 해서 그것을 중요하지 않은 것으로 취급해버리고, 대신 배 안의 자질구레한 것에 대해서만 관심을 두는 것과 비슷한 어리석음이 아니겠는가?

삶의 무의미가 폭로될까 두렵다

자신의 정체, 삶의 의미나 방향 등의 가장 기본적인 질문을 기피하는 또 하나의 이유는 그 질문에 대한 해답이 자기가 원하는 것과 다르거나 지금 당연하게 생각하고 있는 전제와 다른 것으로 나타날까봐 우려하기 때문이다. 만약 자기가 아무것도 아니고, 삶이 모두 의미가 없으며, 지금 나아가고 있는 삶의 방향이 완전히 잘못된 것으로 밝혀지면 자살을 해야 한다는 극단적인 결론을 내릴 수도 있고, 그동안 익숙해진 삶의 방식이나 방향을 근본적으로 바꾸어야 한다는 결론이 나올 수도 있다. 많은 사람들은 의식적으로나 무의식적으로 이런 근본적인 변화에 대해서 불안감을 가진다.

인간도 다른 동물과 마찬가지로 생존 본능이 있어서 특별한 경우를 제외하고는 삶이 유지되기를 원한다. 그러나 동물은 주어진 본능대로 살면 그만이지만 인간은 의미 있게 인생을 살아가기를 원하고 거기에 정당성을 부여하고 싶어 한다. '목숨이 붙어 있으니 사는 것이지 어디 사는 게 사는 것이냐?' 하는 푸념은 대부분 위선적이다. 인간은 어떻게 살든 삶의 이유를 가지지 않고는 만족스럽게 살 수가 없다.

그런데 질문을 해서 자신이 아주 의미 있고 중요하며, 더 나아가 지금의 삶이 가장 이상적인 방향이라는 것이 판명되면 다행이겠지만 그렇지 않다면 인간이 가진 동물적 생존 본능과 의미 있는 삶에 대한 인간의 염원 사이에 갈등이 생긴다. 이것은 삶을 아주 비참하게 만든다. 그러므로 대부분의 사람들은 지금 어떤 상황이든 자신의 처지와 삶에 대해서 어느 정도 정당성을 부여하려고 무의식적으로 노력한다.

그렇기 때문에 거의 무의식적으로 자신과 지금의 삶이 허무하다는 결론을 내릴 수 있는 가능성을 처음부터 차단해버리려고 노력한다. 때때로 젊은이가 비명횡사했거나 비참한 사고가 났을 때 우리 자신과 삶에 대하여 근본적인 반성을 해보기도 하지만 대부분의 경우 그것을 끝까지 밀고 나가지 않는다. 돈을 벌어야 한다거나 아이가 대학에 합격해야 한다는 일상적인 고민으로 생각을 돌려버리거나, 사회 정의가 구현되어야 하고 민주화가 빨리 이루어져야 한다는 등의 시중에 유행하는 고상한 이상 속에 자신을 쓸어 넣어버린다.

언젠가 시골에 가서 스무 명 정도의 농부들에게 기독교 신앙에 대해서 이야기할 기회가 있었다. 본론에 들어가기 전, 나는 좀 짓궂게 "여러분 무엇 때문에 피땀 흘리며 그렇게 일을 합니까? 혹시 병이 나서 내일 죽으면 어떻게 하시겠습니까? 여러분의 자녀가 상급학교에 들어갔다가 나쁜 친구를 사귀어 망나니가 되면 어떻게 하시겠습니까?" 등등의 기분 나쁜 가능성에 대해서 이야기했다.

농부들의 얼굴에 불만의 빛이 완연해졌고, 거기에 아랑곳하지 않고 계속해서 이야기하는 내 말을 듣지 않으려고 옆 사람과 수군거리기 시작했다. 그래서 "내 말을 안 듣는다고 해서 문제가 해결되는 것은 아닙니다"라고 좀 더 못되게 이야기했더니 그들의 수군거리는 소리는 한층 더 높아졌다.

이런 반응은 구태여 그 시골 농부들에게만 해당되는 것은 아니다. 우리들 대부분도 마찬가지다.

이것은 일종의 자기기만이며, 모든 종류의 기만이 위험하지만 자기기만은 훨씬 더 위험하다. 그러나 우리는 살아가면서 의식적으로나 무의식적으로 자신을 자주 속이는데, 그 어느 것도 스스로에게 궁극적으로 이로울 수는 없다. 옛날에는 폐결핵에 걸린 환자들 중 자신의 병이 결핵임이 분명한데도 기어코 그것을 부인하는 사람들이 더러 있었다. 그들은 의사의 진단을 인정하지 않고 병을 낫게 하는 모든 치료를 거절했는데, 그 결과로 많은 사람들이 죽고 말았다. 만약 그들이 좀 더 정직하게 자신들의 병을 받아들였다면 병을 고칠 수도 있었을 것이다. 그러나 그들은 의식적으로 병에 걸렸다는 사실을 알기를 거부했기 때문에 죽고 말았다. 이것은 자신의 적나라한 상황을 있는 그대로 직시하지 못한 결과가 얼마나 비참한 것인가를 보여주는 예다.

중국에 어떤 도둑이 있었는데, 절에 가서 종을 떼어 훔치려고 하니 자꾸 소리가 나서 불안했다고 한다. 그래서 그는 솜으로 자기 귀를 틀어막고 종을 옮겨보려다 잡히고 말았다. 자기기만의 어리석음을 보여주는 이야기다.

우리는 과감하게 자신과 삶에 대한 기본적인 질문을 할 수 있어야 한다. 질문을 회피하는 것은 사실을 있는 그대로 보는 것을 회피하는 것이며, 그것은 결핵에 걸렸음을 인정하지 않는 결핵 환자나 자기 귀를 막고 종을 훔치려는 도둑처럼 불행한 결과를 가져올 수도 있다.

만약 그것이 단순히 육체적 생명의 단절이나 감옥에 들어가는 정도의 결과가 아니라 우리 삶의 의미 그 자체, 나아가서는 우리 영혼의 영원한 운명에도 치명적인 영향을 끼치는 것이라면, 질문을 회피하는 것은 지극히 무책임한 것이요, 어리석은 행동이 아닐 수 없다.

다른 사람들을 따라하면 된다

민주주의는 확실히 모든 정치제도 중 가장 좋은 것이다. 오늘날 비민주적으로 행동하는 사람들도 민주주의 자체의 정당성을 부정하는 경우는 별로 없다. 다만 민주주의의 빠른 성취를 위하여 다소 비민주적인 방법으로 준비를 하는 것뿐이라고 주장한다.

그런데 정치에 있어서 민주주의의 이상은 현대인들의 의식 속에 조금 이상한 신념을 심어놓았다. 그것은 다수의 의견은 대개 옳을 것이라는 생각이다. 옛날 민주주의가 태동할 때 부르짖었던 '대중의 소리는 하나님의 소리(vox populi, vox dei)'라는 생각의 연장이라 하겠다.

이제 하나님은 없는 것으로 판명되었으니, 그 대신 다수의 소리를 들으면 별 실수가 없으리라는 확신이 현대인을 유혹하고 있다. 매를 맞아도 여럿이 맞으면 덜 아프고, 나쁜 대우를 받아도 다른 사람과 함께라면 덜 억울하다고 생각하는 것이다.

영원불변의 진리나 하나님을 믿지 못하는 현대인이 바라보며 의지하는 것은 다수이고 다른 사람이다. 리스만(D. Riesman)이 현대인을 "다른 사람들을 표준으로 생각하는(other-directed)" 사람들로 특징지은 것은 그럴듯한 관찰이다. 현대인은 유행에 민감하고 기인들은 점점 사라지고 있다. 그들은 모든 것이 평준화된 사람들이다. 오르테가 이 가셋(Ortega Y Gasset)의 표현대로 "평균적인 인간(average man)"들인 것이다. 그들은 외톨이가 되는 것에 공포심을 가지고 있으며 군중 속에 속해 있어야 안심한다. 시위하는 학생들이 시위대의 숫자가 많을 때 더 용감해지는 것과 비슷한 상황이라 할 수 있다.

현대인이 추종하는 유행은 단순히 옷이나 머리 모양에 국한되지 않는다. 사고방식이나 가치관, 심지어 자신의 존재 의의나 삶의 목적 설정에도 영향을 끼친다. 앞에서도 이야기한 것처럼 '인간은 사회적 동물'이라는 이론이 지배적인 요즈음 사람들이 유행에 민감한 것은 그리 이상한 일은 아니라고 생각한다. 현대인들은 다수가 하는 것은 그 자체로 정당하고, 다른 사람이 하지 않는 것은 중요하지도 않고 타당하지도 않은 것처럼 느끼고 있다.

대부분의 사람들이 자신들의 존재 의의나 삶의 의미에 대해서 무관심하면서도 아주 자신 있게 살고 있는 것 같은데, 나 혼자만 유별나게 그런 것을 물어볼 필요가 있겠는가? 오히려 그런 행동을 했다가는 조금 비정상적인 사람으로 취급당하지나 않을까? 이는 줏대 없는 사람의 특징이라 할 수 있지만, 시간이 흐르고 사회결정론적 인간관이 유행하면 할수록 줏대 있는 사람들, 기인이 줄어드는 것은 이런 이유 때문일 것이다.

이런 태도의 약점은 자명하다. 내가 다른 사람들을 쳐다보고 있는 것처럼 그들도 나를 바라보고 있으며, 이는 서로에게 영향을 끼치는 악순환에 빠질 수밖에 없다는 것이다. 심각한 문제에 대하여 두려워하는 걸 숨기고 겉으로 태연한 척하는 나의 태도는 다른 사람에게 영향을 준다. 그리고 내게서 영향을 받은 다른 사람의 태도를 보고 나도 비슷한 태도를 취하게 된다. 그런데 대부분의 경우 긍정적인 것보다는 부정적인 것이, 심각한 태도보다는 피상적인 태도가 전염성이 강하고, 그것은 결국 우리를 악순환으로 이끈다.

다수의 생각이나 가치관이 반드시 옳다는 보장은 물론 없다. 과거에도 그랬고 현재에도 잘못된 생각이 지배적인 경우가 얼마든지 있다는 사실을 우리는 잘 알고 있다. 지구가 납작하다고 생각하는 사람들, 여자는 남자보다 열등하다고 생각하는 사람들, 독재가 민주주의보다 좋다고 생각하는 사람이 다수였던 때가 있었고 현재에도 그런 생각은 가능하다. 잘못된 생각이나 판단으로 다수가 비극적인 상황에 처할 가능성은 언제나 있는 것이다. 물론 다수가 함께 슬픈 운명에 빠지는 것이 혼자인 것보다는 조금 위로가 되겠지만, 그렇다 해도 그런 운명을 피한 소수의 다른 사람들보다는 불행할 것이다. 그리고 자기 결정에 의해서가 아니라 맹목적으로 다른 사람의 의견을 따라하다가 불행을 당하는 것은 더 한심하다.

자신의 존재 의의와 삶의 의미를 송두리째 다른 사람들의 결정에 맡기는 것은 인간의 자율성과 존엄성에도 어긋나는 것이 아닐 수 없다.

모든 것은 숙명적으로 결정되어 있다

현대인이 삶에 대한 심각한 질문을 하지 않는 또 하나의 이유는 그것이 부질없다고 생각하기 때문일 것이다. 그런 질문은 아이들이나 하는 것이지 성숙한 어른들이 하는 것은 아니며, 질문하면서 생기는 여러 가지 심리적 부작용도 있고 해서 회피하는 것이다.

현대인들은 누구도 그런 질문에 확실한 대답을 줄 수 없을 뿐만 아니라 그것이 정말로 삶의 방향이나 태도를 바꿀 수 있다고 믿지 않기 때문에 부질없다고 생각한다. 즉, 삶의 모든 것은 자신의 주관적 결단이나 태도에 의하여 좌우되는 것이 아니라 자신과 관계없는 다른 힘에 의하여 이미 결정되어 있다고 생각한다.

이러한 숙명론적 사고방식은 우리가 흔히 생각하는 것보다 훨씬 널리 퍼져 있고, 사람들의 의식 속에 깊게 뿌리박혀 있다.

우리가 아는 대부분의 종교는 비록 정도의 차이는 있지만 숙명론적이다. 영원한 운명, 신의 뜻, 전생의 업보에 의해 삶이 좌우된다고 믿는 것이다. 인간의 자유 의지에 따라 그의 영원한 운명이 결정된다고 믿는 것이 인간의 염원에는 맞을 텐데 오히려 대부분의 종교가 숙명론적이라는 사실은, 인간이 한편으로는 무한한 자유를 갈망하면서도 다른 한편으로는 그 자유를 매우 두려워하고 있음을 보여준다.

그때그때의 선택에 따라 미래가 결정되기보다는 오히려 내 마음대로 바꿀 수 없도록 운명이 결정되어 있기를 바라는 것에서 오히려 우리는 인간 심성의 참 모습을 읽을 수 있다. 우리는 가끔 여러 가지 선택의 가능성을 두고 고민하다가 차라리 선택할 수 있는 것이 한 가지뿐이라면 더 좋았을 걸 하고 생각한다. 현대인은 은근히 '자유로부터의 도피'를 원하는 것이다.

숙명론적 사고방식은 놀랍게도 철학사상 중에서도 많이 찾아볼 수 있다. 스피노자나 니체, 헤겔의 사상은 말할 것도 없고 마르크스 같은 사상가에게서도 숙명론은 조금 다른 형태로 발견된다. 독일 철학책에는 '운명(Schicksal)'이라는 단어가 의외로 자주 등장한다. 이들 철학자들은 모든 인간에게 자의적으로 선택하고 결정할 수 있는 자유 의지가 있음을 부인한다.

비록 어떤 초자연적인 힘이나 형이상학적 원칙에 의하여 인간의 모든 삶의 진로가 이미 결정되어 있다고는 믿지 않더라도, 인간이 자신의 운명에 대하여 전적으로 책임질 수 없다고 생각한다면 그것도 일종의 숙명론이라 할 수 있다. 특히 이런 종류의 숙명론은 과거 어느 때보다 오늘날 더 유행하고 있다. 예를 들어 한동안 마르크스주의적 하부구조-상부구조 이론에 근거한 경제적 혹은 사회적 결정론이 우리나라 젊은이들을 매혹시키기도 했다.

자신의 존재 의의나 삶의 의미와 방향이 이렇게 숙명적으로 결정된다고 믿는다면 '나는 누구인가?' '왜 사는가?' '어떻게 살 것인가?' 같은 질문은 무의미할 것이다. 모든 것은 될 대로 될 텐데(Que sera, sera!) 무엇 때문에 머리를 써가며 그런 귀찮은 것을 생각하겠는가? 그것은 마치 선로 위로 달리는 기차가 어떤 방향으로 가야할 것인가를 따져보는 것과 같이 부질없는 짓이다.

이런 태도가 한편으로는 마음에 안정감을 주는 것도 사실이다. 병원에서 암에 대한 정밀검사를 받고 그 결과를 기다리는 때가 사실 가장 불안하다. 암일 수도 있고 아닐 수도 있기 때문에 불안한 것이다. 그러나 일단 암이란 판정이 나면 오히려 얼마간의 시간이 지난 후에는 마음의 안정을 되찾는 것을 볼 수 있다.

다른 가능성이 없을 때 체념해버리면 그것이 마음의 평화와 안정을 가져온다. 대부분의 종교가 숙명론적인 것은 아마도 이런 이유 때문이 아닌가 한다. 부탄의 국민들은 경제적으로 풍족하지는 않지만 행복지수가 매우 높은데, 아마도 그들이 이런 세계관을 가지고 있기 때문일 것이다.

그럼에도 불구하고 자신의 존재 의의와 삶의 의미에 대한 숙명론적 태도는 매우 무책임한 것이라고 할 수 있다. 우리는 사회나 지나온 역사를 통하여 자신의 삶에 대하여 심각하게 고민한 사람들이 위대한 일들을 성취한 것을 많이 보아왔다. 오르테가 이 가셋이 주장한 것처럼 "인간에게는 본성이라는 것은 없고 역사만 있다". 내가 어떤 사람이 되는가는 스스로의 결단에 의한 자신의 역사에 의하여 좌우된다.

짐승은 반성한다고 하여 다른 짐승과 다르게 될 가능성이 없지만, 사람은 자신에 대한 반성을 통하여 전혀 다른 사람이 될 수 있다. 불쌍한 사람들을 위하여 온갖 고통을 참아가며 인도의 빈민굴에서 일생을 보낸 마더 테레사 같은 성인이 될 수도 있고, 죄 없는 유대인 600만 명을 참혹하게 죽인 히틀러 같은 악한도 될 수 있다. 만약 이들의 선함과 악함이 모두 숙명적으로 결정된 것이고 그들 자신에게 아무 책임이 없다면, 그들은 칭찬 받을 자격도 비방을 들을 이유도 없을 것이다. 단순히 운명의 꼭두각시였을 테니까.

그러나 인간에게는 실제로 자유 의지가 있고 그에 따른 결정에 대하여 책임을 져야 한다. 이러한 자유와 책임은 자신이 하는 일에 관한 것도 있지만 자신의 삶과 존재 의의에 대한 것도 있고, 영원한 미래에 대해서도 마찬가지다. 바로 이런 자유와 책임이 인간을 인간답게 만들며 인간을 다른 동물과 다른 고귀하고 존엄한 존재로 만든다.

그래도 근본적인 질문은 해야 한다

지금까지 많은 사람들이 삶에 있어서 가장 기본적인 질문들을 회피하는 이유들을 생각해보았다. 그리고 그러한 이유들이 모두 타당성을 가지고 있는 것이 아니라는 것도 살펴보았다.

이처럼 절대적으로 타당하지도 않은 이유로 가장 기본적인 질문을 회피하는 것은 실로 심각하게 무책임한 일이 아닐 수 없다. 그 결과로 한 번밖에 주어지지 않은 삶을 무의미하게 보낼 수도 있고, 심지어는 영원히 비참함에 빠질 위험도 있다. 또 어떤 삶을 사느냐에 따라 마더 테레사처럼 수많은 사람들에게 이익을 줄 수도 있고 히틀러처럼 엄청난 해악을 끼칠 수도 있는데, 그것에 대하여 심각하게 생각하지 않거나 단순한 대답으로 문제를 해결해버린다는 것은 엄청나게 무책임한 것이며 체념이자 자학이라고까지 말할 수 있다.

그러므로 우리는 근본적인 질문을 해야 한다. 진정 겸손한 마음으로 심각하게 물어볼 필요가 있다. 묻지 않고는 대답을 얻을 수 없으며, 설사 답을 얻는다 해도 그렇게 가치 있는 것으로 받아들여지지 않을 것이다. 인간의 인간다움이 자신의 운명을 책임지는 것이고, 자신의 현재 상태와 자신이 하는 일을 스스로 의식하는 것에 있다면, 삶의 가장 중대한 문제에 대해서 물어보지 않고 살아가는 것은 인간의 존엄성에 어울리지 않는 것이라 할 수 있다.

제6장

나는 누구인가

사람이 온 세상을 얻고도 자기를 잃거나 빼앗기면,

무슨 이득이 있겠느냐?

고린도전서 15장 10절

나는 하나님의 은혜로 오늘의 내가 되었습니다.

가장 중요한
질문

독일의 철학자 칸트는 《순수이성비판》에서 철학이 제기하는 가장 중요한 질문은 '우리가 무엇을 알 수 있는가?' '우리가 무엇을 해야 하는가?' 그리고 '우리가 무엇을 바랄 수 있는가?'의 세 가지라 했다. 그러나 그 후에 주어진 《논리학 강의》에서 위의 세 가지 질문이 모두 '인간이란 무엇인가?'라는 질문으로 귀결된다고 말했다.

한편 고대 그리스의 위대한 철학자 소크라테스는 철학의 궁극적 목적이 '너 자신을 알라'는 것이라고 했다. 어떻게 보면 인간이 무엇인지 알면 자신이 어떤 존재이며, 누구인지 알 것 같지만 반드시 그런 것은 아니다. 인간과 자신은 어느 정도 연관이 있지만 근본적으로 다른 차원에 있다.

인도 동화에 이런 이야기가 있다. 몇 명의 바보들이 숲 속에서 모여 사는데, 그중 한 명이 어느 날 나무 위에 올라가서는 자기가 앉아 있는 가지를 톱으로 자르기 시작했다. 물론 바보는 그 가지와 함께 땅에 떨어졌다. 땅바닥에서 고통을 참던 그는 얼마 전 다른 바보가 나무 위에서 떨어져 죽은 일을 떠올리고는 자기도 죽었다고 단정했다. 그래서 죽은 사람은 숨을 쉬지 않으니 자기도 그래야겠다는 생각에 얼굴이 시뻘게지도록 숨을 참으려고 애썼다. 마침 그때 다른 바보들이 몰려와서 나무에서 떨어진 바보의 이야기를 듣고는 모두들 그가 죽었다는 데 의견일치를 보았다. 그래서 바보를 땅에 묻기 위해 들것 위에 올리고 통곡을 하면서 공동묘지로 행진했다. 그러다가 갈림길에서 바보들의 의견이 나뉘었다. 몇몇 바보들은 오른쪽이 공동묘지로 가는 길이라고 주장하고, 다른 바보들은 왼쪽 길이라고 주장한 것이다.

동료 바보들의 실랑이를 한참 바라보던 죽은 바보는 견디다 못해 벌떡 일어나서는 "내가 살아 있을 때는 공동묘지로 가는 길이 오른쪽이었어"라고 고함을 치고는 다시 드러누워 숨을 참았다.

자칫 잘못하면 우리는 이 바보들처럼 '나'와 인간을 혼동해버린다. 구체적인 삶에서보다는 이론적으로 따질 때 그런 실수를 한다. 그러나 좀 더 깊이 생각해보면 인간으로서의 '우리'와 '나'는 전혀 다르다. 바보의 이야기는 그것을 완전히 설명해주지는 못하지만 적어도 그런 혼동이 어떤 것인가를 알려준다.

어떤 의미에서 '나'는 인간보다 한 단계 더 깊은 곳에 위치해 있다고 할 수 있다. 아득히 먼 옛날 사람들은 자신에 대해서 그렇게 많은 관심을 기울이지 않았다. 그보다는 자기들을 둘러싼 자연현상, 인간과 모든 자연을 지배하는 신들에 대해서 주로 관심을 기울였다.

학문의 발전과정을 보아도 인류가 가장 먼저 관심을 기울인 것은 가장 가까이 있는 '나'가 아니라 가장 멀리 떨어진 것들이었다. 탈레스(Thales)란 철학자가 천체를 연구한다고 별을 쳐다보다가 우물에 빠졌다는 우스운 이야기가 있거니와, 옛 학자들은 가까이 있는 것들보다는 '천체는 어떻게 운행하는가?' '우주는 무엇인가?' '자연은 무엇인가?' '신은 어떻게 행동하는가?' 등에 대해서 연구했다. 사실 그런 질문에 답을 줄 수 있는 것은 인간 자신일 텐데, '나'에 대한 의문은 훨씬 후에 제기되었다.

　고대 그리스 철학에서는 대개 기원전 6세기에 자연 철학자들이 처음으로 우주와 자연에 대하여 의문을 품고 철학다운 철학을 시작했으나, 인간의 문제에 대해서 관심을 가지게 된 것은 약 1세기 후인 기원전 5세기의 궤변론자들에 의해서라고 알려져 있다. 그러나 그것조차도 지극히 초보적인 단계에 그쳤다. 하늘, 자연, 신 등에 대해서 안다고 해도 어디까지나 우리의 생각을 거쳐서 가능한 것인데, 그 생각이란 것이 어떤 것인가에 대한 수수께끼는 아직도 완전하게 풀리지 않았다. 물리학적으로도 모르거니와 철학적으로도 어떻게 설명해야 할 것인지 모든 학자들이 동의할 만한 분명한 답이 밝혀지지 않았다.

　어떻게 보면 우리의 지식이란 것은 공중에 붕 떠 있다고도 할 수 있다. 가령 우리의 눈이 사실을 항상 거꾸로 밖에 볼 수 없고, 우리가 가지고 있는 논리적 법칙이 현실과 전혀 맞지 않는 것임이 밝혀진다면 이제까지 인류가 쌓아놓은 지식은 전부 무너지고 말 것이다.

　인류역사상 지금처럼 유식한 사람들이 많은 시대는 없었다. 수백만 광년 떨어져 있는 천체와 그 생성의 원리, 나노미터에 이르는 미생물의 존재, 전자나 중성자보다 더 작은 미립자의 성질과 운동, 뇌의 작용 등등 인류는 그 동안 엄청난 양의 지식을 축적했다. 과연 사람이 모르는 것이 있는지가 의문일 정도이고, 지금 모른다 하여도 곧 알게 될 것이라고 사람들은 자신하고 있다. 아마 오늘날에는 뉴턴처럼 자신이 아는 것은 온 우주에서 바닷가의 모래 한 알이 차지하는 정도라고 겸손해할 사람은 없을 것이다.

사람에 대해서도 마찬가지다. 그런데도 사람에 대해서 지금처럼 무지한 때는 없었다고 20세기 최고 철학자라 할 수 있는 하이데거(M. Heidegger)는 비판했다. "오늘날처럼 인간이 그렇게 많이 그리고 다양하게 알려진 적은 없다. 인간에 대한 지식이 오늘날처럼 강력하게 그리고 매혹적으로 제시된 적도 없다. 오늘날처럼 그 지식이 그렇게 빨리 그리고 쉽게 얻어질 수 있었던 적도 없다. 그러나 인간이 오늘날처럼 적게 알려진 적도 없고, 인간이 오늘날처럼 문젯거리가 된 적도 없다."

인간이 무엇이며 인간의 지식이 어떤 것인가도 매우 중요하지만, 한 걸음 더 나아가서 '나'는 누구인가 하는 것은 한층 더 중요하다. 우리가 우주에 대해서 안다고 해도 그것은 어디까지나 나라는 존재를 통해서 의미를 가지는 것이다. '나'가 무의미하면 우주가 아무리 의미 있고 아름다운들 그것이 무슨 소용이 있으며, 그것이 의미 있다는 것을 어떻게 알겠는가? 온 천하를 얻고도 자신을 잃으면 아무 소용이 없다는 예수님의 말씀은 종교적으로만 타당한 것이 아니라 모든 면에서 타당하다.

가장 기본적인 것을 가장 먼저 알아야 하는데도 불구하고, 왜 인류가 가장 먼 것부터 따져보기 시작했는지는 쉽게 설명이 되지 않는다. 그러나 한 가지 분명한 것은 인류 전체의 정신 발달과정은 한 개인의 발전과정과 비슷한 순서였다는 것이다. 아이들은 자신에 대해서 별로 생각하지 않는다. 아주 어린 젖먹이는 자신이 존재한다는 사실조차도 잘 모른다. 그래서 거울에 비친 자신을 다른 아이인 줄 착각하고 같이 노는 것을 가끔 볼 수 있다. 적어도 사춘기가 되어야 비로소 하나의 독립된 자신의 정체성을 의식하기 시작하고, 그보다도 훨씬 나이가 든 뒤에야 자신에 대하여 어느 정도 객관적인 인식을 하게 된다. 자신에 대하여 어느 정도의 지식도 가지지 못한 채 죽어버리는 사람들도 매우 많다.

자신에 대한 객관적 인식은 대체로 정신적 성숙도와 함께 간다. 아무리 생물학적 연령이 높아도 정신적으로 미숙한 사람들은 자신을 돌아볼 줄 모르고 자신의 참 모습을 볼 줄 모른다. 인간의 눈이란 밖을 향하고 있어서 다른 사람의 눈에 있는 티끌은 발견하나 자기 눈에 들어 있는 들보는 발견하기가 어려운 것이다. 바깥으로 향한 물리적 눈을 안으로 바꾸는 데는 큰 정신력이 필요하고, 그것은 많은 세월과 경험과 시행착오를 거쳐야 생길 수 있는 것이다. 그러므로 다른 사람이 나를 보듯 내가 나를 볼 수 있다면 나는 매우 성숙한 사람일 것이다. 소크라테스가 '너 자신을 알라'는 것이 철학의 시작이 아니라 철학의 궁극적 목적이라 한 것도 다른 모든 것을 어느 정도 알아야 자신을 알 수 있기 때문일 것이다. 그런데 그런 성숙이 실제로 이뤄질 수 있을지는 의문이 아닐 수 없다.

자신을 들여다보는 것으로는
'나'를 알 수 없다

사실 '나'를 알기가 어려운 것은 그것이 철두철미하게 사적인 것이기 때문이다. 즉, 나라는 것은 외부에 공개되어 누구든지 관찰하고 시험할 수 있는 것이 아니기 때문에 알기 어렵다. 그것은 오직 '나' 자신을 통해서만 알 수 있는 영역이다. 그래서 옛날부터 학자들은 자신을 알 수 있는 유일한 길은 내성(內省, Introspection)이라고 생각했다. 마음의 눈으로 자기 마음을 들여다보는 방법밖에는 없다고 생각한 것이다.

그러나 철학자들도 인정하듯 이런 내성에는 많은 어려움이 있다. 우선 '나'를 '내'가 살필 때, 그 살피는 '나'와 살펴지는 '나'의 관계는 어떤 것인가 하는 점이다. 주체로서의 '나'와 대상으로서의 '나' 중에 어느 것이 진정한 '나'이며, 살피는 '나'는 어떻게 알 수 있는가 하는 것이다. 결국 살피는 '나'를 살피는 '나'를 살피는 '나'로 무한히 후퇴하고 만다.

철학에서는 이런 것을 '무한후퇴(regressio ad infinitum)'라 부르는데, 그런 방법으로는 어떤 성질의 것이든 확실한 지식에 도달할 가능성은 거의 없다.

많은 철학자들은 그런 내성을 통해서는 '나'를 발견할 수 없었다고 술회하기도 했다. 영국 철학자 흄은 내성을 통하여 자신의 마음을 들여다보면 '나'는 발견되지 않고 이제까지 자기가 경험한 것들만(bundle of experiences) 나타난다고 주장했다. 프랑스의 철학자 사르트르도 우리의 마음을 들여다보아도 의식의 옹달샘 속에 들어 있는 조약돌 같은 '나'를 찾을 수 없다고 했다. 즉, 내성을 통해서는 '나'의 의식 속에 들어 있는 그 수많은 경험들을 '나'의 경험으로 만드는 바로 그 핵으로서의 '나'는 잡히지 않는다는 것이다.

사실 '나'란 잡히지 않는 대상이다. 그것은 나의 팔에도, 다리에도, 심장에도, 머리에도 존재하지 않는다. 어디에 존재한다고 꼭 집어낼 수가 없다. 결국 그것은 '여기 혹은 저기'에 있다고 할 수 있는 공간적인 것도 아니고, 우리가 초공간적으로 소유하고 있는 정신 현상의 가장 한가운데에 자리 잡고 있는 무엇도 아님을 알 수 있다.

좀 극단적으로 표현해서 '나'는 나에게 속해 있는 것이 아니라고까지 말할 수 있다. 그러므로 그것은 마치 내 속에 깊이 들어앉아 있는 것처럼 속을 들여다보아서는 도저히 발견될 수 없는 성질의 것이다.

'나'는
관계에서 태어난다

달리는 기차의 마룻바닥을 내려다보면 기차가 달리는지 정지해 있는지, 기차의 속도가 어느 정도 되는지를 알 수 없다. 그와 비슷하게 우리가 우리 자신만 들여다본다 해서 우리 자신을 정확하게 알 수는 없다. '나'는 자신이 아닌 다른 것들과의 관계를 통해 알 수 있다.

부버(M. Buber)가 그의 책《나와 너》에서 시적으로 표현하였거니와,

'너' 혹은 '그것'이 없이는 '나'는 있을 수 없다. 부버는 '나'가 가질 수 있는 기본적인 관계가 둘 있는데, 그 하나는 '나'와 '너'의 관계이고, 다른 하나는 '나'와 '그것'의 관계라고 했다.

그런데 이 두 관계에서 '나'는 동일하게 남아 있고 다만 그 상대, 즉 '너'와 '그것'만이 달라지는 것이 아니라 '너'와 관계를 가질 때의 '나'와 '그것'과 관계를 맺을 때의 '나'가 서로 다른 것이다. 이것은 '나'가 불변하는 실체로서 어딘가에 존재하는 것이 아니라 그것이 맺는 관계에 따라 바뀌는 특이한 존재임을 보여준다.

'나'의 그 두 가지 존재방식 중 진정 전체적인 인격체로서의 충만한 '나'는 '너'와의 관계를 가질 때의 '나'라고 그는 주장했다.

'그것'과 관계를 맺을 때, 즉 돈, 집, 그 사람, 국가 등 삼인칭으로 표현될 수 있는 것과 관계를 맺는 주체는 '나'의 일부일 뿐이요 나의 전체는 아니다. 예를 들어 내가 재산을 소유했을 때, 나는 단순히 재산 소유자로서의 나일뿐 전체로서의 나는 될 수 없다. 그런 '나'는 얼마든지 다른 사람과 바뀔 수 있다. 나 이외에도 재산을 소유한 사람은 많고, 내가 지금 가진 재산을 다른 사람이 얼마든지 소유할 수 있기 때문이다.

이것은 재산이라는 '그것'과의 관계에만 국한된 것이 아니라, 다른 사람들과 비인격적인 관계를 맺었을 때도 마찬가지다. 내가 단순히 하나의 기능인으로서 다른 사람과 어떤 일을 처리했을 때, 그때의 '나'는 얼마든지 다른 사람으로 대체될 수 있으며, 상대는 사람일지라도 나에게 하나의 '너'가 될 수 없고, 오히려 하나의 '그것'으로 전락하게 된다.

그러나 진정한 의미의 '너'와 관계를 맺고 있는 '나'는 전혀 다른 모습으로 등장한다. 그때의 '나'는 인격 전체이며, 다른 무엇과 대체될 수 없는 독특한 존재다. 물론 '나'와 관계를 맺는 '너'도 마찬가지로 그 인격 전체가 '나'의 앞에 서게 되는 것이다. '나'와 '그것'과의 관계는 주체와 객체의 관계로 그 둘은 차등적 관계에 있는 반면, '나'와 '너'와의 관계는 두 독특한 존재들의 대등 관계다. 그때의 '나'가 진정한 '나'다.

가령 회사에 한 직원이 있다고 하자. 그 사람은 회사에서 그의 상사, 부하직원, 그리고 업무상 만나는 수많은 사람들과 관계를 맺고 있다. 그때 그는 하나의 독특한 '나'로서 다른 사람들과 만나는 것이 아니라 그 사람이 가지고 있는 직책, 즉 기능으로 만난다. 그 사람이 아닌 다른 사람이 그 자리를 차지하더라도 그 만남의 내용은 큰 차이가 없을 것이다. 물론 어떤 사람은 좀 더 효율적으로 일을 처리하고 어떤 사람은 거칠게 일을 처리할지 모르나 만남의 질에는 아무 차이가 없다.

그러나 그 사람이 일을 마치고 집으로 와서 대문의 벨을 눌렀을 때, 어린 딸이 두 팔을 넓게 벌리고 그의 목을 얼싸안으면서 "아빠!" 하고 기쁨의 함성을 지른다고 하자.

그때 그 사람은 세상 누구와도 바꿀 수 없는 유일한 아빠이며, 진정한 '나'가 되는 것이다. 그리고 그의 어린 딸도 그에게는 이 세상에 누구와도 그리고 무엇과도 바꿀 수 없는 유일한 존재이다. 둘은 단순히 아버지와 딸이란 기능으로 만나는 것이 아니라 그들 인격 전체를 총동원한 만남을 가지는 것이다. 아니 오히려 그 둘이 서로 얼싸안고 볼을 비비는 순간 '나'가 창조된다고 하는 것이 옳을 것이다. 그 사람은 종일 '나'가 아닌 회사의 과장이란 기능인으로서 활동해왔다. 얼마든지 대체될 수 있는 부품으로 일한 것이다. 그러나 어린 딸을 만나는 순간, 그는 세상 누구와도 바꿀 수 없는 '나'가 된다.

출근과 퇴근길에 수많은 학생들을 만난다. 그러나 나는 그 수많은 아이들 틈에 끼어 걸어오는 우리 아들에게만 마음이 끌린다. 특별히 잘생기거나 머리가 뛰어나진 않지만 그 수많은 아이들, 심지어 온 세상의 모든 아이들을 다 준다 해도 바꿀 수 없는 녀석이다. 그것은 우리의 관계가 사랑의 관계이기 때문이다. 사랑의 관계는 비록 지금 이 순간에 '나'와 '너'란 말을 쓰는 상황으로 만나지 않더라도 역시 '나'와 '너'와의 관계요 인격적인 관계다.

사랑의 관계에서 우리는 진정한 '나'가 되고 다른 것과 대체될 수 없는 독특한 존재가 된다. 그러므로 부부가 서로 다투다가 남편이 "이 세상에 여자가 너뿐이냐?" 하고 고함을 친다면 이것은 살인과 다름없다. 그때 그 부인의 '나'는 사라지고 다른 여자와 대체될 수 있는 '그것'이 되어버린다. 사랑의 배신은 그토록 잔인하고 배신당한 자의 고통은 그렇게 견디기 힘든 것이다.

그러므로 '나는 누구인가?' 하는 질문은 '인간은 무엇인가?' 하는 것과는 다른 차원의 질문이다. 물론 '나'도 인간임은 분명하고 나아가서는 인간이기 때문에 '너'와 관계를 맺는 '나'가 될 수 있는 것은 사실이지만, 인간이 무엇인지 안다고 해서 '나'를 아는 것은 아니고, 인간을 아는 지식과 '나'를 아는 지식이 동일한 성질의 것도 아니다.

인간에 대한 지식은 '그것'에 대한 지식이고, 그것은 이론적으로 객관적으로 제시될 수 있는 성질의 것이다. 객관적이기 때문에 누구든지 원칙적으로 동의할 수 있는 지식이다. 그러나 '나'에 대한 지식은 '나'가 객관적이 될 수 없듯이 객관적일 수 없으며, 좁은 의미로 '지식'이 될 수도 없다. 그것은 지식 이상이요, 지식이 일으킬 수 없는 인격 전체가 동원된 힘과 반응을 불러일으킨다.

나의 나된 것은
오직 은혜로

우리가 진정한 '나'가 될 수 있는 것은 단순히 우리가 '너'와 일방적으로 관계를 맺기 때문이 아니라 '너'가 될 수 있는 다른 사람이 있기 때문이요, 그 사람이 '나'의 '너'로 관계를 맺어주기 때문이다. 다른 사람이 없거나 있더라도 '나'의 사랑에 아무 반응을 보이지 않으면 정상적이고 진정한 관계는 형성될 수 없다. 우리는 이런 경우를 자주 경험한다. 이루어지지 않는 사랑 때문에 많은 사람들이 '나'가 되는 기회를 얻지 못한다.

진정한 인격적 관계는 내가 먼저 관계를 맺으려 할 때만 생기는 것은 아니다. 많은 경우에 다른 사람이 먼저 '나'의 '너'가 되어주기 때문에 가능한 것이다. 즉, 나를 그의 '나'의 '너'로 만들어주기 때문이다.

그 어느 경우를 막론하고 내가 진정한 '나'가 될 수 있는 것은 은혜다. 내가 요구하더라도 다른 사람이 들어주지 않을 때 나는 충만하고 즐거운 '나'가 될 수 없고, 다른 사람이 나의 여러 가지 부족함에도 불구하고 나를 그의 '너'로 만들어줄 때 우리는 기대하지 않은 '나'를 만끽할 수 있다. 내 사랑의 제안을 다른 사람이 받아들였기 때문에 나는 사랑을 꽃피울 수 있는 것이요, 다른 사람이 먼저 나를 사랑해주었기 때문에 내가 사랑에 눈뜰 수가 있는 것이다. 양쪽의 짝사랑이 불가능한 것은 아니다. 그때의 '너'는 아직도 내가 만들어놓은 것이기 때문에 사랑의 기쁨에 충만한 '나'는 아니다.

그러므로 내가 '나' 되는 것은 은혜라 할 수 있다. 즉, 내가 가진 어떤 자격, 능력, 조건과 관계없이 그런 것들을 초월한 다른 이의 사랑 때문에 '나'가 되기 때문이다. '나'와 '그것'과의 관계에서는 '나'가 주체이고 '그것'은 나의 지배를 받는 객체이지만, '나'와 '너'의 관계에서는 '너'로 인해 '나'가 가능해지기 때문에 '너'가 우위에 선다. '너'가 은혜를 끼치는 쪽이기 때문이다.

하나님은
우리의 영원한 '너'

예수님은 자신을 선한 목자에 비교했다.

"나는 선한 목자다. 선한 목자는 양을 위하여 자기 목숨을 버린다."

(요한복음 10:11) 그래서 "문지기는 목자에게 문을 열어주고, 양들은 그의 목소리를 알아듣는다. 그리고 목자는 자기 양들의 이름을 하나하나 불러서 이끌고 나간다."(요한복음 10:3)

그러나 삯군은 도적질하려 한다. 그는 양을 위하여 오는 것이 아니라 자기의 이익을 위하여 온다. 그에게 있어서 양들은 '너'가 아니라 '그것'들이다. 그러므로 그는 양 하나하나를 따로 알 수 없고 양들도 그의 음성을 알아듣지 못한다. 그러나 선한 목자에게 양들은 '너'이기 때문에 양들 하나하나를 독특한 대상으로 안다. 그래서 "양들아, 모두 나와!" 하지 않고 양의 이름을 하나씩 부른다. 양들도 선한 목자의 음성을 분별할 수 있다. 마찬가지로 어린 딸을 사랑하는 아빠의 음성은 다른 누구도 흉내 내지 못하는 것이며, 어린 딸은 아빠의 음성을 정확하게 알아차린다.

예수님은 아흔아홉 마리 양은 내버려둔 채 한 마리 잃어버린 양을 찾기 위해 돌아다니는 목자의 비유를 소개한다. 경제적으로 따지면 말도 안 되는 처사다. 잃어버린 양 한 마리가 아깝기는 하지만, 그래도 그 녀석을 찾으러 다니다가 아흔아홉 마리를 잃어버리면 더 큰 손해가 아닌가? 그러나 잃어버린 것이 양이 아니고 장애가 있는 자녀라면 정상적인 부모의 경우에는 어떻게 하겠는가? 건강한 자녀들을 돌보기 위하여 그 아이를 포기할 부모가 있겠는가? 그 비유에서 잃어버린 양과 목자의 관계는 '나'와 '그것'의 관계가 아니라 '나'와 '너'와의 관계다. 거기서 '너'는 대체 불가능한 존재다. 잃어버린 양 한 마리는 아흔 아홉 마리의 양으로도 대체할 수 없는 것이다.

성경이 소개하는 하나님은 인격적인 하나님이다. 그는 단순히 하나의 우주 법칙이거나 절대적인 존재로 우리에게 나타나는 '그것'이 아니라, 사랑으로 우리와 인격적 관계를 맺기를 원하시는 사랑의 하나님이다. 우리를 그의 '너'로 만들기를 간절히 소원하는 '나'로 우리 앞에 서시는 분이다. 그는 우리의 방문을 두드리고 방 안에 들어오셔서 우리와 인격적인 관계에 들어가기를 원하시는 분으로 자신을 소개한다.

"보아라, 내가 문 밖에 서서, 문을 두드리고 있다. 누구든지 내 음성을 듣고 문을 열면, 나는 그에게로 들어가서 그와 함께 먹고, 그는 나와 함께 먹을 것이다."(요한계시록 3:20)

그런데 성경은 사람들이 그의 부르는 소리를 듣지 않으려는 경향을 가진 것으로도 말한다. 자기 이름을 불러도 자신을 부르는 것으로 생각하지 않기 때문이다. 자기 자신을 이름 없는 한 명의 군중으로, 즉 '일반적인 인간'의 하나로 생각하고 대중 속에 자신을 숨겨버린다. 하나님이 자신의 이름을 부르며 찾을 수 있다고 믿지 않는다. 어떻게 하나님께서 그 수많은 사람들의 이름을 일일이 불러낼 수 있겠느냐고 의심하면서, 자신을 아흔아홉 마리의 양 중 하나라고 여기고, 결코 길 잃은 양처럼 선한 목자의 특별한 관심을 받을 수 있는 존재라고 믿지 못한다. 이것은 어떤 소녀가 지극히 평범한 자신이 수많은 소녀들 중에서 왕자의 관심과 사랑을 받는다는 것은 있을 수 없는 일이라고 생각하는 것과 같다.

그런데 예수님은 그렇게 상식적인 것을 가르치시지 않았다. 우리 한 사람 한 사람을 천하보다 더 귀한 존재로 사랑하신다고 하셨다. 마치 수많은 학생들 중에 내 아들에게만 나의 관심이 오롯이 쏟아지듯, 하나님께서는 우리 하나하나를 그렇게 보시고 계신다. 우리를 그저 여럿 중의 하나로 모두 동일하게 취급하시는 것이 아니라 우리 각각의 이름을 부르시면서 독특한 '너'로 만나려 하신다는 것이다. 하나님 편에서 볼 때 우리들 하나하나는 천하와도 바꿀 수 없는 특별한 존재다.

죄의 근본은 그 사랑을 받아들이지 못하는 데 있다고 성경은 가르친다. 아들을 지극히 사랑하는 아버지의 마음을 아들이 믿지 못하는 것이 바로 죄다. 우리는 하나님의 '너'가 되는 것이 불가능하다고 생각하며, 하나님과 '나'와 '너'의 관계를 기피한다. 있을 수 없는 일이라고 생각하기 때문이다. 그것은 자신이 생각하는 가능성의 범위를 초월하는 사랑의 기적을 받아들이지 못하기 때문이다. 그러므로 모든 불신의 뒤에는 교만이 숨어 있다. 자기가 생각하기에 당연한 것, 자명한 것, 논리적인 것 이상을 믿지 못하기 때문이다.

그러나 하나님의 사랑을 받아들이고 예수님을 "맞아들인 사람들, 곧 그 이름을 믿는 사람들에게는, 하나님의 자녀가 되는 특권을 주셨다."(요한복음 1:12) "그것은 하나님과의 사귐을 가능하게 하는 것이다."(요한일서 1:3) 즉, 하나님과 '너'와 '나'와의 관계가 가능해지는 것이다. 그것은 하나님이 제의하신 사랑을 우리가 받아들여서 가능해진 사랑의 관계이고, 하나님이 먼저 제의하신 것이기 때문에 그 관계는 곧 은혜로서 가능한 것이다.

하나님과 '나'와 '너'의 관계를 가짐으로 나의 가장 영광스런 모습이 드러난다. 그리고 그 모습은 내가 태어날 때부터 내가 마땅히 가져야 할 것이며, 그 관계에서 나의 참모습이 드러난다. 즉, 나의 참 '나'가 탄생한다고 할 수 있다. 이 모든 것이 하나님이 먼저 시작하신 사랑의 관계에서 가능한 것이기 때문에 바울은 "나는 하나님의 은혜로 오늘의 내가 되었습니다"(고린도전서 15:10)라고 말할 수 있었다.

물론 '나'와 '너'의 관계가 하나님과의 관계에만 국한되는 것은 아니다. 아버지와 딸(아들), 아내와 남편, 만나면 즐거운 친구 사이에도 그런 관계는 성립된다. 그러나 '나'와 '너'의 관계가 모두 본래적인 것도 아니고 모두 순수한 것도 아니다. '그것'의 요소가 그 순수해야 할 '나'와 '너'의 관계 속에 스며드는 것이다. 협잡꾼들 사이에도 가끔은 '나'와 '너'의 관계가 성립될 수 있다. 그러나 그것은 항상 '그것'에 의하여 착색될 위험을 내포하고 있다.

물론 하나님과의 관계도 항상 '나'와 '너'의 순수한 관계로 남아 있을 거라는 보장은 없다. 신학자들의 하나님은 '그것'이 될 위험을 가지고 있고, 종교를 통하여 돈을 벌고 권력을 누리려는 자의 하나님도 '그것'이다. 오늘날 그렇게 하나님을 모시는 신학자들이 너무 많고, 돈으로 하나님과의 관계를 사보려는 시몬들도 너무 많다. 그들의 '나'는 진정한 '나'가 아니고 그들의 하나님과 함께 '그것'들이다. 돈이나 명예를 더 효과적으로 얻을 수 있는 다른 길이 있다면, 그들은 재빨리 그들의 하나님을 바꿀 것이다. 그래서 그들의 하나님은 살아계신 하나님이 아니고 하나님이란 이름만 가진 우상이다.

하나님 앞에서 부끄러운 '나'

이렇게 하나님의 사랑의 조명 아래 자신의 모습을 적나라하게 바라보았을 때, 우리는 부끄러운 자신을 발견한다. 그와 사랑의 관계에 들어갈 만한 자격이 없음을 발견하는 것이다. 키에르케고르가 비유했듯이 하녀가 왕자의 사랑을 받아 감격하나, 동시에 자신의 모습이 얼마나 초라하며 보잘것없는가를 떨쳐버릴 수 없는 것처럼 말이다. 마치 거짓말을 한 학생이 선생님의 부릅뜬 눈을 피하듯, 하나님 앞에 선 우리도 자꾸만 시선을 아래로 내리며 그의 영광스러운 얼굴을 바로 쳐다볼 수 없다.

이것이 우리의 참 모습이다. 하나님의 은혜로 '나'가 되었다고 감사의 찬양을 부르던 바울은 그의 사랑의 광채 앞에 섰을 때 "아, 나는 비참한 사람입니다. 누가 이 죽음의 몸에서 나를 건져주겠습니까?"(로마서 7:24)라고 탄식하였다. 그의 사랑으로 천하보다 더 귀한 존재로 격상된 것에 대한 감사와 자신이 그런 대우를 받아야 할 자격이 없음을 깨닫고서 오는 부끄러움의 교차, 이것이 하나님과 인격적인 관계 속에 들어갔을 때 나타나는 '나'의 모습이다.

그 부끄러움은 분명히 절망으로 이끄는 부끄러움이 아니다. 쥐구멍 속으로 완전히 숨어버리고 싶은 그런 부끄러움이 아니라, 부끄럽기 때문에 오히려 더 고맙고 감격하지 않을 수 없는 그런 감정이다. 그러므로 오히려 자신을 숨기지 않고 폭로할 수 있는 용기가 있는 것이다.

다른 제자들보다 훨씬 더 비참할 정도로 비겁해져서 자기의 스승을 배반했던 사도의 대표 베드로는 그것을 일생 부끄러워하여 마침내 순교당할 때, 자신은 바로 선 십자가에 달릴 가치도 없다고 하여 스스로 거꾸로 선 십자가에 달렸다는 전설까지 있지만, 그는 그의 배반을 숨기려 하지 않고 그의 제자 마가로 하여금 〈마가복음〉에 매우 상세하게 서술토록 했다. 그것은 자신의 잘못을 폭로함으로 만족을 얻는 마조히즘이 아니라, 그의 잘못을 용서해주신 하나님의 사랑에 감격해서다.

이사야는 평소에 경건한 유대인이었다. 왕실에 속한 사람으로 종교의식에 실수가 없는 조심스러운 사람이었다. 그러나 그가 어느 날 성전에서 하나님의 영광을 보고 "재앙이 나에게 닥치겠구나! 이제 나는 죽게 되었구나! 나는 입술이 부정한 사람인데, 입술이 부정한 백성 가운데 살고 있으면서, 왕이신 만군의 주님을 만나 뵙다니!"(이사야 6:5) 하고 절규했다. 심히 부끄러운 자신을 보았기 때문이다.

그러나 그는 그 부끄러운 죄를 용서받고 나서 오히려 담대해졌다. 그는 하나님의 부르심에 감히 "제가 여기 있습니다. 나를 보내어주십시오"(이사야 6:8)라고 답할 수 있었다. 부끄러우면서도 절망하지 않을 수 있는 것이 하나님과 사랑의 관계에 들어간 사람이 발견한 자신이다.

사랑은 단순히 받는 것으로 만족하는 것을 허락하지 않는다. 즐기고 받기만 하는 것은 분명 사랑의 본성에 어긋난다. 사랑 안에서 '나'를 발견한 사람은 사랑하지 않으면 안 된다. 사랑하지 않을 수 없게 된다. 사랑의 하나님과 '나'와 '너'의 관계를 맺고 그의 은혜로 자신의 참 모습을 발견한 사람은 하나님께서 의도하신대로 주도적으로 사랑을 시작하는 것이다. 이사야는 즉시 나아가서 이스라엘의 회개를 외치고, 바울은 예수가 그리스도라는 사실과 부활의 소망을 제공할 믿음을 선포했다. 그것이 바로 사랑의 행위인 것이다. 그래서 요한은 "사랑하는 여러분, 하나님께서 이렇게까지 우리를 사랑하셨으니, 우리도 서로 사랑해야 합니다"(요한일서 4:11)라고 충고했다.

'나'는 누구인가? 그것은 어떤 문장으로 표현될 수 있는 성질의 것이 아니다. 다만 다른 인격체와 '나'와 '너'의 관계를 맺을 수 있을 때 태어나는 것이며, 하나님의 사랑 속에서 천하보다 더 귀한 존재임을 인정받는 것이다. 그 사랑의 빛 아래서 부끄러운 나는 바로 그 때문에 감격하고, 그런 '나'를 가능케 한 사랑을 실천함으로 다른 '나'들을 탄생시키는 것이다. 이것이 하나님의 형상으로 지음을 받은 나의 본래의 모습이다.

제7장

왜 사는가

믿음, 소망, 사랑
이 세 가지는 항상 있을 것인데
그중에서 으뜸은 사랑입니다.

요한일서 4장 7절~11절

사랑하는 여러분, 서로 사랑합시다.
사랑은 하나님에게서 난 것입니다. 사랑하는 사람은 다 하나님에게서
났고, 하나님을 압니다. 사랑하지 않는 사람은 하나님을 알지 못합니다.
하나님은 사랑이시기 때문입니다.

하나님의 사랑이 우리에게 이렇게 드러났으니,
곧 하나님이 자기 외아들을 세상에 보내주셔서
우리로 하여금 그로 말미암아 살게 해주신 것입니다.

사랑은 이 사실에 있으니, 곧 우리가 하나님을 사랑한 것이 아니라,
하나님이 우리를 사랑하셔서 자기 아들을 보내어
우리의 죄를 위하여 화목제물이 되게 하신 것입니다.

사랑하는 여러분, 하나님께서 이렇게까지 우리를 사랑하셨으니,
우리도 서로 사랑해야 합니다.

모든 삶이 동일한 가치를
가지는 것은 아니다

잔디밭에 비료를 주다 잡초가 많이 섞여 있는 것을 발견했다. 비료를 주다 말고 잡초부터 먼저 뽑는다. 비료를 주어 잡초까지 무성하게 자라게 하는 것은 목적한 바가 아니기 때문이다.

산에 나무들은 많은데 곧게 자라서 나중에 좋은 목재로 쓸 만한 것은 그리 많지 않다. 모든 나무가 해마다 몇 뼘씩은 자라는데 쓸모 있는 것들만 자란다면 얼마나 좋을까 생각해본다.

이런 생각이 어떻게 풀과 나무에만 국한될 것인가? 인간 사회를 보면서도 그와 비슷한 생각을 하기 마련이다. 두 사람이 도서관에 앉아 열심히 공부를 하고 있다고 하자. 한 사람은 유능한 인물이 되어서 다른 사람들을 돕고 사회에 유익한 일을 하기 위해서 공부하고, 다른 한 사람은 자기의 출세와 명예를 위해서 공부하고 있다면 그들이 보낸 시간의 질은 하늘과 땅 차이일 것이다.

네덜란드의 의사 만더비어(B. Mandeville)는 개인의 악도 사회에는 유익할 수 있다는 이론(Private vices, public benefits)을 내세웠고, 독일의 철학자 라이프니치는 악이란 불가피할 뿐만 아니라 악이 있어서 선이 더욱 빛난다는 변신론(辨神論, theodicy)을 제시했지만, 설혹 그들의 이론이 옳다 하더라도 악한 사람을 가치 있는 사람이라 할 수는 없으며, 그의 삶이 보람 있다고 칭찬할 수는 없을 것이다. 잔디밭에는 잡초가 있기 마련이고 산에는 꾸불텅한 나무가 있기 마련인 것처럼, 인간 사회에도 악한 사람이 있게 마련이란 주장은 사실일지는 모르나 그렇다고 해서 악한 사람이 선한 사람과 동일한 가치를 가진다고 할 수는 없다. 물론 모든 사람들이 다 제 잘난 맛으로 산다는 말처럼 어떤 삶이 가치가 있고 없음을 객관적으로 평하기는 어렵다는 상대주의적 주장도 그리 쉽게 무시해버릴 수는 없다.

나무와 풀은 객관적으로 그 가치 있고 없음이 쉽게 판정되지만, 사람은 어디까지나 자율적인 존재이므로 어떤 삶의 가치 있고 없음이 그 삶을 사는 주체의 판단 기준에 의해 결정되어야지, 다른 사람들이 이러쿵저러쿵할 수는 없는 일 아니겠냐고 할 수도 있다. 그러나 그런 상대주의가 이론적으로 그럴듯하고 실제로 어느 정도는 적용될 수 있다 해도 우리의 구체적인 삶이 항상 그렇게 상대주의적으로 평가될 수는 없다. 모든 사람이 다른 사람과 아무 관계도 맺지 않고 혼자 살 수 있다면 그것이 가능할는지 모르나, 인간은 사회적 동물이고 다른 사람과 관계를 맺으면서 살지 않으면 안 된다. 한 사람의 선이 다른 사람의 악이 될 때, 두 사람이 행복하고 의미 있게 같이 살 수는 없다. 히틀러와 유대인이 같이 살 수 없고, 성자와 사기꾼이 서로를 존경하며 함께 살 수는 없다.

그러므로 어떤 사회든지 객관적인 가치 판단 기준 없이는 존속하기 어렵다. 그것이 과연 절대적으로 객관적이며 보편적인가 하는 것과 과연 그런 보편적이고 절대적인 가치 기준이 존재하는가의 문제에 대해서는 더 생각해봐야 하겠지만, 인간 사회가 존속하려면 반드시 보편적인 가치 기준이 있어야만 한다. 그리고 모든 구성원의 삶이 모두 동일한 가치와 의의를 가질 수는 없다. 이 세상에는 정말 없었더라면 참 아쉬웠을 그런 위대한 삶이 있는가 하면, 차라리 태어나지 않았더라면 인류를 위해서 훨씬 더 좋았을 쓰레기보다도 못한 삶도 얼마든지 있다. 히틀러가 장기려나 슈바이처와 동일한 가치를 가진 사람이라고 주장하기는 어려울 것이다. 모두가 제 잘난 맛으로 산다지만 모든 사람들이 다 똑같이 잘난 것은 아니다.

인격체는 삶의 가치에 대하여
책임을 져야 한다

풀과 나무는 가치 있음을 주관적으로 판단할 수 없으며, 가치 있게 되는가를 스스로 결정할 수 없다. 그들의 가치는 종자를 개량하고 선택하고 심은 사람에 의해 결정되거나 우연히 이루어진다. 이것은 동물의 경우도 마찬가지다. 개가 스스로 더 훌륭한 개가 되겠다며 결심할 수도 없고 노력한다고 해서 그렇게 될 수 있는 것도 아니다. 그들의 일생과 가치는 유전자에 의해 이미 대부분 결정되고 환경에 의하여 조금 달라질 수 있을 뿐이다. 따라서 '왜 사는가'란 질문은 그들에게 불가능할 뿐만 아니라 아무 소용이 없다.

그러나 사람의 경우는 전혀 다르다. 인간은 어떤 사람이 될 것인가를 스스로 결정할 수 있다. 인간은 인격적인 존재요, 유일하게 자율적인 피조물이다. 인간만이 선택의 자유를 가지고 있으며 거기에 대해 책임을 질 수 있다. 즉, 자신의 삶의 의미를 스스로 결정해야 하고 그것에 대하여 책임을 져야 한다는 뜻이다. 여기서 '삶의 의미'란 단순히 '단어의 의미'에서와 같이 그 내용을 뜻하는 것이 아니다. 그것은 '그런 행동의 의미'에서와 같이 목적을 뜻한다.

어떤 사람이 될 것인가를 결정을 할 수 있고, 결정해야만 하는 인격체란 어떤 특성을 가지고 있는지 한번 살펴보자.

'인격'이란 말에는 '사람 인(人)'이 들어가 있다. 그래서 인간에게만 적용된다고 오해할 가능성이 있다. 특히 기독교에서 하나님은 인격체란 말을 했을 때 많은 오해를 불러일으킬 수 있다. 자칫 잘못 이해하면 포이에르바하가 주장한 신이란 모두 인간 자신의 투영에 불과하다는 말을 뒷받침해줄 수도 있는 것이다. 혹은 하나님이 어떻게 사람같이 될 수 있는가 하고 의아해할 수도 있다.

그러나 인격이란 말의 원어인 라틴어의 '페르소나(persona)'란 말은 사람이라는 의미를 전혀 함축하고 있지 않다. 어떤 사람은 그 말도 희랍어로 가면을 뜻하는 '프로소폰(προσπον)'이란 단어에서 유래했다고 하거니와, 연극에서 배우가 가면을 쓰고 맡은 역할을 한 데서 유래한 것이라 한다. 학자들이 여러 가지 정의를 내렸지만 가장 적절한 것은 '책임이 가능한 존재'라는 칸트의 말이다. 오늘날 법인(法人, juridical person)이란 말에서 그 단어의 용법을 엿볼 수 있다. 이처럼 반드시 사람이 아니라도 '인격(person)'이란 단어를 쓸 수 있으나, 가장 대표적인 인격은 역시 인간으로서의 인격체다. 그러면 책임을 질 수 있는 인격체는 어떤 특징을 가지고 있는가? 주로 인격체로서 인간을 중심으로 살펴보기로 하자.

첫째, 책임을 질 수 있으려면 어떤 행위나 말을 한 과거의 자신과 지금의 자신이 동일하다는 것을 인식하고 인정할 수 있어야 한다. 이것을 인격의 연속성(continuity)이라 부른다. 우리가 무엇에 대하여 책임을 진다는 것은 약속할 때의 주체와 책임을 져야 하는 주체는 동일하지만 약속을 하는 시간과 책임을 져야 하는 시간은 다를 수 있음을 전제로 한다.

그리스의 궤변론자들은 말을 꾸며대면서 이익을 보거나 손해를 피하려 한 것으로 유명하다. 그런 궤변론자 중 한 명이 많은 액수의 돈을 빌렸는데, 날짜가 한참 지나고도 전혀 빚을 갚을 생각을 하지 않았다. 참다못한 채권자가 그 무책임한 채무자를 찾아가서 채무 이행을 촉구하였다. 그랬더니 그는 이런 궤변으로 위기를 모면하려 했다.

"그때 돈을 빌려간 '나'와 지금의 '나'가 동일한 '나'란 것을 증명해보시오."

아마 오늘날처럼 수사법이 뛰어난 시대에도 이것을 증명하기는 쉽지 않을 것이다. 자아 의식의 동일성이란 지문으로 증명할 수도 없고 사진으로 확인할 수도 없다. 그렇다 해도 보통은 거짓말을 하든지 다른 핑계를 둘러대든지 하지 궤변론자처럼 자신의 인격성을 부인하고 달려들지는 않는다. 궤변론자는 다음부터는 인격체로 대접을 받지 못할 것이요, 오히려 매우 비참한 상태에 빠질 것이다. 그의 아내와 그의 친구들도 그를 남편이나 친구로 대우하지 않을 것이다.

둘째, 어떤 행위나 말에 대하여 책임을 질 수 있으려면 그 행위나 말이 어디까지나 자기 것이라는 인식이 있어야 한다. 자기 것임을 의식한다는 것은 자기의 정체성에 대한 자의식이 있어야 한다는 뜻이고, 그 자의식은 앞에서도 살펴보았거니와 다른 사람이 있어야 가능하다. 즉, 다른 사람과 다른 '나'에 대한 의식이 있어야 책임을 질 수 있는 것이다. 인격성의 모든 요소들이 다 그러하지만 특히 자기에 대한 의식은 사람을 짐승과 구별하게 하는 가장 기본적인 특징이다. "사람은 갈대보다 약하다. 한 방울의 독으로도 간단하게 죽여버릴 수 있다. 그러나 인간은 생각하는 갈대다. 인간은 자기를 죽이는 어떤 존재보다 더 위대하다. 왜냐하면 인간은 자기가 죽는다는 것을 알기 때문이다." 잘 알려진 파스칼의 말이다. 그의 말처럼 인간이 위대한 것은 생각할 수 있기 때문이고 자의식이 있기 때문이다.

만약 건망증이 심해서 자기가 한 말이나 행동이 자기 것이란 사실을 완전히 잊어버린다면 책임감을 느끼지 못할 것이다. 그래서 기억력을 완전히 상실한 사람은 하나의 정상적인 인격체로 대접받기 어렵다. 외부의 여러 가지 증거를 통해 그 말과 행동이 자기의 것이었음을 인정하지 않는 한 책임을 지려 하지 않을 것이기 때문이다. 컴퓨터는 상당한 기억력을 가지고 있어도 자의식을 가질 수 없기 때문에 인격체가 될 수 없다. 마찬가지로 앞으로 인공지능이 아무리 발전해도 '자의식'

을 가질 가능성은 없고, 따라서 인격체가 될 수는 없을 것이다.

그러나 그보다 더 중요한 것은, 어떤 행위나 말이 자기 것이 되려면 그것이 어떤 외부의 강압에 의한 것이 아니라 자발적인 것이라야 한다는 점이다. 책임의 가장 기본적인 조건은 자유의지다. 강압에 의해서 혹은 우연히 한 행위에 대해서는 책임을 질 수 없다. 길을 가다 발에 부딪혀 튕겨나간 돌이 지나가던 아이의 눈을 다치게 했다면, 그것은 그 사람의 고의적인 잘못이 아니므로 도의적 책임 외에는 더 책임질 필요가 없다. 또 협박 때문에 불가피하게 저지른 불법에 대해서도 벌을 받을 이유가 없다.

현대의 인간관이 인간의 자유의지를 부인하는 쪽으로 기우는 것은 혹시 과학적으로 증명될 수 있을지 모르나 인간의 책임감을 고취하는 데는 별 도움이 되지 못한다. 또 사회의 질서 유지와 인간 존엄성 유지에도 별 공헌을 하지 못할 것이다. 책임을 질 수 없는 존재를 존엄하다 하기는 어렵지 않겠는가? 현대 산업사회에서 인간의 가치와 존엄성이 무시된다고 우려하지만, 산업사회 못지않게 이런 경향에 공헌하는 것은 인간의 정신활동을 물질적인 인과관계로 설명하면서 자유의지를 부인해버리는 현대의 과학적 인간관이 아닌가 한다.

그러나 인간은 인격체다. 즉, 자의식을 가지고 과거의 자신과 현재의 자신 사이의 연속성을 인정하며, 대부분의 행위는 자기가 원해서 하는 것으로 의식하고 있다. 그러므로 인간은 책임을 질 수 있으며, 실제로 대부분의 인간은 자신의 책임을 의식하고 자기가 한 일에 대하여 책임을 진다.

인간은 인격체이기 때문에 삶의 의미에 대하여 논하는 것은 의미가 있다. 자신의 결정에 따라 삶이 의미 있을 수도 없을 수도 있기 때문이다. 만약 인간의 모든 정신활동이 물질적 하부구조에 의하여 결정된다면, 삶의 의미에 대하여 논한다는 것은 별 의미가 없을 것이다. 스스로의 결정이 삶을 의미를 결정할 수 없다면 그것을 구태여 논해야 할 필요가 없기 때문이다. 이미 결정되어 있는 것에 대해서 논하는 것이 무슨 소용이 있겠는가? 따라서 숙명론적 인간관을 가진 사람들은 기본적인 질문을 할 필요가 없다고 느낀다.

기독교에서는 사람의 인격성을 매우 중요시한다. 성경에서는 하나님을 인격체로 보고, 인간은 그의 형상으로 지음을 받은 것으로 가르치고 있다. 이것은 카르마(karma)를 중시하는 힌두교나 불교, 천명(天命)을 중시하는 유교와 좋은 대조가 된다. 이들 종교가 인간의 인격성을 무시하는 것은 아니나, 확실히 기독교보다는 인간의 자유의지를 강조하지 않는다. 현재 내게 일어나는 모든 것이 전생의 업보에 의한 것이라면 잘잘못에 대해서 책임을 질 이유가 없지 않겠는가?

성경은 하나님이 자기의 뜻을 바꾸는 분으로 나타내고 있다. 니느웨 성의 죄가 크기 때문에 하나님께서 멸망시키기로 작정하셨으나, 그들이 회개할 때 그 결정을 바꾸신 것으로 구약성경 요나서는 기록하고 있다. 이에 대하여 오히려 선지자 요나는 불만을 토로했다. "요나는 이 일이 매우 못마땅하여, 화가 났다. 그는 주님께 기도하며 아뢰었다. '주님, 내가 고국에 있을 때 이렇게 될 것이라고 이미 말씀드리지 않았습니까? 내가 서둘러 스페인으로 달아났던 것도 바로 이것 때문입니다. 하나님은 은혜로우시며 자비로우시며 좀처럼 노하지 않으시며 사랑이 한없는 분이셔서, 내리시려던 재앙마저 거두실 것임을 내가 알고 있었기 때문입니다'."(요나 4:1~2)

신약성경에도 하나님은 뜻을 바꾸실 수 있는 분으로 서술하고 있다. 밤중에 친구가 왔는데 그를 대접하기 위하여 아는 사람 집에 가서 문을 두드리며 떡을 빌리려고 했다. 그러나 그 집 주인은 이미 침상에 들었고 아이들도 잠들어서 일어나지 않겠다고 했으나, 계속 문을 두드리고 간청하므로 하는 수 없이 일어나 문을 열고 떡을 빌려주었다는 비유를 예수님이 예로 드셨다.(누가복음 11:5~8)

그것은 하나님이 처음에 인간의 기도에 응답하시지 않기로 작정했으나 간절히, 그리고 계속해서 기도하면 그 뜻을 돌이키실 수 있음을 가르친 것이다. 인격체만이 뜻을 돌이킬 수 있다. 비인격적인 법칙은 뜻을 바꿀 수 없다. 카르마나 천명은 인간이 애원한다고 바뀌지 않는다.

하나님의 형상으로 지음을 받은 사람도 하나의 인격체로서 뜻을 바꿀 수 있고, 바로 그 때문에 책임을 져야 한다. 그리고 책임을 진다는 것은 단순히 형식적이거나 의식으로 끝나는 것이 아니다. 책임을 진다함은 인간의 결단이 그만큼 심각한 결과를 가져올 수 있다는 것을 함축한다. 우리가 결단함에 따라 우리의 삶이 매우 의미 있을 수도 있고,

전혀 무의미할 수도 있다는 것이다. 그러므로 '왜 사는가?' 하는 질문은 제기되어야 한다.

이 질문은
빨리 제기되어야 한다

얼마 전 65세 이상의 노인들 600여 명이 모인 경로대학에서 강의한 적이 있다. '삶의 의미'에 대해서 약 1시간 30분 동안 이야기를 했는데, 강의를 듣는 그들의 태도가 너무 진지해서 강의를 끝내기가 매우 미안할 정도였다. 삶의 쓴맛과 단맛을 다 경험하고, 삶 전체에 대하여 어느 정도 관조할 수 있는 정신적 성숙기에 이르렀기 때문에 그들에게는 이 제목이 특히 더 심각하고 중요했던 것 같다.

그런데 집으로 돌아오면서 이런 생각이 들었다. 그들이 지금 삶의 의미에 대하여 그렇게 진지하게 알아보려 한들 그것이 그들의 삶에 얼마나 도움이 되겠는가. 나머지 삶이 얼마 남지 않았는데 이제 비로소 삶의 참 목적을 발견하였다 한들 좋은 시절을 다 보내버린 지금 와서 그런 강연은 후회 이외에 별다른 도움이 되지 못할 것이라는 생각이 들었던 것이다.

이것이야말로 우리 인생의 비극 한 가지가 아닐까? 삶의 의미 문제가 진지하게 느껴질 만큼 성숙했을 때는 이미 그 질문이 별 소용 없게 된다.

물론 전혀 모르고 그대로 이 세상을 떠나는 것보다는 남은 짧은 시간이라도 뜻있게 사는 것이 중요하겠지만, 좀 더 일찍 그 문제를 심각하게 생각하고 가치 있는 삶을 살았더라면 훨씬 더 좋지 않았겠는가?

시간의 길이가 반드시 가치의 크기와 비례하는 것은 아니다. 즉, 오래 살았다 해서 그만큼 더 큰 가치를 생산하는 것은 아니다. 그런데 너무나 많은 사람들이 왜 사는가에 대하여 전혀 물어보지 않고 그 귀중한 시간을 보내버린다. 만약 인생의 마지막 순간에 삶 전체를 돌이켜보고 그것이 전혀 가치 없었다는 결론을 내리게 된다면 얼마나 기가 차겠는가?

앞에서 사람들이 왜 삶에 있어서 기본적인 질문을 하지 않는가에 대해 생각해보았다. 아무리 물어보아도 신통한 대답이 나올 것 같지 않아서, 삶이 전혀 무의미한 것으로 드러나 자살 충돌이 일어날 것 같아서, 대다수의 사람들이 사는 대로 살면 될 것이라 생각해서, 삶이란 이미 숙명적으로 결정되어 있는 것이기 때문에 새삼스레 그 의미를 묻는 것은 부질없는 것이기 때문이라고 추측해보았다. 그러나 결론적으로는 그런 이유들이 모두 잘못된 생각임을 지적하고, 기본적인 질문들은 제기되어야 함을 주장하였다.

이미 많은 사람들이 그런 기본적인 질문이 매우 중요하고 반드시 제기되어야 한다고 믿고 있다. 또 가끔은 좋은 대답이 이미 마련되어 있지 않은가 하고 찾는 사람들도 있다.

그러나 그 질문이 중요하고 반드시 제기되어야 한다고 믿는 사람들

중 대부분은 그 시행을 연기해버린다. 대개는 지금은 우선 공부를 해야 하고, 돈을 벌어야 하고, 혹은 출세해야 해서 바쁘니까 나중에 시간이 생기면 그때 삶의 목적이나 의미에 대하여 생각할 거라고 한다. 심지어 어떤 사람들은 지금 당장은 그런 생각을 할 만큼 시간도 없거니와 그 문제에 대한 기본적인 지식이 없기 때문에, 좀 더 지식이 늘고 세상을 경험한 뒤에 질문을 해보겠다고 그럴듯한 이유를 대기도 한다.

삶의 의미는 매우 중요하지만 지금은 그것을 알기가 매우 어려우므로 우선은 준비부터 해야 한다고 생각하는 것이다. 예를 들어 많은 사업가들은 그들의 삶의 목적이 단순히 돈을 버는 데 있다고 생각하지 않는다. 돈을 벌기 위해 산다고 하는 사람들을 그렇게 많이 만나보지는 못했다. 대부분의 사람들은 돈이란 단순히 삶의 목적을 달성하기 위한 하나의 중요한 수단에 불과하다고 생각한다. 그러나 삶의 목적이 아직 뚜렷이 결정되지 않은 이상, 우선 돈을 잔뜩 벌어두고 삶의 목적이 분명해지면 이제껏 모아놓았던 모든 돈을 거기에 전부 바칠 거라고 다짐한다.

그러나 대부분의 경우 그런 계산은 맞아떨어지지 않는다. 단순히 수단을 마련하는 데 그들의 일생을 바치고 마는 것이다. 우리는 죽음이 우리가 기대하는 것보다는 빨리 찾아온다는 사실을 잊어버리고 살아간다. 그래서 마땅히 물어보아야 하는 기본적인 질문보다는 그것을 성취하기 위한 수단인 돈, 지식, 권력에 더 큰 유혹을 느낀다는 사실을 절실하게 인식하지 못한다. 그리하여 많은 사람들이 그렇게 연기해두었던 기회를 영원히 얻지 못한 채 삶을 마감하는 것이다. 왜 사는가에 대하여 한 번도 물어보지 못한 채 풀이나 짐승과 별다름 없이 살다 가는 것이다. 너무나 안타깝고 아까운 삶이 아닐 수 없다.

모르는 길을 갈 때는 바로 물어보아야 시간과 에너지를 효율적으로 사용할 수 있듯이, 인생의 길을 걸을 때도 가능한 한 빨리 삶의 목적과 방향을 물어보아야 뜻있는 삶의 여정을 보낼 수 있다. 엉뚱한 방향으로 걸으면서 중요하지도 않은 일에 너무 많은 시간과 에너지를 쓰면 삶은 그만큼 낭비된다. 물론 젊음이 가진 미숙과 지식이나 경험 부족 등이 판단을 그르칠 위험이 없는 것은 아니나, 그래도 가능한 한 일찍 질문을 던지는 것이 전혀 물어보지 않고 무작정 사는 것보다는 더 지혜로운 태도일 것이다.

삶의 목적들

앞에서도 지적한 바 있지만 삶의 기본적인 문제에 대해서는 옛날 사람들이 오히려 더 많이, 그리고 더 심각하게 질문했다. 현대인은 더 빠르고 효율적이고 편리한 도구들을 사용하며 자유로운 시간이 늘어났지만, 과거 어느 때보다 더 바쁜 탓으로 삶에 있어서 가장 기본적이고 절실한 문제들을 생각할 시간을 갖지 못한다. 그러나 이런 문제들은 너무나 중대하기 때문에 그것을 무시해버리거나 뒤로 미루는 것은 무책임하고 어리석은 행위라 할 수 있다.

종교와 철학은 직간접으로 삶의 목적에 대하여 언급해왔다. 그중 몇 몇 주장을 살펴보는 것은 우리 자신들의 입장을 정립하는 데 매우 도움이 될 것이다.

허무주의

우선 가장 쉽게 생각할 수 있는 것은 허무주의다. 삶이란 그 자체로 아무 의미도 없다는 입장이다. 고대 그리스의 극작가 소포클레스(Sophocles)는 사람에게 "가장 좋은 것은 태어나지 않는 것이고, 둘째로 좋은 것은 일찍 죽는 것이다"라고 했다. 또 역사상 모든 철학자들 중 가장 호화스러운 생활을 할 수 있었는데도 로마 황제들과 로마 궁중의 부패상을 몸소 체험한 스토익 철학자 세네카는 "삶이란 죽기 위하여 생겨난 하나의 선물일 뿐, 삶에 있어서 가장 훌륭한 점이란 그 고문이 다행히도 길지 않다는 것이다"라고 말했다. 일반적으로 허무주의자라고 알려진 쇼펜하우어도 "인생이란 욕망을 충족시키기 위한 투쟁과 그것이 만족되었을 때 엄습해오는 권태 사이에 마치 시계추처럼 왔다 갔다 할 뿐이다"라고 했다. 얼마나 가혹하리만큼 삶을 무시하며 경멸하는 말인가?

그런데 허무주의에 관한 한 구약성경 전도서처럼 잘 표현한 것은 없다.

"전도자가 말한다. 헛되고 헛되다. 헛되고 헛되다. 모든 것이 헛되다.

사람이 세상에서 아무리 수고한들, 무슨 보람이 있는가? ……만물이 다 지쳐 있음을 사람이 말로 다 나타낼 수 없다. 눈은 보아도 만족하지 않으며, 귀는 들어도 차지 않는다. 이미 있던 것이 훗날에 다시 있을 것이며, 이미 일어났던 일이 훗날에 다시 일어날 것이다. 이 세상에서 새 것이란 없다. '보아라, 이것이 바로 새 것이다'라고 말할 수 있는 것이 있는가? 그것은 이미 오래 전부터 있던 것, 우리보다 앞서 있던 것이다. 지나간 세대는 잊히고, 앞으로 올 세대도 그 다음 세대가 기억해주지 않을 것이다. ……나는 또 무엇이 슬기롭고 똑똑한 것인지, 무엇이 얼빠지고 어리석은 것인지를 구별하려고 심혈을 기울였다. 그러나 그처럼 알려고 하는 그것 또한 바람을 잡으려는 것과 같은 일임을 알게 되었다. 지혜가 많으면 번뇌도 많고, 아는 것이 많으면 걱정도 많더라."
(전도서 1:2~3, 8~11, 17~18)

조금 심각하게 보자면 현대인들의 대부분은 이런 허무주의자들일 것이요, 그중 어떤 사람은 자살로 생을 마칠 것이다. 그러나 인간에게는 생물적인 생존 욕구가 존재하고, 그것에 역행하는 논리적인 결론은 실상 그렇게 큰 힘을 갖지는 못하는 모양이다. 허무주의 철학자로 알려졌을 뿐만 아니라 자살을 미화한 쇼펜하우어조차도 자살은커녕, 그의 아버지로부터 받은 유산을 철저히 관리해서 여생을 풍족하게 살았다고 한다.

그러므로 상대주의가 그렇듯 허무주의도 일관성 있게 주장하기는 매우 어렵다. 또 그것은 삶의 목적에 대한 전면적인 부정이기 때문에 삶의 의미에 대하여 어떤 시사점도 줄 수 없는 것은 당연하다.

비록 허무주의라고는 할 수 없으나 이 세상에서의 삶이란 그보다 더 훌륭한 다음 세상을 위한 준비라는 의미밖에 없는 것으로 본 견해는 역사상 매우 많았다. 이 세상에서의 삶을 부정적인 것으로 보는 점에서는 허무주의와 비슷하나, 그것이 전혀 의미가 없는 것은 아니고 더 좋은 것을 위한 준비 단계로서 의미를 가진다고 보았기 때문에 일종의 염세주의라 할 수 있다. 불교나 힌두교에서는 이 세상이란 그 자체로 별로 가치 없는 하나의 그림자(Maya)의 세계요, 이원론적인 기독교인들에게도 이 세상은 불타 없어질 장망성이다. 삶이 의미 없다고 하지는 않으나 이 세상에서의 삶을 매우 소극적이고 부정적으로 평가한다. 이런 입장에서는 이 세상을 뜻있게 적극적으로 살 수는 없을 것이다.

쾌락주의

허무주의와 어느 정도 관계가 있는 태도는 쾌락주의라 할 수 있다. 삶의 궁극적인 목적은 최대한 행복하고 즐겁게 사는 것이란 태도다. 그런데 그 쾌락 혹은 행복이 무엇이냐에 따라 쾌락주의는 엄격한 금욕적 생활을 강조하는 에피쿠로스학파(Epicureanism)에서부터 그저 먹고 놀고 즐기다가 죽자는 가장 통속적인 쾌락주의에 이르기까지 여러 가지 종류로 나뉜다. 심지어 어떤 사람들은 기독교인이 행복으로 가득 찬 천국을 바라거나 불자들이 고통 없는 열반을 바라보는 것도 일종의 쾌락주의로 볼 수 있다며 그 범위를 확대한다.

그러나 내세의 쾌락을 바라보고 땅 위에서 고행을 가르치는 교리는 일단 쾌락주의의 범주에서 빼는 것이 일반적이다. 그리고 추구하는 쾌락이 우리가 일반적으로 말하는 본능적인 욕구의 만족이 아닌 좀 더 정신적이고 고상한 것일 때도 쾌락주의라 칭하지 않는 것이 좋을 것이다.

아리스토텔레스나 스토익 철학이 삶의 목적으로 내건 행복주의(Eudaimonism)와 에피쿠로스학파나 공리주의가 강조하는 쾌락주의(Hedonism)는 구별되어야 한다. 물론 그들이 말하는 쾌락이 인간의 동물적인 본능의 만족을 뜻하는 것은 아니나, 그것을 완전히 배제하는 것도 아니라는 점에서 정신적인 만족으로서의 행복을 추구하는 행복주의와는 구별되어야 한다.

이런 쾌락주의는 인간이 동물과 근본적으로 다른 존재란 사실을 그다지 강조하지 않는 결과를 가져온다. 모든 동물이 본능을 충족하려하고, 그 점에 있어서는 인간도 예외가 아니라는 생각이 그 배경에 깔려 있기 때문이다. 다만 에피쿠로스학파나 공리주의 등 철학적 쾌락주의에서는 인간은 그래도 동물과 달리 좀 더 신중(prudence)하기 때문에 쾌락을 추구하는 방법에 있어서도 더 세련되어야 하며, 그렇게 해서 얻어지는 쾌락의 범위도 더 넓고(최대다수의 행복) 좀 더 고상(마음의 평정)한 것이 될 수 있다고 가르친다. 이런 점에서 그것은 먹고 마시고 즐기자고 주장하는 통속적 쾌락주의와는 구별된다.

현대문화의 위기는 바로 이런 통속적인 쾌락주의가 널리 퍼지는 데서 발생한다. 이런 태도가 점점 더 만연하는 것은 자연과학이 제시하는 폐쇄된 세계관과 유물론적 인간관 때문인데, 철학적 쾌락주의도 그런 경향을 극복하는 데 별 도움을 주지 못하고 있다. 이 세상을 초월하는 어떤 세계도 인정하지 않으면 본능의 만족을 초월하는 어떤 고상한 가치를 인정하기가 어렵고, 그러면 자연히 삶의 목적이 바로 그 본능을 최대한 그리고 가장 오래 만족시키는 것이 되고 만다.

사회질서가 유지되어야 하는 유일한 근거도 가능한 한 많은 사람이 가능한 한 오래 쾌락을 즐기기 위해서라는 홉스의 주장에서 찾아야 할 것이다. 그러나 그런 근거가 현대인들이 금욕하거나 절제하는 데 얼마나 도움을 될지는 커다란 수수께끼가 아닐 수 없다. 다른 사람과 함께 먹기 위해서 내가 참아야 한다는 주장이 과연 쾌락주의적 원칙에서 정당화될 수 있을까? 쾌락주의자 밀(J. S. Mill)은 "배부른 돼지보다는 배고픈 소크라테스가 더 행복하다"라고 말하며 단순한 욕망의 만족 이상의 다른 쾌락이 추구되어야 함을 시사했지만, 쾌락주의 원칙에서 어떻게 그것이 정당화되는지는 보여주지 못했다.

결국 쾌락주의를 통해서는 쾌락을 얻을 수 없다. 즉, 자체의 원칙에 역행하는 결과를 가져올 가능성을 품고 있다는 것이다. 적어도 라이프니치나 만더비어는 사람이 자신의 욕망에 따라 행동하면 결과적으로 모두에게 이익이 된다는 예정조화를 믿었다. 그러나 그런 사색적 세계관에서 벗어나 구체적인 현실을 보았을 때, 모든 사람이 자기의 쾌락만 추구한다면 사회는 인간이 살 수 없는 만인의 만인에 대한 전쟁터가 되고 말 것이며, 결과적으로 아무도 진정한 쾌락을 누리지 못하게 될 것이다. 자가당착적인 입장이기 때문에 쾌락주의는 진정한 삶의 목적으로는 적합하지 못하다.

뿐만 아니라 쾌락주의는 결국 허무주의로 이어지고 만다. 앞에서 소개한 쇼펜하우어의 말대로 욕망의 충족이 쾌락의 전부라면, 그런 쾌락은 곧 권태로 이어지고 말 것이기 때문이다. 배고플 때 먹는 음식은 맛있지만 배가 부른데도 계속해서 맛있게 먹는 즐거움을 누릴 수는 없다. 옛날 폭군들은 먹고 토하고 또 먹고 토하면서 먹는 즐거움을 지속하려 했다는 이야기가 있지만 그렇게 하는 것에도 한계가 있었을 것이다.

쾌락의 치명적인 약점은 그것이 오래 지속될 수 없고, 만약 그럴 수 있다고 해도 그것이 쾌락이란 사실을 인식하지 못한다는 점이다. 배가 고플 때 먹으면 즐겁지만, 배가 부른 상태에서는 먹는 즐거움을 느끼지 못한다. 그래서 철학자들 중에는 열락(悅樂, Felicitas)이란 단어에 새로운 의미를 넣어 이전의 상태보다 조금 더 행복해서 계속 행복하다는 것을 느낄 수 있는 상태를 표현하려는 사람도 있었다. 물론 그런 것은 땅 위에서는 존재할 수 없다. 불행하게도 고통은 지속되지만 쾌락은 지속되지 않는다. 땅 위에서는 잠깐 동안의 행복감만 즐길 수 있고, 그것이 계속될 때는 오히려 권태에 빠지고 만다.

그리고 삶의 목적이 정말 쾌락의 획득뿐이라면 너무나 많은 사람들이 무의미하게 사는 것이 된다. 땅 위에는 쾌락보다는 고통을 느끼는 사람들이 많기 때문이다. 장애인으로 태어나 행동의 부자유는 말할 것도 없고 다른 사람들의 동정 속에서 일생을 살아야 하는 사람들, 사회 제도의 잘못으로 온갖 억울함을 당하고 일생을 분노와 자조 속에서 보내야 하는 사람들, 사랑하는 사람을 잃고 그 설움 속에 나날을 보내야 하는 사람들……. 너무나 많은 사람들이 고뇌와 고통의 세상 속에 있다. 불교와 힌두교에서 이 세상의 삶을 고뇌로 보는 것은 한두 사람의 개인적인 경험을 확대해석한 것도 아니요, 어떤 정신적 지도자의 지나치게 비관적인 견해를 보편화한 것도 아니다. 그것이 무수한 사람들의 절실한 경험이기 때문에 그 종교들은 오늘날까지 세계의 큰 종교로 남아 있을 수 있었다.

만약 쾌락이 삶의 유일한 목적이라면 대다수의 사람들은 삶의 대부분을 아무 의미도 없는 고통 속에서 보내는 셈이 된다. 고통 그 자체도 괴롭고 서러울 텐데 그것이 무의미하기까지 하다면 고통을 당해야 하는 사람들은 얼마나 더 괴롭고 서러울 것인가?

기독교에서는 고통을 부정하거나 무시하지 않는다. 불교나 힌두교 못지않게 고통을 심각하게 취급하며, 고통을 결코 무의미한 것으로 보지 않는다. 하나님의 아들이요, 구세주이신 예수 그리스도께서 땅 위에 오셔서 고통을 당하셨다는 사실이 그것을 말해주고 있다. 기독교를 십자가의 종교라고 하는 것도 기독교에서 고통이 차지하는 위치가 얼마나 중요한가를 말해준다.

앞에서도 보았지만 구약성경 이사야서는 앞으로 오실 메시아를 고통 받는 종으로 서술했고, 어떤 신학자는 기독교의 하나님을 우리 때문에 '아파하시는 하나님'이라고 불렀다. 바로 메시아께서 고통을 당하셨기 때문에, 그는 고통당하는 자들의 친구가 되실 수 있고, 사랑을 나타내실 수 있었다. 철학자 뢰비트(K. Löwith)는 기독교에서는 우리를 고통으로부터 해방시키기보다는 오히려 메시아 자신이 고통을 당하는 방법으로 고통을 해결하고 있다고 주장했다.

고통은 결코 전혀 무의미해서도 안 되고 무의미할 수도 없다. 무의미하다고 보기에는 그것이 우리 삶에서 너무나 중요한 자리를 차지하고 있으며 절박한 것이기 때문이다. 따라서 쾌락은 삶의 의미가 되어서도 안 되고 될 수도 없다.

자기 완성

아리스토텔레스가 제시한 '자기 완성'도 삶의 의미의 또 하나의 후보가 될 수 있다. 모든 만물과 같이 인간 개개인에게도 어떤 가능성이 주어졌고, 그 가능성은 현실화되어야만 한다. 즉, 본래 주어진 목적을 달성하는 것이 그 의미라고 보는 것이다. 콩의 의미는 땅에 심어져서 싹을 틔우고 꽃을 피우고 열매를 맺어 콩이 가지고 있는 가능성을 실현하는 것이요, 대리석의 의미는 조각가나 건축가의 손에 가공되어서 조각품이나 건축물에 사용되는 것이다. 이처럼 삶의 의미도 자기가 가지고 태어난 가능성을 다듬어서 최대한 실현하는 데 있다고 한다.

누군가 중소기업가들에게 왜 사업을 하는가를 물어보았더니, 대부분이 돈을 벌기 위한 것이 아니라 사업가로서의 능력을 발휘해보고 싶어서라고 대답했다는 이야기를 들었는데, 그들의 대답이 아리스토텔레스의 주장을 뒷받침한다.

아이스토텔레스는 자기 완성을 통해 인간은 가장 행복한 존재가 된다고 보았다. 음악적 소질을 타고난 사람은 그 소질을 잘 살려 음악가가 되었을 때 보람을 느끼고 행복할 수 있으며, 사업에 능력이 있는 사람은 훌륭한 사업가가 되었을 때 가장 행복하다는 것이다.

이런 견해는 매우 설득력이 있고, 많은 사람들이 실제로 이 의견을 채택하고 있다. 또 사회 전체를 위해서도 매우 좋은 태도가 아닐 수 없다. 음악에 소질이 있는 사람이 법학 공부에 매진하거나 무능한 법관이 되는 것은 본인도 불행하겠지만 사회적으로도 커다란 손실이 아닐 수 없다. 학생들의 진로 지도를 할 때도 학생들이 가지고 있는 재능을 발견하여 거기에 맞추어 진로를 결정하는데, 그것은 그렇게 하는 것이 학생 자신에게 보람되고 사회에도 유익하기 때문이다.

이런 입장은 넓은 의미로 자연주의적이요, 고대에 유행했던 실체주의적인 관점이다. 즉, 인간은 자연의 일부이고 다른 자연의 모든 부분들처럼 그 본성과 가능성을 가지고 있다고 보는 것이다. 그 본성에 따라 살아가며 주어진 가능성을 최대한 실현하는 것이 자연의 목적에 부합하고, 그것이 인간 삶의 의미가 된다는 생각이다. 아무것도 본성을 어길 수는 없으며 어긴다는 것은 어리석은 것이다. 그것은 송나라의 어리석은 농부처럼 곡식이 빨리 자라도록 손으로 곡식의 싹을 뽑아 올리는 것과 같은 짓이다. 모든 것은 순리대로 자라도록 해야 한다.

이 견해에 따르면 삶을 무의미하고 불행하게 하는 것은 자연에 거슬러 사는 것이다. 그것은 사람답게 살지 않는 것이요, 분수에 맞지 않게 사는 것이며, 하늘의 뜻을 거역하는 것이다. 따라서 이 입장을 따른다면 의미 있는 삶을 위한 인간의 노력은 어떤 결단을 하는가에 있는 것이 아니라, 자신의 천성과 능력과 위치를 정확하게 알고 거기에 순응하는 것에 있다. 즉, 하늘의 명령을 따르는 자는 흥하고 하늘을 거스르는 사람은 망한다(順天之者興, 逆天之者亡).

그러나 이런 주장에도 약점은 있는데, 인간의 인격성이 그렇게 중요하게 여겨지지 않고 삶의 의미가 타율적으로 결정된다고 보는 것이다. 즉, 의미 있게 살 것인지에 대한 개개인의 결단은 그렇게 중요하지 않게 여겨진다. 그런 의미에서 인간 삶의 의미와 짐승의 그것 간에 근본적인 차이는 없다.

그뿐만 아니라 오늘날에는 모든 사람이 자기가 가지고 있는 소질을 최대한 살린다고 해서 사회가 조화롭게 발전할 것이란 보장은 할 수 없게 되었다. 19세기까지만 해도 사람들은 인간 사회가 조화로운 우주의 일부로, 모든 사람들이 자연적으로 주어진 것에 순응해서 가진 능력을 잘 발휘하면 조화로운 발전이 보장된다고 보았다. 심지어 인간의 욕심조차도 자연 질서의 일부로 취급했다. 아담 스미스나 앞에 소개한 만더비어는 그런 사상의 대표자들이었다. 19세기 스코틀랜드 경제학자 스미스는 "내일 아침에 내가 아침 식사를 거르지 않아도 되리라는 것은 빵 굽는 사람의 자비가 아니라 그의 이기심이 보장해준다"라고 주장하기도 했다. 모든 인간에게 본능으로 주어진 이기심이 사회를 이끌고 나가는 원동력이라고 생각했던 것이다. 이런 생각은 자본주의의 발전의 중요한 배경이 되었다.

그러나 이러한 예정조화는 오늘날에는 도저히 인정하기 어렵다. 인간 사회는 너무나 인공적으로 조직되어서 자연의 질서가 그 규정적인 힘을 거의 상실하고 말았기 때문이다. 아담 스미스의 이론이 케인즈의 경제이론으로 대체된 것은 자연주의적인 견해의 종말을 보여주고 있다. 아무리 음악에 소질을 타고난 사람이라도 사회의 수요에 따라 법을 공부해야만 할 때도 있고, 시에 소질이 지닌 사람이 너무 많거나 기술에 소질을 타고난 사람이 충분하지 못하면 사회가 유지되기 어려울 수도 있다. 또 타고난 소질을 개발하는 것이 개인에게는 행복을 가져다줄 수 있을지 몰라도, 사회가 그런 능력을 필요로 하지 않을 때도 계속 보람을 느끼고 행복을 유지할 수 있을지는 의문이다. 이를테면 과거에는 웃기는 소리를 잘 하는 사람은 실없는 사람으로 취급되어 별 쓸모가 없었지만 요즘은 코미디언이 되어 큰돈을 벌 수 있다.

사랑이
삶의 참다운 목적이다

마지막으로 기독교에서 가르치는 삶의 의미는 사랑이다. 물론 하나님께 영광을 돌리는 것이나 영원한 구원을 얻는 것이 궁극적 목적이라고 말하지만, 그것은 모두 사랑으로만 가능하다고 가르친다. 사랑은 단순히 하나님께 영광을 돌리는 여러 가지 방법 중 하나가 아니라 가장 기본적인 길이다.

　　어떤 율법교사가 예수님께 와서 어떻게 하면 영생을 얻을 수 있는지를 물었다. 예수님은 그에게 율법을 지키라 하셨고, 율법의 핵심은 사랑임을 지적하셨다. 율법을 어떻게 읽느냐는 예수님의 질문에 그는 이렇게 대답하였다. "'네 마음을 다하고 네 목숨을 다하고 네 힘을 다하고 네 뜻을 다하여, 주 너의 하나님을 사랑하여라' 하였고, 또 '네 이웃을 네 몸같이 사랑하여라' 하였습니다."(누가복음 10:25~28) 예수님은 그 명령에 순종하는 것이 사람으로서 할 수 있는 지고의 선이라고 가르치셨다. 바울 사도도 그의 유명한 사랑의 찬송에서 "그러므로 믿음, 소망, 사랑, 이 세 가지는 항상 있을 것인데, 그중에서 으뜸은 사랑"(고린도전서 13:13)이라고 했고, 사도 요한은 아예 "하나님은 사랑이라"(요한일서 4:16)라고 했다.

　　기독교를 사랑의 종교라고 하는 것은 성경의 가르침으로 충분히 입증된다. 이것은 많은 사람들과 1세기의 그노시스파(Gnostic) 신학자 말시온(Marcion)이 주장한 것처럼 예수님과 신약에서만 가르치는 것이 아니라 구약에서도 이미 가르치고 있는 것이다.(신명기 6:5, 레위기 19:18) 예수님은 그것을 좀 더 분명히 밝히시며 몸소 실천해 모범을 보이셨다.

아가페 사랑과
에로스 사랑

그러나 성경이 가르치는 사랑은 유행가나 영화에서 볼 수 있는 통속적 사랑이 아니다. 물론 우리가 보통 알고 있는 사랑과 전혀 관계가 없는 것은 아니지만, 그 차이가 커서 신약성경에서는 다른 단어를 사용하고 있다. 우리가 통속적으로 알고 있는 남녀 간의 사랑이나 부모와 자식 간의 사랑을 에로스(eros)라고 한다면, 성경이 가르치고 있는 사랑은 아가페(agape)다.

구약성경을 그리스어로 번역하던 사람들(이 번역에는 70명의 학자가 참가했다 해서 '70인역(LXX)'이라고 알려져 있고, 기원전 130년경에 이루어졌다)은 구약성경이 가르치는 사랑을 정확하게 번역하기 위해서는 그 당시에 주로 사용되던 '에로스'란 단어로는 불충분하다고 생각했다. 그래서 그들은 당시에 잘 사용하지 않았던 '아가페'라는 단어를 채용했다. 아가페란 단어가 이미 가지고 있던 의미를 이용한 것이 아니라 자주 사용되지 않았던 단어를 사용함으로 새로운 의미를 부여했다 하는 것이 더 사실에 가깝다. 그만큼 우리가 통속적으로 이해하는 사랑과 성경이 가르치는 사랑 사이에는 큰 차이가 있다.

에로스로서의 사랑은 이유가 있는 사랑이다. 그것은 사랑스럽거나 사랑할 가치가 있기 때문에 하는 사랑이다. 예쁜 소녀가 매력적이고, 꽃이 아름답고, 스승이 존경스럽고, 조국이 위대하게 느껴지기 때문에 사랑하면 그것은 에로스의 사랑이다. 그러므로 에로스 사랑은 수동적이요, 이유 있는 사랑이다. 대상을 어떤 이유 '때문에(because of)' 사랑하는 것이다. 그러므로 에로스는 명령할 수 없다. 꽃을 사랑하라고 명령할 수도 없고, 조국을 사랑하라고 명령할 수도 없다. 다만 왜 사랑스러운가를 보여줌으로써 사랑의 감정이 생기도록 할 뿐이다. 그것은 주로 감정적이고, 따라서 수동적이므로 정상적인 사람이면 누구든지 어느 정도의 사랑은 할 수 있다.

그러나 아가페는 능동적인 사랑이다. 그것은 어떤 이유가 있거나 마음이 끌려서 사랑하는 것이 아니라 능동적으로 먼저 사랑하는 것이다. 그러므로 그것은 어떤 대상을 '그럼에도 불구하고(in spite of)' 사랑하는 것이다. 그것은 능동적이기 때문에 감정적일 수 없다. 또 전 인격이 다 관계되어야 하고 특히 사랑하고자 하는 의지가 핵심적인 역할을 한다. 그러므로 명령할 수 있는데, 그것은 의지가 작용하게 하기 위함이다. 성경이 여러 번에 걸쳐 사랑을 명령하는 것은 그것이 이유 있는 사랑이 아니라 '이유가 없는데도 불구하고' 의지로 결정해서 하는 사랑이기 때문이다. 그것은 특히 '원수를 사랑하라'는 명령에서 가장 극적으로 표현된다. 원수는 사랑스러울 수 없고 사랑할 가치도 없는 존재인데도 불구하고 사랑해야 한다고 명령하는 것이다.

감정이 아니라 의지에 의하여 능동적으로 하는 아가페 사랑은 인격체만이 할 수 있는 것이다. 인격의 핵심은 인간의 자유의지이며, 자유의지는 능동적이지 않으면 안 된다. 비록 명령에 의한 사랑이라 해도 그 명령을 순종하려는 의지가 있어야 사랑할 수 있는 것이다. 능동적인 사랑으로서의 아가페는 인격체로서의 하나님과 그의 형상을 닮은 사람만 할 수 있다. 그러므로 하나님이 아가페 사랑으로 우리를 사랑하시기 때문에, 그에 따라 인간도 아가페 사랑을 실천해야 한다고 하는 성경의 가르침은 일관성이 있다.

성경은 이런 아가페 사랑이 누구보다도 가장 창조적이요, 능동적인 하나님의 사랑임을 분명히 한다. 하나님은 인간에게 서로 아가페 사랑으로 대하라고 명령하실 뿐만 아니라 우리를 그렇게 사랑하신 것이다.

"우리가 아직 약할 때에, 그리스도께서 제 때에, 경건하지 않은 사람을 위하여 죽으셨습니다…… 우리가 아직 죄인이었을 때에, 그리스도께서 우리를 위하여 죽으셨습니다. 이리하여 하나님께서는 우리들에 대한 사랑을 실증하셨습니다."(로마서 5:6, 8)

인간이 하나님의 사랑을 받을 만큼 매력적인 존재가 되기 이전에, 즉 아직 죄인의 상태에서 하나님의 원수이었을 때, 하나님께서 인간을 먼저 사랑하셔서 그리스도로 하여금 우리를 위하여 십자가에 죽게 하셨다는 것이다. 이것은 아가페 사랑의 전형이요, 기독교 구원의 핵심이다. 그래서 기독교에서는 사람이 구원을 받는 것은 그 사람의 선한 행실 때문이 아니라 순전히 하나님의 일방적인 사랑에 의한 것이라 가르치고, 그것을 기독교에서는 은혜로 구원을 받는다고 표현한다. 이것이야 말로 기독교를 다른 종교들과 근본적으로 차별화하는 핵심적 특징이라 할 수 있다. 다른 고등 종교들은 구원을 받으려면 자격을 갖추어야 한다고 가르치는 반면에 기독교는 전혀 자격이 없는데도 불구하고 하나님의 일방적인 아가페 사랑 때문에 구원받을 수 있다고 가르친다. 로마서 5장에는 "우리가 아직 약할 때에……" "우리가 아직 죄인으로 있을 때에……" 심지어는 "우리가 하나님의 원수로 있을 때에도……" 예수님께서 우리를 위하여 자기 목숨을 내어놓았다고 강조한다. "원수를 사랑하라"는 예수님의 가르침을 예수님 자신이 가장 먼저 실천하신 것이다.

이것은 동시에 기독교 구원의 확실성을 말해준다. 우리의 구원이 변할 수 있는 인간의 믿음, 결심, 노력이나 자격에 달려 있는 것이 아니라 하나님의 사랑에 달려 있기 때문에 그 구원은 확실하다. 그래서 이것을 칼뱅주의에서는 예정설로 표현한다. 즉, 우리가 믿음을 가지기 훨씬 이전부터 하나님에 의해 구원받도록 선택된 것이라는 이야기이다. 물론 여기서 '이전'이라는 것은 시간적인 것이 아니다. 후에 이루어진 것에 의하여 그 전에 무엇이 이루어질 수 없는 것처럼 사람의 자격이나 노력에 의해서 구원이 결정되는 것이 아니라는 사실을 그렇게 표현한 것이다.

어떤 사람은 이 교리를 문자 그대로만 해석하여 숙명론과 다름없이 이해하기도 하지만 그것은 하나님의 의도를 오해한 것이다. 이 교리의 핵심은 구원이 우리의 결심이나 결단, 혹은 우리의 자격에 의한 것이 아니라 전적으로 하나님의 사랑에 의한 것이기 때문에, 우리는 다만 그 은혜를 감사할 뿐임을 강조하고자 하는 것이지 숙명론을 가르치고자 함이 아니다. 그러므로 에베소서의 첫 부분에서 하나님의 예정과 찬송을 서로 연결시켜놓은 것이다.

그런 능동적인 사랑은 대상을 변화시킨다. 사랑함으로 그 대상을 사랑스런 사람으로 만들 수 있는 것이 사랑의 위대한 신비이며, 그 사랑을 받은 사람 또한 다른 사람을 사랑할 수 있는 것이다. 사도 요한은 감격하여 말했다. "사랑하는 여러분, 하나님께서 이렇게까지 우리를 사랑하셨으니, 우리도 서로 사랑해야 합니다…… 우리가 사랑하는 것은 하나님이 우리를 먼저 사랑하셨기 때문입니다."(요한일서 4:11, 19)

하나님이 우리를 사랑하심은 단순히 우리가 사랑을 받는 것으로 만족하라고 하신 것이 아니다. 우리로 하여금 다른 사람을 사랑하게 하고, 그렇게 함으로 우리 자신이 정말 사랑스런 존재가 되게 하려는 것이다. 그래서 어떤 신학자는 "에로스에서는 욕망이 사랑의 원인이라면, 아가페에서는 사랑이 욕망의 원인이다"라고 했다. 아가페는 사랑스러운 감정 혹은 욕망에 의하여 사랑하는 에로스와는 달리 원수처럼 사랑스럽지 않은 사람을 의지로 사랑하는 것인데 그렇게 함으로써 결국 그 대상이 사랑스러워질 수 있다는 말이다. 즉, 사랑을 받는 사람이 그 사랑으로 변화되어 사랑스러운 사람이 되면 에로스 사랑도 받을 수 있게 된다는 것이다.

에로스로서 사랑하는 것은 즐겁고 매우 쉬운 일이다. 사랑스러운 것을 사랑하는 것처럼 쉽고 즐거운 일이 어디 있겠는가? 사랑스런 사람을 위해서는 내가 많은 희생을 하고 심지어 고통을 당해도 즐거울 것이다. 그러나 아가페는 대부분 사랑하는 사람의 고통을 동반한다. 매력적이지 않을 뿐만 아니라 심지어 원수의 경우처럼 역겹고 미운 상대를 위하여 애를 쓰고 노력을 한다는 것은 어려울 일일 수밖에 없다. 그러므로 성경은 "사랑하라"고 명령한다. 사랑스러운 것을 사랑하라고 명령하는 것은 무의미하다. 그대로 두면 사랑하지 않기 때문에 명령하는 것이다. 에로스는 주어진 상대의 현재 상태를 사랑하는 것이므로 그 대상의 변화를 원하지 않는다. 그러나 아가페는 그 대상을 변화시켜 더 훌륭한 존재로 만들기를 원한다. 원수를 사랑하는 것은 원수의 현재 상태가 바람직해서가 아니다. 그가 변해서 원수가 아닌 상태가 되기를 바라는 것이다. 그것은 고통을 감수하면서 사랑함으로 장차 고통 없이 자연스럽게 사랑할 수 있게 되기를 바라는 것이다. 아내가 못난 남편을 아가페로 사랑해서 그 남편이 변화하면, 그 후에는 에로스로도 사랑할 수 있게 될 것이다. 그리고 그것은 아내에게 커다란 즐거움을 줄 것이다. 말하자면 아가페는 현재의 고통을 참음으로 미래의 즐거움을 바라보는 사랑이다.

　이것으로 보아 아가페는 자연적인 사랑이 아님이 분명하다. 그것은 인간의 본성에 주어진 것도 아니고 후천적으로 저절로 생길 수 있는 것도 아니다. 고린도전서의 사랑의 찬가에는 "사랑은 오래 참고, 친절합니다. 사랑은 시기하지 않으며, 뽐내지 않으며, 교만하지 않습니다.

사랑은 무례하지 않으며, 자기의 이익을 구하지 않으며, 성을 내지 않으며, 원한을 품지 않습니다. 사랑은 불의를 기뻐하지 않으며, 진리와 함께 기뻐합니다. 사랑은 모든 것을 덮어주며, 모든 것을 믿으며, 모든 것을 바라며, 모든 것을 견딥니다"(고린도서 13:4, 7)라고 쓰여 있는데, 그 어느 것도 인간의 본성에 자연적으로 주어진 특징들이 아니다. 사랑을 위해서는 많은 인내와 노력과 자기희생이 뒤따라야 한다고 말하는 것이다.

이런 아가페 사랑을 위선적이라고 비판할 수 있다. 사랑은 안에서 자연스럽게 우러나오는 것이어야 하지 않겠는가? 억지로 하는 사랑이란 역겨운 것이 아닌가? 그런 사랑을 받고 어떻게 좋아할 수 있겠는가 하고 물어보는 것이다. 그러나 그것을 위선적이라고 하는 것은 정당하지 않다. 위선이란 속이는 것을 뜻하는데, 아가페 사랑은 선한 의지를 가지고 자신의 전 인격을 쏟는 것이며, 자기 감정과의 투쟁이 포함된다. '이를 악물고 사랑하는 것'이므로 '속에서 우러나오는' 사랑이 아닌 것은 사실이나 더 잘 보이기 위한 고의적인 위선과는 다르다.

물론 아가페 사랑이 우리가 통속적으로 아름답다고 말하는 에로스 사랑과 거리가 먼 것은 사실이다. 사람들은 자신들이 사랑받을 자격이 있어서 사랑받기를 원한다. 그러나 조금만 더 따져보면 그런 에로스 사랑은 비록 이기적(egoistic)인 것은 아닐지 모르나 자기중심적(ego-centric)인 것은 부인하기 어렵다. 사랑하는 사람도 자기의 즐거움을 위하여 사랑하고, 사랑받는 사람의 즐거움에도 자신이 사랑받을 수 있는 자격이 있다는 것에 대한 자기만족이 섞여 있다. 이렇게 자기만족이 중심이 되는 에로스보다는 자기를 부인하고 자기와 더불어 싸우면서 상대가 더 훌륭한 사람이 되도록 노력하는 아가페야말로 훨씬 더 숭고하고 아름답다 하지 않겠는가?

사랑의 위대함에 대해서는 직관에 호소할 수밖에 없다

아가페 사랑은 위대하다 하지 않을 수 없다. 그러나 그 위대함은 궁극적으로 직관적으로만 알 수 있는 것이다. 즉, 그것을 다른 무엇으로 증명할 길은 없다. 우리가 무엇을 증명한다 함은 이미 확실하고 훌륭한 것이라고 알려진 것을 근거로 해서 아직 확실하지 않은 것이나 훌륭하지 않은 것을 확실하고 훌륭한 것으로 보여주는 것을 말한다.

아가페 사랑이 위대하고 숭고하다는 것을 증명하려면, 그보다 더 숭고하고 위대한 것이 있어야 하고, 그것을 근거로 사랑의 가치를 확인할 수가 있어야 할 것이다. 그러나 이 세상에 아가페 사랑보다 더 위대한 것이 없다면 그 사랑이 위대하다는 것을 증명할 수 없다. 사랑이 위대하다고 보증해줄 수 있는 다른 어떤 절대적인 가치를 우리 인류는 갖지 못했다.

따라서 우리는 아가페 사랑의 숭고함과 아름다움에 대하여 모든 사람의 개명된 직관에 호소할 수밖에 없다. 그리고 실제로 시간이 흐르면 흐를수록 더 많은 사람들이 비록 스스로 그런 사랑을 실천하지는 못하더라도 그 사랑이 숭고한 것이란 사실만은 인정하는 것 같다.

사람들의 의식 수준이 낮고 인간과 세상에 대한 이해가 부족했던 과거에는 원수를 갚는 것이 위대한 일이며, 다른 사람을 희생하더라도 자신의 이익이나 자기 가족의 이익을 도모하는 것이 당연하다고 생각했다. 그러나 오늘날에는 그런 자기중심적인 생각이 얼마나 잘못된 것인가를 경험 등을 통해서 대부분 인정하게 되었다. 역으로 원수를 사랑하라는 아가페 사랑은 시간이 흐르면 흐를수록, 그리고 문명이 발달하면 발달할수록 그 가치와 그 필요성을 더 인정받을 수 있을 것이다.

이는 마치 과거에는 남녀차별을 당연한 것처럼 생각했으나 오늘날에는 남녀는 동등해야 함을 인정하는 것이나, 과거에는 계급차별을 정당한 것으로 인정했으나 문명이 발달하면 발달할수록 그것이 잘못된 것임을 알게 되는 것과 비슷하다 하겠다. 역사를 통해서 얻는 경험이 결코 헛된 것이 아니라면 그 경험들은 아가페 사랑의 가치를 어느 정도 증명해줄 수 있을 것이다.

아가페는
삶의 목적으로 적합하다

아가페 사랑은 우리 모두가 일생을 두고 추구할만한 가치가 있으며 삶의 의미로서도 적합하다.

우선 아가페 사랑은 자연발생적인 것이 아니라 우리가 의식적으로 노력해야 하는 것이기 때문에 삶의 목적으로 적합하다 볼 수 있다. 만약 그것이 우리가 노력하지 않아도 저절로 이루어지는 것이라면 식물이나 짐승의 목적이면 몰라도 인간의 삶의 목적으로서는 별 의미가 없을 것이다.

인간의 삶은 의식적인 결단과 의식적인 노력에 의하여 영위되기 때문에 동물의 삶과 다르고 더 고귀하다. 그렇지 못하고 본능이 시키는 대로 행동하고 살았더라면 우리는 문자 그대로 금수와 다름없었을 것이다.

짐승들과는 다른, 인간에게 독특한 삶의 의미가 있다면, 그것은 적어도 저절로 이루어지는 것이 되어서는 안 될 것이다. 아가페 사랑은 자연적인 것이 아니라 인격적이고 창조적이다. 동물은 에로스 사랑은 어느 정도 할 수 있을지 모르나 아가페 사랑은 절대로 할 수 없다. 아무리 침팬지를 훈련시켜도 원수를 사랑하도록 만들 수는 없다. 그런 사랑은 인격체에게만 가능하고 전적으로 능동적이며 창조적이기 때문이다.

한편으로 아가페 사랑은 충분히 보편적인 가치가 될 수 있다. 그것은 칸트가 강조한 것처럼 '보편화가능성의 원칙(Principle of Universalizability)'에 입각한 보편성을 가지고 있다. 만약 모든 사람이 아가페를 실천한다면 지상천국이 이루어질 것이다.

모든 사랑과 함께 아가페는 전적으로 구체적인 인격을 향한 것이다. 물론 그것은 보편적인 것을 저변에 깔고 있다. 한 사람의 유익을 위하여 다른 사람을 희생시키는 것은 에로스에서는 가능하나 아가페에서는 있을 수 없다. 그러나 아가페는 매우 구체적이면서도 보편적이 될 수 있는데, 그것은 아가페가 철두철미하게 이타적이라야 하기 때문이다.

그런 보편성에 역행하는 가장 큰 유혹은 개인의 이익이요 개인의 감정이다. 자기의 이익을 초월하고 자기의 감정을 억누를 수 있는 사람은 구체적인 대상을 사랑하면서도 보편적인 것에서 어긋나지 않을 수 있다.

아가페는 모든 사람의 삶을 가능하게 하고 더욱 풍부하게 할 수 있다. 오늘날 우리의 삶을 어렵게 만드는 것은 자연재해이기보다는 인간 사회의 부조리요, 그 뒤에 숨어서 작용하는 우리 모두의 이기주의다.

"무슨 일을 하든지, 경쟁심이나 허영으로 하지 말고, 겸손한 마음으로 하고, 자기보다 남을 낮게 여기십시오. 또한 여러분은 자기 일만 돌보지 말고, 서로 다른 사람들의 일도 돌보아주십시오."(빌립보서 2:3~4) 이런 사람들로 이루어진 사회에는 인간의 이기심으로 인한 고통은 없을 것이다. 우리가 정말 아가페 사랑을 실천하는 것을 삶의 목적으로 삼는다면 우리 사회는 전혀 다른 모습이 될 것이다.

아가페를 실천하는 사람은 단순히 희생 당하고 손해만 보는 사람이 아니다. 당분간은 그럴지도 모르고 땅 위에서는 그럴 수 있으나, 하나님 앞에서는 그가 삶을 가장 값있게 생을 보낸 사람이다. 사랑 그 자체가 창조적이기 때문에 그는 고급 인간이요, 창조주이시고 사랑이신 하나님에 가장 가까운 사람이며, 예수 그리스도와 비슷한 사람이 될 것이다. 예수님은 하늘에 계신 하나님처럼 완전해져야한다고 가르치셨고(마태복음 5:48), 바울 사도는 우리가 사랑 안에서 행동하면 하나님을 본받는 자가 되며(에베소서 5:1~2), 자신이 그리스도를 본받았으며 우리도 그와 같이 되어야 함을 가르쳤다.(고린도전서 11:1)

우리는 단 하나이며 한 번밖에 없을 우리의 삶을 가장 값있고 뜻있게 보내야 할 의무가 있다. 아무도 자신을 무시할 권리가 없고 무의미하게 살아서는 안 된다. 마지막 순간 일생을 되돌아보았을 때 후회 없는 삶을 살아야 할 것이고, 다른 사람들로부터 정말 가치 있었던 삶이었다고 평가받을 수 있어야 하며, 무엇보다도 하나님의 절대적인 눈으로 보셨을 때 착하고 충성된 사랑의 삶이었어야 한다. 사랑의 삶만이 살 가치가 있다.

제8장

어떻게 살 것인가

여러분은 이런 마음을 품으십시오.
그것은 곧 그리스도 예수의 마음입니다.

마태복음 22장 37절~40절

'네 마음을 다하고, 네 목숨을 다하고, 네 뜻을 다하여,
주 너의 하나님을 사랑하여라' 하셨으니,
이것이 가장 중요하고, 으뜸가는 계명이다.

둘째 계명도 이것과 같은데,
'네 이웃을 네 몸 같이 사랑하여라' 한 것이다.

이 두 계명에 온 율법과 예언서의 본 뜻이 달려 있다.

반드시
물어보아야 할 질문

어느 겨울날 항우와 조조가 양지에 앉아서 옷에 기어 다니는 이를 한 마리 잡았다. 피를 빨아먹고 몸을 근질거리게 한 이가 괘씸해서, 항우는 바위 위에 이를 올려놓고 그 힘센 주먹으로 내리쳤다. 바위는 부서져 모래가 되었으나 이는 죽지 않았다. 이를 본 조조는 간단히 손톱으로 이를 처리했다 한다.

물론 우스갯소리지만 우리 삶에 있어서 잊어버리기 쉬운 지혜를 가르쳐준다. 어떤 일을 할 때 어떻게 해야 할 것인가를 반드시 생각해보고 행동해야 한다는 것이다. 즉, 호랑이를 만나더라도 정신을 차려야 한다. 요즈음 우리의 삶은 시간 절약을 돕는 온갖 수단에도 불구하고 과거 어느 때보다 더 바빠졌고 우리의 생각들도 조급해졌다. 그래서 누가 죽었는지도 모르고 먼저 통곡부터 하는 형상이 되고 있다. 그저 임기응변식으로, 다른 사람이 하는 대로 그때그때 생각나는 대로 행동하고 살아버리는 것이다.

우리 삶은 대부분의 경우 어떻게 행동하고 어떻게 살아야 할 것인가를 생각해도 별 도움이 안 되도록 짜여 있다. 우선 공부를 하지 않고는 아무것도 못하니 무조건 학교에 들어가서 졸업부터 해놓아야 하고, 직장이 없으면 굶어죽을 테니 직장부터 구해놓아야 하고, 직장에서 쫓겨나지는 않아야 하니 열심히 맡은 일을 해놓아야 한다. 이렇게 열심히 일하고 애쓰다가 조금 쉴 시간이 있으면 TV, 신문, 낚시, 등산, 골프

등이 온갖 그럴듯한 이유로 우리를 유혹한다. 그리고 그렇게 살아가는 동안 어느덧 삶의 방향을 바꾸기에는 너무 늦었다는 것을 깨닫고, 자포자기의 상태가 되어 내친걸음에 그대로 걸어가는 것이다. 이것이 대부분의 현대인이 살아가는 판에 박힌 삶의 모습이 아닌가 한다. 어떻게 살아야 할 것인가를 생각할 겨를도 없이 그저 살아가기만 하는 것이다.

물론 많은 사람들은 어떻게 살아야 할 것인가는 고사하고 우선 삶의 목적이 무엇인가에 대해서도 생각할 시간을 갖지 못한다. 그저 아무 생각 없이 발등에 떨어진 불을 끄면서 하루하루 살아간다.

그러나 삶의 목적에 대해서는 나름대로 견해를 가지고 있지만, 그 목적을 이루기 위한 삶을 살지 못하는 경우도 없지 않다. 앞에서 삶의 목적은 사랑을 이루는 것이어야 한다고 주장했다. 많은 사람들이 그 결론에 대하여 큰 이의는 없을지도 모른다. 그러나 그 사랑을 이루기 위하여 어떻게 살아야 할 것인가를 심각하게 물어볼 마음의 여유를 가질 수 있는 사람들은 그리 많지 않다. 이런 사람들은 아마 삶의 목적에 대하여 생각해본 적도 없고 관심도 없었던 사람들보다 죽는 순간에 더 많은 후회를 하게 될 것이다. 결과적으로는 삶의 목적을 전혀 몰랐던 사람들과 아무 다름없는 삶을 살았고, 따라서 별 가치 없는 삶을 살았다고 생각할 가능성이 높기 때문이다. 물론 인간은 자신을 정당화하려는 본능이 있기 때문에 온갖 궤변을 늘어놓으며 자신의 삶이 보람 있었다고 주장할지 모르나, 이는 죽는 순간까지 자신을 속여야 하는 비참함 외에 아무것도 아니다.

우리는 어떻게 살 것인가를 반드시 물어야 한다. 물어도 그만, 안 물어도 그만인 동물의 삶이라면 별 상관 없겠지만, 그것이 결정적인 차이를 가져올 수 있는 사람의 삶이니만큼 반드시 시간을 내어서 생각해보아야 한다. 적어도 자신에 대하여 어느 정도의 존경과 책임의식을 가진 사람이라면 반드시 그래야 할 것이다.

우선
절제할 수 있어야

그런데 무엇 때문에 현대인은 과거 사람들보다 더 바빠야 하는가? 전화, 자동차, 비행기, 복사기, 녹음기, 컴퓨터 등 우리의 시간을 절약해주는 문명의 이기들이 모두 갖추어져 있는데도 불구하고 현대인들이 이렇게 바쁜 것은 무슨 이유에서인가?

그에 대한 대답은 그리 어렵지 않다. 현대인들이 과거의 사람들보다 더 많은 욕구를 충족시키려 하기 때문이다. 현대인들이라 해서 욕심이 갑자기 늘어난 것은 아닐진대 욕구 충족을 위해서 과거보다 더 바쁘게 뛰는 것은 과거보다 더 다양한 욕구를 충족시킬 수 있기 때문이다.

옛날 사람들은 수천 리 떨어져 사는 친구를 만나는 것이 쉽지 않기 때문에 만남에 대한 기대를 하지 않았으나, 오늘날에는 그것이 어렵지 않으니 친구를 만나고, 그로 인해 그만큼 시간을 빼앗기는 것이다. 옛날에는 인쇄술이 발달하지 않아서 웬만한 책은 인쇄할 엄두를 못 냈으나 지금은 한 푼의 가치도 없는 쓰레기들도 인쇄할 수 있게 되고 그런 것들로 더 많은 돈을 벌 수도 있으니 출판이 된다. 그리고 사람들은 읽지 않아도 될 뿐만 아니라 읽으면 오히려 손해일 책을 읽는 데 시간을 빼앗긴다.

이렇듯 과거 같으면 불가능했거나 전혀 가치가 없어서 거들떠볼 필요도 없는 일에 관심을 두고 시간을 쓰기 때문에 더 바빠지는 것이다. 그래서 현대인들은 정작 긴 시간을 할애하여 깊이 생각해야 할 문제에는 그렇게 생각할 틈을 찾지 못하고 만다.

어떻게 살아야할지 알기 위해서는 우선 그것을 문제 삼을 수 있는 시간이 필요하고, 그런 시간을 만들기 위해서는 당장 할 수 있고 하고 싶은 것을 어느 정도 억제하지 않으면 안 된다. 우리의 소유욕, 향락욕, 권력욕 등에 어느 정도 제동을 걸어야 하고, 우리의 호기심에도 선별적으로 고삐를 묶을 필요가 있다. 가능하다고 해서 모두 다 소유하고, 즐기고, 만족시키고, 알아보면서도 삶의 의미가 무엇이며, 어떻게 살아야 뜻있게 살 수 있을지에 대한 답을 발견한다는 것은 거의 불가능하다.

어느 정도의 금욕은 삶의 방법을 생각하는 시간을 얻기 위해서도 필요하지만 뜻있는 삶을 사는 데 불가결한 조건이며 방법이기도 하다. 가능한 모든 욕망을 다 충족시키고도 삶을 뜻있게 살아가기는 불가능하다.

여기서 금욕이라 함은 모든 욕망을 다 없애고 속세를 떠나 사는 것을 뜻하는 것이 아니라, 독일의 사회학자 베버가 칼뱅주의자들이 행사했다고 하는 '세계내적 금욕(innerweltliche Askese)'을 뜻한다. 그것은 히브리 전통의 전형적인 덕목은 아니었으나 사도 바울은 성령의 아홉 가지 열매 중 하나로 취급했고(갈라디아서 5:22,23), 하나님의 좋은 사역자가 되기 위해서는 불가결한 것으로 가르쳤다.(고린도전서 9:25)

앞에서 삶의 목적은 사랑을 이루는 것이고, 그 사랑은 주어진 욕망을 만족시키는 에로스가 아니라 오히려 욕망을 거슬러서 창조적으로 다른 사람을 변화시킬 수 있는 아가페임을 지적했다. 이런 아가페는 어느 정도의 욕망의 절제 없이는 불가능하다. 그것은 자연에 순응하는 것이 아니고 어떤 의미에서 자연을 거슬러 하는 사랑이기 때문이다.

성령의 아홉 가지 열매를 열거하면서 바울이 사랑으로 시작해서 절제로 끝낸 것은 재미있다 하겠다. 성령의 열매는 한마디로 사랑인데, 그것은 절제 없이는 불가능하다. 그것은 모든 시대에 그렇거니와, 특히 인간의 모든 욕망이 충족될 가능성이 과거 어느 때보다 더 커진 오늘날에 더욱 그렇다.

물론 인간에게 고상한 욕망이 없는 것은 아니다. 참된 것을 찾고 아름다움을 추구하며 착한 일을 하고 싶은 욕망이 있다. 그러나 이런 욕망은 그렇게 쉽게 생겨나지 않으며 즉흥적으로 생기는 것도 아니다. 오히려 하급 욕망을 억제해야 생길 수 있는 것들이다.

하급 욕망은 고대 그리스 사상가들이 가르친 것처럼 그 자체가 비천하고, 따라서 고상한 인격 형성을 방해하는 것들이다. 그것을 그대로 만족시키려면 우리는 짐승과 다름없어지고, 거칠게 만족시키려면 야만인이 될 것이다. 그러나 그것을 좀 더 간접적으로 세련되게 만족시키는 것이 바로 문화라고 보는 것도 인간의 가치를 그렇게 고양시키는 것은 아니며 반드시 좋은 설명이라고도 할 수 없다.

하급 욕망의 충족은 전혀 무시할 수는 없을지 모르나 훌륭한 인격의 척도는 그들 욕망의 억제와 비례한다고 할 수 있다. 사람을 동물과 구별하는 모든 정신적인 덕목들은 동물적인 하급 욕망을 억제함으로 비로소 가능한 것이므로, 그것을 충분히 충족시키려는 사람은 사람답게 되기가 어려울 것이고 일생을 비천한 인간으로 보낼 가능성이 크다. 욕망의 충족을 당연시하고 오히려 권장하는 현대문화는 인간의 가치와 존엄성을 높이는 데 결코 공헌하지 못하고 있다.

사실 절제는 모든 고등 종교와 대부분의 고급 문명이 고취하고 독려한 것이다. 고대 그리스의 4대 미덕(virtues, 지혜, 용기, 정의, 절제) 중에도 들어 있고, 명심보감에도 "인간이 아니면 참지 못하고, 참지 못하면 인간이 아니다(非人不忍, 不忍非人)"라는 구절이 있다. 또 절제에 관한 한 불교를 따를 종교는 없다. 그런데 독일의 신학자 그룬드만(W. Grundmann)은 고대 헬레니즘이 강조한 절제가 '자신의 인격적 수월성'을 위한 것이라면, 성경이 가르치는 절제는 '이웃의 이익'을 위한 것이라고 분석했다.

예수님은 바리세인들이 율법을 철저히 잘 지켰는데도 불구하고 그들을 맹렬하게 비판했다. 그것은 그들이 이웃의 이익을 위해서가 아니라 자신들이 '의롭게' 되기 위하여, 즉 착한 사람으로 인정받고자 열심히 율법을 지켰기 때문이다. 유대인이면서 헬레니즘이 강조하는 절제를 한 것이다. 도덕적 수월성 등 자신의 이익을 위한 절제는 구태여 헬레니즘에 국한되어 있지 않다. 성경을 제외한 거의 모든 종교와 철학이 추천하는 절제가 다 그렇게 자기중심적이 아닌가?

사실 모든 소유욕, 성욕, 지배욕 등 하급 욕망은 특히 인격적 관계를 중요시하는 성경의 가르침에서는 아가페와 정면으로 배치되는 것들이다. 그 욕망들의 대상인 재산, 이성(異性), 권력은 사람의 생물학적 생존과 경제에 도움이 되는 것으로, 한 사람이나 소수가 지나치게 많이 소유하면 다른 사람들은 불가피하게 적게 소유할 수밖에 없고, 그로 인해 다수의 생존이 위협받을 수도 있다. 그 때문에 인간 사회에는 투쟁, 질투, 미움이 있고, 도적질, 속임, 싸움이 생겨나는 것이다. 이는 아가페 사랑이 목적하는 바와 정면으로 배치된다.

아가페 사랑을 이루려는 사람은 단순히 다른 사람을 도와주거나 다른 사람의 이익을 도모하는 것으로 만족할 수는 없다. 다른 사람과 사회 전체를 궁극적으로 이롭게 해야 하며, 그러기 위한 가장 기본적인 조건은 자신의 욕망을 절제하는 것이다.

감정, 언어, 권력, 명예, 행동 면에서도 절제해야 하겠지만, 오늘날처럼 돈으로 모든 것을 얻을 수 있고 돈으로 가치를 평가하는 문명에서는 소유욕을 가장 우선적으로 절제해야 한다. 소유욕의 절제에 실패한 사람이 사랑을 실천한다는 것은 실제로 불가능하며, 그의 삶은 보람 있고 가치 있는 것이 될 수 없다.

현대문화의 발전 방향을 어느 정도 인식하고 인류 전체의 미래에 대하여 책임감을 느끼는 사람이면 절제의 가치를 무시할 수 없을 것이다.

과학문명의 엄청난 발전을 통해 우리의 삶이 풍족해진 것은 부인할 수 없으나 그런 물질문명을 유지하기 위해 많은 천연자원이 고갈 상태에 접어들었고, 그 문명의 찌꺼기로서 생태 환경오염은 인류의 생물학적 생존을 위협하고 있다. 새로운 에너지원의 개발로 자원 고갈의 문제를 해결하고, 새로운 기술의 발전으로 환경오염 문제를 해결할 수 있다고 낙관하는 사람도 있으나, 그런 해결에 의존하는 것은 엄청난 모험이 아닐 수 없다.

우리가 사용할 수 있는 에너지는 한정되어 있고, 오염을 줄이려는 기술은 새로운 오염을 만들어낼 것이다. 이런 재앙을 얼마라도 극복하는 길은 소비의 절제뿐이다. 규모 있게 소비하고 적당히 즐겨야 우리의 정신을 고귀하게 유지할 수 있을 뿐만 아니라 인류 전체의 멸망을 늦출 수 있다.

그뿐만 아니라 오늘날 거의 모든 사회, 특히 자본주의 사회들이 직면하고 있는 정의 문제도 가진 자들의 절제 없이는 만족스럽게 해결될 수 없다. 인간의 욕망은 본능적일 뿐만 아니라 무한한 것이므로 그것을 다 충족시키려면 결국 약육강식의 피비린내 나는 투쟁과 빈익빈(貧

益貧) 부익부(富益富)의 악순환만 계속될 것이다. 제4차 산업혁명은 그런 악순환을 멈추게 하기는커녕 오히려 더 키우고 있다. 정보통신 지식과 기술을 가진 사람은 점점 더 부자가 되고, 나머지 사람들은 부자들이 형성해놓은 부을 얻어먹는 처지로 전락하고 있는 것이다. 또 그런 악순환을 제도적으로 막아보려 했던 사회주의는 모두를 게을러지게 해서 함께 가난해지는 결과만 가져왔다. 마르크스가 기대했던 대로 모든 사람이 자기 능력만큼 생산하고 자기 필요만큼 사용하는 유토피아는 오지 않았다. 오히려 억지로 그런 상황을 만들어보려다가 개인의 자유를 제한하는 상황이 벌어졌으며, 사회를 통제하는 자들의 권력은 남용되었고, 사회주의를 통해 우리가 극복할 수 있으리라 기대했던 소외 현상은 더욱 악화되고 말았다.

자본주의와 사회주의는 인간 행위의 당위성, 혹은 개개인의 윤리에 의존하지 않는다는 점에서 공통점을 가지고 있다. 물론 하나의 사회제도나 구조가 모두 개인의 결단에 의존하지는 않는다. 그러나 지나친 사회결정론은 결과적으로 구성원 개개인들로 하여금 사회 전체에 대한 책임의식을 약화시키고 말았다. 사람들이 사회제도가 모든 문제를 다 해결해줄 수 있을 거라고 생각하게 된 것이다.

그러나 그것이 잘못된 생각이라는 것이 시간이 갈수록 점점 더 뚜렷해지고 있다. 과거의 종교적 유산이었던 개인의 윤리적 책임의식이 문화의 세속화로 말미암아 약화되면서 개인의 도덕성으로 해결될 수 있었던 많은 문제들이 하나둘씩 사회 통제의 영역으로 이동했다. 그리고 그것은 불가피하게 통제를 강화하고 개인의 자유를 더욱 위축시키는 결과를 가져왔다. 그래서 개인의 자유를 존중한다고 하는 자본주의 사회에서도 사회 통제는 시간이 갈수록 강화되고 있으며, 그 결과로 실패를 자인하고 자체 수정을 거듭하고 있는 사회주의와 점점 더 비슷해지고 있다.

개인이 어느 정도 자유를 향유하며 창조성과 자발성을 누리려면 결국 사회 구성원 개개인이 절제하지 않으면 안 된다. 사회제도나 통제에 의한 절제가 아니라 개인의 도덕적 책임의식에 의한 자발적 절제가 필요한 것이다. 이것은 제도에 의한 절제보다 더 인간적이고 사회 분위기를 안정적으로 이끈다.

특히 사회의 강자들이 절제하는 것은 사회의 존속을 위하여 필수적이다. 물리적인 힘을 행사할 수 있는 사람들은 반드시 절제해야 그 사회가 인간다운 사회가 될 수 있다. 넉넉한 사람 몇 명이 조금씩 절제하는 것은 수많은 가난한 사람들이 크게 절제하는 것보다 더 큰 효과를 거둘 수 있다. 부자 한 사람이 5만 원짜리 식사를 2만 원짜리로 바꾸면 만 원짜리 식사를 하는 서민 세 사람이 늘어날 수 있는 것이다.

그러나 대부분의 경우 인간 사회의 부조리는 올바른 정신력을 가진 사람들에게 물리적 힘을 허락하지 않는다. 금욕하지 않고 욕망의 충족에 전력을 바치는 자들이 주로 물리적 힘을 가지게 되는 것이다. 그것이 우리의 삶을 비참하게 만들고 인간 사회를 약육강식의 아수라장으로 만든다. 죄의 참모습을 보려면 개인들의 도덕적 약점뿐만 아니라 아무도 부인할 수 없는 인간 사회의 이 부조리에서 찾아야 할 것이다.

　이런 사회에서 사랑을 행사하려는 사람은 금욕의 삶을 살아야 한다. 단순히 다른 사람에게 권리를 양보하고 도움을 주기 위해서가 아니라, 약육강식의 질서를 조금이라도 고치기 위하여 금욕이 필요한 것이다. 한두 사람의 금욕은 한두 사람의 악보다 영향력이 약한 것이 사실이나, 아무 영향도 끼치지 못하고 사라지지는 않는다.

　한 알의 밀알이 땅속 깊이 묻히는 것을 아무도 보지 못하고 아무도 그 영향을 받지 않는 것 같지만, 그것은 생명을 가지고 있으므로 마침내 삼십 배, 육십 배, 백배의 열매를 거둔다. 사랑을 실천하기 위하여 금욕을 할 수 있는 사람은 바로 이런 밀알과 같은 존재다.

하나님의 사랑을
인식해야

　인간에게 본능으로 주어진 소유욕을 억제하는 것은 결코 쉬운 일이 아닐 것이다. 더구나 모든 것을 돈과 바꿀 수 있다고 생각하고, 사람의 가치를 소유의 크기에 따라 측정하는 물질주의 문명 속에서 금욕을 한다는 것은 결코 쉽지 않다. 적게 소유하겠다고 다짐하고 욕심을 줄이려고 애쓴다고 해서 되는 것이 아니다. 더군다나 자신의 금욕과 그로 인한 고통을 아무도 알아주지 않고 아무런 긍정적 영향도 끼치지 못하는 것 같을 때, 자발적으로 금욕한다는 것은 결코 쉽지 않다.

따라서 많은 것을 소유하고 충족했을 때 느끼는 즐거움보다 더 큰 즐거움을 제공하는 다른 것을 가질 수 있어야 금욕할 수 있다. 단순히 욕망을 줄이는 것이 아니라 다른 고상한 욕망으로 그것을 바꿀 수 있어야 한다. 예수님의 비유에서와 같이 인간은 어떤 밭에 보화가 묻혀 있는 것을 알면, 자신이 가진 밭을 다 팔아 보화가 묻힌 그 밭을 사려고 할 것이다.

이것은 근본적인 가치관이 변화해야 함을 뜻한다. 사람마다, 그리고 문화마다 가치의 순열이 있다. 어떤 사람은 친구의 우정을 매우 중요시해서 돈에 손해를 보더라도 우정을 지키려 하고, 어떤 사람은 돈을 중요시해서 친구를 배반하더라도 물질적 이익을 추구한다. 또 어떤 사람은 명예를 중요시해서 돈을 들여서라도 명예를 사려하고, 어떤 사람은 명예보다는 돈이 더 중요하다고 생각해서 돈이 안 생기는 명예에는 관심을 두지 않는다.

사랑을 실천하려면 무엇보다도 우선 사랑이 가장 고귀하다는 확신이 있어야 한다. 사랑을 이루기 위해서는 모든 것을 다 희생할 수 있고, 심지어 예수님처럼 자기 목숨까지 희생할 수 있는 사람은 가장 이상적인 삶을 사는 사람일 것이다. 생존 자체가 궁극적으로 사랑을 위한 것이기 때문에 더욱 큰 사랑을 이루기 위하여 당분간 생명을 보존하는 것도 잘못된 삶이 아님을 확신해야 할 것이다. 사랑을 위하여 죽음도 희생한 바울 사도(빌립보서 1:20~24)는 그런 사람이다.

그러나 이런 가치관의 변화는 쉽게 이루어지지 않는다. 단순히 노력해서 이룰 수 있는 성질의 것은 아니며, 인격 전체의 혁명적인 변화가 있어야 가능하다.

사랑하는 사람이 되려면, 우선 자기가 사랑을 받고 있다는 것을 알아야 한다. 하나님은 사랑받지 않고도 사랑하고, 우리도 원칙적으로는 사랑받지 않아도 사랑해야 하는 것이 아가페 사랑의 본질이지만, 우리처럼 피와 살을 가진 인간은 우선 사랑을 받아야 사랑할 수 있다.

어릴 때 부모의 사랑을 흠뻑 받지 못한 사람은 일생을 피해의식 속에서 살며 다른 사람을 사랑하기가 그렇게 어렵다 한다. 그러다가 연인이나 친구의 진정한 사랑을 느꼈을 때, 비로소 감격하고 그때부터 다른 사람을 사랑할 수 있게 된다고 한다.

누군가에게 사랑을 받는 것으로 비로소 자기의 정체성과 중요성을 발견하고, 자신도 다른 사람을 사랑할 수 있는 사람임을 발견하는 것이다. 앞에서 우리는 다른 사람과의 인격적 관계, 혹은 사랑의 관계에서 진정한 '나'가 될 수 있음을 살펴보았다.

이와 같이 아가페 사랑을 실천하려면 우선 자신이 하나님의 사랑을 받고 있는 존재임을 인식하고, 자기가 그런 사랑을 받을 자격이 없는데도 불구하고 하나님께서 사랑해주신다는 것에 대해 감격해할 수 있어야 한다. 죄인으로 하나님 앞에 감히 나아갈 수도 없는 자신인데, 하나님이 사랑하시되 예수 그리스도가 십자가에 죽어야할 만큼 사랑하셨다는 사실을 인식하고 감격할 수 있어야 진정 사랑할 수 있는 자세가 이루어지는 것이다.

사랑에 빠진 사람은 사랑하는 사람을 위해 모든 것을 희생할 수 있다. 하나님의 사랑에 감격한 사람은 하나님을 기쁘게 하기 위하여 모든 것을 바치려 할 것이다. 자신을 천하보다도 더 가치 있는 존재로 만들고, 자신에게 사랑할 수 있는 정체성을 회복시켜주신 분에게 보답하기 위하여 그의 명령을 순종할 것이다.

앞에서도 살펴본 것처럼, 하나님은 우리에게 가장 기본적인 명령으로서 하나님을 사랑하고 이웃을 사랑하라 하셨고, 하나님을 사랑하는 것도 구체적으로는 모든 이웃을 사랑하는 것임을 성경은 가르친다.

사랑은
연습해야 한다

바울 사도는 경건을 연습하라고 가르친 바 있다.(디모데전서 4:7) 피상적으로 생각하면 경건을 연습한다는 것은 그 본질에서 어긋나는 것 같다. 하나님을 두려워하는 것이 경건이라면, 그런 두려움을 어떻게 연습할 수 있겠는가 하는 의문이 생기는 것이다. 그러나 경건은 자연적으로 생기는 두려움이 아니다. 그것은 하나님이 어떤 분인지를 알고, 그의 주권과 능력을 좀 더 깊이 인식함에 따라 점점 더 자라는 감정이며 태도인 것이다.

그와 비슷하게 사랑도 연습해야 한다. 그것은 아가페 사랑이 에로스와는 다르기 때문이다. 에로스는 연습할 수도 없고 연습할 필요도 없다. 젊은 사람들끼리 사랑을 연습한다는 것은 서로를 모독하는 일일 것이다. 그것은 배타적인 사랑이기 때문이요, 감정적인 사랑이기 때문이다. 그러나 아가페는 그렇지 않다. 사랑함으로 더 잘 사랑할 수 있고, 더 넓게 사랑할 수 있다. 그것은 지성과 의지를 포함한 전인격적인 사랑이고, 질투가 들어올 자리가 없다.

아가페 사랑은 사랑해본 사람일수록 더 잘할 수 있다. 그 사람은 우선 아가페 사랑이 얼마나 고상한가를, 그리고 그것이 얼마나 자신을 즐겁게 하는가를 사랑해봄으로써 발견하기 때문이다.

대부분의 사람들은 남을 위한 희생이 힘들고 괴로운 줄로만 알고 있다. 그러나 다른 사람이나 사회 전체를 위해 진심으로 봉사해보고 희생해본 사람은 그것이 그렇게 괴로운 것도 아니고 힘이 드는 것도 아니라는 것을 안다. 또 자신에게 손해가 되는 일이 아니라는 것도 알게 된다. 영국 BBC에서 60세 이상 은퇴자 129명을 두 그룹으로 나누어 실험을 했다고 한다. 한 그룹은 주 3회 무료봉사를 하도록 하고, 다른 그룹은 주 3회 취미활동을 하도록 한 뒤, 그들의 뇌를 스캔한 결과 취미활동 그룹보다 봉사 그룹에서 도파민이 더 많이 분비되고 신체기관과 뇌가 활성화되었으며 기쁨과 행복감이 더 컸다 한다. 하버드 대학과 캐나다의 브리티시컬럼비아 대학(UBC)의 한 공동연구에 의하면 일반인 46명에게 5달러가 들어 있는 봉투와 20달러가 들어 있는 봉투를 무작위로 주면서, 절반에게는 그 돈을 자신을 위해서 쓰도록 하고 나머지에게는 남을 위해서 쓰도록 했는데 액수와 무관하게 남을 위해서 돈을 쓴 사람들의 행복지수가 더 높았다 한다.

젊었을 때 불쌍한 이웃이나 사회공동체를 위해서 봉사해본 경험이 없는 사람이 나중에 봉사할 능력이 갖추어진 후 정말 효과적으로 봉사하는 경우는 그리 많지 않다. 대부분 그런 사람들은 봉사의 기쁨을 모른 채 다른 사람의 봉사나 받고 그것이 유일한 기쁨인 줄 착각하고 살아간다. 그것은 기생충과 같은 삶이요, 불행하게도 우리 사회에는 그런 사람들이 너무 많다. 아무리 잘 조직된 사회라도 소수가 희생하기 때문에 다수가 생존할 수 있는 것이다.

사랑의 연습을 한 사람들은 더 효과적으로 사랑할 수 있다. 에로스 사랑과는 달리 아가페 사랑은 감정 외에 이성, 의지가 모두 동원되어야 하고, 특히 냉정한 계산을 할 수 있는 사랑이어야 한다. 감정 때문에 눈이 어두워질 수 있는 맹목적인 에로스와는 다르다.

따라서 아가페 사랑은 시행착오가 매우 중요하다. 경험을 통해 배우고, 특히 실수를 통해 귀중한 경험을 얻는다. 물론 다른 사람들의 시행착오를 보고 배우거나, 상상력을 동원해 다른 사람이나 자신에게 실질적인 손해를 끼치지 않도록 실수를 막을 수 있으면 더욱 좋을 것이다.

그러나 인간의 상상력에는 한계가 있어서 실제로 겪어보아야 어떤 것이 가능하고 어떤 것이 불가능하며, 어떻게 하면 더 효과적으로 목적을 달성할 수 있는지를 알 수 있다. 그러므로 사랑의 연습은 꼭 필요하다.

우리는 사랑의 연습을 통해 효과적인 사랑의 방법을 발견하는 동시에 자신의 약점을 발견한다. 사랑을 목적으로 한 행위가 어떤 경우에 자기의 이익 추구나 자기 영광, 만족을 얻는 것으로 끝나버리는가를 배워야 하는 것이다. 그리고 순수한 사랑의 동기를 가지는 것 얼마나 어려운지도 배워야 하고, 그러기 위해서는 고통스러운 자기반성과 자기비판이 따른다는 것을 배워야 한다.

연습을 통하여 우리의 인격 전체를 사랑의 인격으로 만들어야 한다. 우리의 가치관을 바꾸고, 다른 사람과 사회에 대한 태도를 바꾸고, 자신의 위치에 대한 인식을 바꾸어나가야 한다.

만약 그런 능력이 인간의 본성에 자연적으로 주어진 것이거나 우리 문화의 전통이나 사회의 가치관이 사랑으로 특징지어졌다면, 우리는 노력하고 연습할 필요가 없을 것이다. 그렇지 않기 때문에 우리는 주위의 정신적 흐름과 싸우지 않으면 안 되고, 그 유혹에 다시 빠지지 않도록 우리의 인격을 사랑의 일꾼으로 고정시키지 않으면 안 되는 것이다.

작은 것부터
시작해야 한다

연습한다는 것은 가장 쉬운 것부터 시작한다는 뜻이다. 아무리 훌륭한 축구선수라도 연습 없이 축구를 잘할 수 없거니와, 처음부터 고도의 기술과 기동력을 발휘하는 동작을 할 수는 없다. 처음에는 지극히 기초적인 스트레칭부터 시작해야 한다. 바울 사도도 경건의 연습을 이야기하면서 운동선수의 연습에 비교했다.

사랑의 연습도 그와 비슷하다. 하나님의 사랑에 감동하고 예수님의 희생에 감격하였다 해서, 바로 그다음 순간부터 원수를 사랑하고 이웃을 위하여 자신의 목숨을 내어놓는 사랑의 사람이 될 수는 없다. 상당 기간의 훈련이 필요하고, 그 훈련은 가장 작은 것부터 시작해야 한다.

이것은 무엇보다도 우리가 얼마나 약한 존재이며 얼마나 이기적인 존재인가 하는 것을 전제로 한다. 팔 하나, 다리 하나 간단하게 움직이는 연습 없이 훌륭한 축구선수가 될 수 없듯이 작은 사랑을 베풀어본 경험이 없는 사람이 단번에 큰 사랑을 베풀 수 없고, 혹시 그럴 수 있더라도 순수하지 못할 가능성이 크다.

아주 작은 사랑을 베풀고 그 기쁨을 맛보며, 그 과정에서 오는 여러 가지 유혹을 이김으로써 사랑의 순수성을 유지하는 연습을 한 후에야 순수하게 큰 사랑을 베풀 수 있고, 사랑의 일생을 보낼 수 있을 것이다.

사람들은 정치를 하거나 돈을 버는 데는 매우 현실적이다. 구체적으로 어떻게 하면 더 많은 인기를 얻을 수 있고, 어떻게 시작해서 어떤 과정으로 일을 처리해야 돈을 더 많이 벌 수 있을까를 궁리한다.

그러나 어떻게 하면 우리가 더 훌륭한 인격자가 되며, 더 훌륭한 삶을 살 수 있으며, 사랑을 실천할 수 있을까에 대해서는 매우 추상적이며 감상적으로 생각한다. 즉, 현실적으로 구체적인 전략을 세우려 하지 않는다. 그래서 우리가 훌륭하고 값있는 삶을 살아야 하며 사랑을 실천해야 한다는 것에는 대부분 동의하나 구체적으로 어떻게 그것을 실천에 옮길 것인가에 대해서는 지극히 막연한 생각만 가지고 있고, 대부분의 경우 그것은 관념이나 말로 끝나버리고 만다.

이와 같은 태도는 좀 냉소적으로 보면 가치 있는 삶에 대해서 진정한 관심이 없다는 뜻이다. 다만 거창한 목표들과 지극히 당연한 이야기를 하면서 자신이 삶에 대해 매우 심각하게 생각한다고 스스로를 속이고는 실제로는 주어진 욕망을 채우기에 급급한 것이다. 구체적인 행동 방안이 없는 그럴듯한 목표나 이상은 모두 번드르르한 간판에 불과하고 자기기만의 방편에 불과하다. 오늘날 많은 사람들이 이런 모순에 빠져 있으며, 입으로만 사랑을 외치는 대부분의 교회도 이런 자기기만에 빠져 있다.

성경은 놀랍게도 그렇게 추상적이지 않다. 예수님이 이웃사랑을 가르쳤을 때 어떤 율법사가 이웃이 누구냐고 물었다. 그때 예수님은 "이웃이란……" 하고 이웃에 대한 정의를 내리려 하지 않았다. 그 대신 매우 구체적인 선한 사마리아인의 비유(누가복음 10:30~35)를 들었다. 이웃이 누구인가를 알기 전에 너 자신이 다른 사람, 특히 고통 받는 사람의 이웃이 되라고 하신 것이다. 이웃에 대한 이론적인 정의를 요구하는 그 율법사가 이웃 사랑에 참다운 관심이 없음을 예수님은 이미 아신 것이다. 구체적으로 사랑을 베푸는 사람이 이웃이요, 그런 행위가 이웃 사랑인 것이다.

사도 요한도 사랑에 대해서 그저 일반적인 정의를 내리지는 않았다.

그 대신 사랑하는 것은 계명을 지키는 것이라고 했다.(요한일서 5:3)

계명의 궁극적인 의의는 사랑이라고 예수님께서 이미 설명하셨지만(마태복음 22:34~40), 그것은 동시에 사랑의 기초적인 입문이라고도 할 수 있다. 즉, 원수를 사랑하고 이웃을 위해 목숨을 내어줄 정도로 사랑할 수 있기 위해서는 우선 계명부터 지킬 수 있어야 한다는 것이다.

이웃에게 거짓말하고, 이웃의 아내를 탐하면서도 이웃을 위하여 목숨을 버리는 것을 하나님은 사랑이라 보시지 않는 것이다. 인본주의적 입장에서는 대인은 큰일을 이룩하기 위해서 간음이니 거짓말 같은 소소한 것에 구속받지 말아야 한다고 할지 모르나, 성경은 "내가 내 모든 소유를 나누어줄지라도, 내가 자랑삼아 내 몸을 넘겨줄지라도"(고린도전서 13:3) 그것이 사랑이 아닐 수 있음을 보여주었다. 우상을 섬기면서 하나님을 사랑할 수 없고, 거짓말하면서 이웃을 사랑할 수는 없다.

그러나 바울은 율법이 우리의 개인교사이라고 했다.(갈라디아서 3:24) 즉, 그것이 더 완전한 것으로 이끄는 안내자라는 말이다. 율법은 사랑하는 데 기초적인 것임이 분명하나, 그것이 사랑의 전부는 아니다. 그것은 아직도 주로 소극적인 명령으로 구성되어 있다. 즉, 우상을 숭배하지 말고, 살인하지 말고, 도적질하지 말며, 이웃의 소유를 탐내지 말라고 가르치는 것이다.

소극적인 것은 아이들에게 필요한 교육형태다. 요즈음 교육학자들은 아이들에게 '……하지 말라' 식의 교육보다는 '……하라' 식의 행동교육을 해야 한다고 주장하지만, 그것이 항상 가능한 것도 아니고 가장 바람직한 것도 아니다.

'……하지 말라'는 행동교육은 아이들에게 불가피하고 또한 필요하다. 아이들이 할 수 있는 수많은 행동 중에 어떤 것만 하지 못하게 함으로 나머지의 것에 대해 자유를 허락하는 것이다. '……하라'고 말하는 것은 오히려 아이들의 자유를 더 제한할 수 있다. 하라는 것 외에는 하지 말아야 한다는 오해를 불러일으키거나 하라는 것 외에는 중요한 것이 없다고 생각하게 만들 수 있다.

그래서 인류는 많은 경험을 통해서 어릴 때는 주로 '……하지 말라'는 교육을 시키고, 어느 정도 장성해서는 '……하라'는 교육을 시켜왔다. 그것은 성경의 경우도 마찬가지다. 구약시대, 즉 아직 인류의 지식이 부족하고 사람들이 미성숙했으며 하나님의 계시가 충분히 나타나지 않은 시대에는 주로 계명을 지키게 함으로 금기사항을 알려주었고, 하나님의 뜻이 예수 그리스도를 통하여 충분히 나타났고 인류도 구약시대에 비해서 더 성숙한 신약시대에 와서는 '이웃을 사랑하라' '원수를 사랑하라' 등의 적극적인 명령들이 주어진 것이다.

개인의 성숙 과정은 인류 전체의 성숙 과정과 대개 비슷한 과정을 밟는다고 앞에서 말했다. 그것은 사랑의 인격 형성에도 마찬가지다. 우리가 갑자기 사랑의 사람이 되고 우리의 삶이 하루아침에 사랑의 삶이 될 수는 없다. 쉬운 것부터, 작은 것부터 시작하여 조금씩 사랑은 자라고, 그러기 위해서는 우선 계명부터 지켜야 한다. 사실 계명을 그 본래의 정신에 따라 철저히 지킨다는 것은 매우 어렵다. 완전하게 계명을 지킬 수 있는 사람은 이미 하나님처럼 완전한 사람이 될 것이다.

예수님은 여자를 보고 음욕을 품는 자는 이미 간음하였고, 형제를 보고 어리석은 놈이라고 욕하는 사람은 이미 살인한 것이라고 계명의 정신을 설명하시고는 우리가 하늘에 계신 우리 아버지의 완전하심과 같이 완전해야 한다고 가르치셨다.(마태복음 5:48)

우리는 계명을 지킴으로부터 사랑의 삶을 시작해야 하며, 그 목적은 너무나 고귀하게도 하나님을 닮는 것이다. 바울은 "그러므로 여러분은 사랑을 받는 자녀답게, 하나님을 본받는 사람이 되십시오. 그리스도께서 여러분을 사랑하셔서, 우리를 위하여 하나님 앞에 향기로운 예물과 제물로 자기 몸을 내어주신 것과 같이, 여러분도 사랑으로 살아가십시오."(에베소서 5:1~2)라고 권면했다.

하나님은 사랑이시기 때문에 사랑하는 것이 곧 하나님을 닮는 것이고, 계명을 지키는 것은 사랑 실천의 시작이고 연습이다. 하나님을 닮는 것이야말로 인간이 바라볼 수 있는 가장 고상하고 고귀한 이상이다. 자기의 사랑하는 아들 둘을 죽인 사람을 용서했을 뿐만 아니라 그를 양자로 삼은 손양원 목사, 가난한 사람들을 위해 모든 소유를 포기한 장기려 박사 같은 분들은 진정한 의미에서 하나님을 본받은 분들이다. 그러나 그런 사랑의 성숙도 지극히 기초적인 몽학선생의 안내를 받음으로 시작될 수 있다.

사랑을 위하여
달란트가 개발되어야 한다

믿음이 가진 젊은 대학생들이 가끔 겪는 고민이 있는데, 젊을 때는 열심히 공부하는 것이 옳은지 그렇지 않으면 교회와 이웃, 사회를 위해 봉사하는 것이 옳은지 판단하기 어렵다는 것이다. 젊을 때 열심히 공부해서 실력을 쌓는 것은 마치 자기의 명예와 출세를 위한 것 같아서 양심의 가책을 받는 학생들이 적지 않다. 가끔 그런 일 때문에 조언을 들으러 나를 찾아오는 학생들도 있다.

물론 젊을 때 사랑의 봉사를 하는 것은 사랑하는 삶의 중요한 연습이다. 어떤 경우에는 젊은 대학생들이 아니면 할 수 없는 봉사도 있다. 그래서 젊은이들이 전혀 직접적인 봉사에 참여하지 않는 것은 사랑의 삶을 위해서 정당하다 할 수 없다.

그러나 젊은이들이 자신의 능력 개발을 하지 않는 것도 결코 칭찬할 것은 못 된다. 일단 사랑의 삶을 살기로 작정한 사람은 어떻게 하면 더 효과적으로, 더 많이 사랑을 행사할 수 있을까를 냉정하게 계산하지 않으면 안 된다.

하나님으로부터 받은 능력을 그대로 파묻어둔 채 다른 사람들도 얼마든지 할 수 있는 일을 하느라 시간을 보내는 것은 결코 지혜로운 선택이 아니며, 하나님 나라의 경제에도 도움이 되지 못한다. 예수님께서 말씀하신 달란트의 비유는 우리에게 많은 것을 시사하는데, 분명한 것은 우리의 재능을 그대로 땅에 파묻어두었다가 하나님께 다시 갖다 바치는 것은 옳지 못하다는 점이다.

모든 능력은 그대로 사장되는 것보다는 개발되는 것이 바람직하다. 그러나 어떤 사람의 능력은 개발되지 않는 것이 다른 사람을 위하여 더 좋을 수도 있다. 우리는 사회적, 역사적으로 그런 인물들이 무수히 있었음을 안다. 자기 배만 채우기 위하여 능력을 개발하고, 다른 사람을 해치는 데 그 능력을 사용하는 경우는 얼마든지 있다. 앞에서 소개한 바 있는 아담 스미스나 만더빌과 같이 예정조화를 믿지 않는 한, 모든 능력은 다 개발될 필요가 없다. 이것은 아리스토텔레스처럼 자기완성 그 자체를 삶의 의의로 보는 것과는 근본적으로 다르다. 어떤 능력은 개발되지 않는 것이 더 좋고, 어떤 사람들의 능력은 전혀 개발되지 않는 것이 자신에게나 사회 전체에게 유리할 수 있다.

그러나 사랑의 삶을 살기로 작정한 사람들의 능력은 개발될 가치가 있다. 그런 능력은 단순히 자기 한 사람을 위한 것이 아니라 많은 사람들에게 유익하기 때문이다. 따라서 그것은 더 많이 개발될수록 좋다. 그러므로 사랑의 삶을 살기 원하는 모든 사람은 자기가 가지고 있는 달란트를 발견해 개발하는 것이 하나님 앞에 하나의 커다란 의무다.

사랑의 삶을 사는 사람에게는 모든 능력이 이미 자기의 것이라기보다는 하나님의 것이요 이웃의 것이기 때문에, 그것을 개발하는 것이 바로 하나님과 이웃 앞에 하나의 의무일 수밖에 없다.

자기가 가진 달란트를 개발하는 것 못지않게 그 달란트가 어떤 것인가를 정확하게 아는 것도 중요하다. 미술에 달란트를 타고난 사람이 운동선수가 되기 위하여 많은 정력을 쏟는 것은 자신도 불행하게 만들 뿐만 아니라 사랑의 경제에도 손해다.

사랑을 위해 사는 사람들에게는 한 시간 한 시간이 귀중하다. 그것은 사랑을 실천하는 시간이거나 사랑을 실천하기 위해 자신의 능력을 개발하고 준비하는 시간이기 때문이다. 그러므로 그에게 있어서는 조그마한 경험, 창조, 발견, 심지어는 휴식조차도 모두 돈으로 환산될 수 없는 무한한 가치를 지니고 있다. 그것은 모두 사랑의 인격 형성에 도움이 되고 사랑을 위한 능력을 키우는 데 공헌하기 때문이다.

사랑의 삶도
즐거울 수 있다

사랑을 위해서 살고 사랑을 위해서 능력을 개발한다는 것은 많은 사람들에게 거의 비현실적인 이야기로 들릴 뿐만 아니라 너무나 재미없고 살맛나지 않는 삶이라는 인상을 줄 것이다. 우리 같은 평범한 사람들은 새로운 것을 소유했을 때나 목적했던 바를 성취했을 때 세상사는 재미를 느끼는 경우가 대부분이다. 그런데 그런 것은 거의 대부분 다른 사람을 이기거나 다른 사람에게 직간접으로 손해를 끼침으로 가능하다. 한마디로 거의 대부분 이기적이고 자기중심적인 행위라고 할 수 있다. 시험에 합격하여 즐거운 것은 많은 불합격자가 있기 때문이요, 소유해서 즐거운 것은 다른 사람들이 소유하지 못했기 때문일 것이다. 모두 합격하는데 나도 합격했거나 모두 소유한 것을 나도 소유한다면 별로 즐겁지 않을 것이다.

그래서 기독교에서는 다른 모든 고등 종교와 마찬가지로 우리가 일상적으로 경험하는 즐거움을 다소 부정적으로 보아왔다. 경건하게 살고자 하는 사람은 인간적인 즐거움을 모두 포기해야 하고, 심지어는 결혼의 즐거움과 가정생활의 즐거움조차 포기해야 한다고 가르치기도 했다. 앞에서 사랑의 삶을 위해서는 금욕적인 생활을 해야 한다고 강조했거니와, 그것은 동시에 많은 쾌락을 포기해야 한다는 주장과 같은 것이다.

사실 인간에게 있어서 쾌락의 추구만큼 강력한 힘을 가진 것은 없다. 많은 사람들이 인간의 역사가 발전하고 사회가 움직이는 것은 궁극적으로 모든 인간의 밑바탕에 깔려 있는 쾌락에 대한 욕구 때문이라고 주장했다. 그래서 아예 삶의 목적 자체가 쾌락이라고 주장하는 쾌락주의가 역사상 여러 번 등장했고, 오늘날도 강력한 지지를 받고 있다. 공리주의를 제창한 영국 철학자 벤담(L. Benthatm)은 "자연은 인류에게 쾌락과 고통이란 두 주인을 주었다. 그 두 주인이 우리가 무엇을 해야 하는가를 지적하며 무엇을 할 것인가를 결정할 수 있다"고 하며 쾌락이 인간의 삶에 결정적인 영향력을 행사한다고 역설했다. 이와 같이 강력하고 중요한 쾌락을 포기하는 삶이 무슨 힘이 있겠으며, 그런 삶이 과연 사회를 역동적으로 발전시킬 수 있을지에 대해 질문할 수 있을 것이다.

그러나 앞에서도 지적하였거니와 조금도 억제되지 않은 쾌락의 추구는 마침내 쾌락 그 자체를 불가능하게 만들 수 있고, 모든 쾌락이 반드시 그렇게 본능의 충족으로만 생기는 것은 아니다. 우리는 땅 위에서 고상한 쾌락을 얼마든지 맛볼 수 있으며, 사랑을 실천하는 것은 그 중에 대표적인 것이다. 물론 그것은 누구든지 쉽게 맛볼 수 있는 것은 아니다. 사랑을 경험하지 못한 사람은 그것이 고통스럽기만 할 것이라고 상상하고 두려워한다.

　우리의 일상생활에도 다른 사람에게 해를 끼치지 않을 뿐만 아니라 도움이 될 수 있는 즐거움은 얼마든지 있다. 가정의 즐거움은 그런 것이요, 다정한 친구와의 만남에서 가질 수 있는 즐거움도 결코 과소평가할 수 없다. 아름다운 음악을 듣거나 멋진 시를 읽으면서 느끼는 기쁨은 아무도 해롭게 하지 않을 것이고, 자연의 수수께끼에 해답을 얻음으로 가질 수 있는 희열은 다른 사람에게 도움을 준다.

　기독교에서는 이런 즐거움을 결코 죄악시하지 않는다. 역사상 모든 쾌락을 죄악시한 경우가 없지 않았으나, 그것은 성경에 근거한 것이라기보다는 육체와 정신, 혹은 이 세상과 내세를 엄격하게 구별하고 차등시하는 비성경적 이원론의 영향 때문이었다. 기독교 역사상 가장 위대한 학자라 할 수 있는 아우구스티누스도 그런 성향을 보였다. 이 세상의 죄악과 짝함으로써 즐기는 쾌락, 다른 사람에게 해를 끼치면서 얻는 쾌락만이 악이지, 쾌락 그 자체는 결코 악이라 할 수 없다.

　아담의 범죄로 말미암아 인류가 받은 저주 중 하나는 노동의 괴로움이다. 친구끼리 즐기는 유희는 아무리 많은 에너지를 소비해도 즐겁지만, 그보다 훨씬 힘이 적게 드는 집안 청소는 괴롭다는 사실은 신비롭다 할 수 있다. 이마에 땀을 흘려야 식물을 먹으리라는 저주 이후 인류는 계속되는 노동의 고통에 신음해왔다.

이런 인류에게 하나님은 안식일을 허락하셔서 여섯 날의 노동 뒤에 하루를 쉬게 하셨고, 그 안식일은 영원한 안식의 그림자라고 성경은 가르친다. 마르크스가 공산주의 사회에서만 가능할 것으로 꿈꾸었던 바 노동과 유희의 동일화는 하나님의 완전한 나라에서 가능해질 것이다. 즉, 그곳에서는 일이 괴로운 노동이 아니라 즐거운 유희가 될 것이다. 이것은 기독교인들이 소망하는 천국의 여러 가지 축복 중에 매우 중요한 축복이다.

사랑의
나라

천국은 사랑의 나라다. 모든 미움과 고통이 없는 나라에는 노동의 괴로움이 없을 것이고, 사랑의 즐거움만 있을 것이다. 이것은 인류의 영원한 염원이기에 모든 종교가 궁극적으로 바라보는 것이고, 쾌락주의가 땅 위에서 이루어보려는 것이다.

칸트처럼 엄격하게 의무에 입각한 윤리를 주장했던 사람도 영원한 행복의 보상을 무시하지는 않았다. 그는 모든 도덕적 행위는 어떤 보상도 목적으로 해서는 안 되고 오직 도덕적 의무감에서 이루어져야 한다고 주장했다. 그러나 그런 도덕적 행위에는 반드시 정당한 대가가 따라야 한다고도 생각했다. 만약 이 세상에서 보상되지 않으면 내세에서라도 보상되어야 한다고 주장함으로써 영혼불멸과 신의 존재에 대한 그의 주장을 뒷받침했다.

다시 말해서 보상을 바라보는 선행은 도덕적이 될 수 없으나 진정 도덕적인 행위는 반드시 보상을 받아야 한다는 것이다. 그와 같은 것을 아가페 사랑에도 적용해볼 수 있다. 아가페 사랑은 그 본질상 보상을 바라는 희생이 아니다. 그러나 그것은 반드시 보상되어야 한다. 그리고 그 보상은 다름 아닌 사랑의 나라의 영원한 즐거움인 것이다.

하늘나라의 노동은 사랑의 노동일 것이며, 그것이 유희와 다름이 없는 즐거운 노동이라면 그것이 구태여 하늘나라에만 국한되어야 할 필요는 없다. 예수님은 천국이 반드시 내세에만 있는 것이 아님을 가르치셨다. 지금이라도 하나님을 왕으로 모시고 그의 사랑의 계명을 순종하며 그를 찬송한다면 그것이 바로 천국인 것이다. 그러므로 비록 완전하지는 못할지라도 거기에는 거룩한 즐거움이 있어야 할 것이다. 이것이 바로 사랑의 즐거움이며, 앞으로 누릴 완전한 행복의 한 조각이요, 그 그림자라 할 수 있다.

사랑할 수 있는 사람의 삶은 결코 희생의 고통으로만 가득 차 있지 않다. 거기에는 욕망의 충족이 감히 가져다줄 수 없는 고상한 기쁨이 있다. 이런 기쁨은 사랑하는 사람만이 경험할 수 있고, 고통과 희생을 두려워하지 않는 사람만이 향유할 수 있다. 바로 그것이 땅 위에서의 아가페 사랑을 어느 정도 가능하게 하고 또한 계속하게 하는 힘을 제공한다. 그리고 그 기쁨은 하급 욕망의 충족이 가져다주는 기쁨처럼 다른 사람의 슬픔과 질투를 밟고 선 기쁨이 아니라 신비로운 번식성을 가지고 있어 수많은 사람에게 기쁨을 줄 수 있는 것이다.

"너희가 나의 계명을 지키면, 나의 사랑 안에 머물러 있을 것이다. 그것은 마치 내가 나의 아버지의 계명을 지켜서, 그 사랑 안에 머물러 있는 것과 같다. 내가 너희에게 이러한 말을 한 것은, 나의 기쁨이 너희 안에 있게 하고, 또 너희의 기쁨이 넘치게 하려는 것이다. 나의 계명은 이것이다. 내가 너희를 사랑한 것과 같이, 너희도 서로 사랑하여라."(요한복음 15:10~12)

나는 누구인가

1판 1쇄 발행 1987년 5월 20일
개정판 1쇄 발행 2018년 9월 20일
개정판 3쇄 발행 2020년 7월 10일

지은이 손봉호
펴낸이 김성구

단행본부 류현수 고혁 현미나
디자인 이영민
제 작 신태섭
마케팅 최윤호 나길훈 이서윤
관 리 노신영

펴낸곳 ㈜샘터사
등 록 2001년 10월 15일 제1-2923호
주 소 서울시 종로구 창경궁로35길 26 2층 (03076)
전 화 02-763-8965(단행본부) 02-763-8966(마케팅부)
팩 스 02-3672-1873 **이메일** book@isamtoh.com **홈페이지** www.isamtoh.com

ISBN 978-89-464-2090-8 03230

이 도서의 국립중앙도서관 출판시도서목록(CIP)은 e-CIP 홈페이지
(http://www.nl.go.kr/cip.php)에서 이용하실 수 있습니다. (CIP제어번호 : CIP2018029119)

값은 뒤표지에 있습니다.
잘못 만들어진 책은 구입처에서 교환해드립니다.